Mein erster Computer

Mein erster Computer

Rodnay Zaks

SYBEX

DÜSSELDORF · SAN FRANCISCO · PARIS · LONDON

Originalausgabe in Englisch.
Titel der englischen Ausgabe: YOUR FIRST COMPUTER: A Guide to Business and Personal Computing.
Original Copyright © 1980 by SYBEX Inc., Berkeley, California, USA.

Deutsche Übersetzung: Dr. Bernd Tschammer-Osten
Neu überarbeitet von Gabriele Wentges

Umschlag und Zeichnungen: Daniel Le Noury

Satz: SYBEX-Verlag GmbH, Düsseldorf
Druck und Einband: Graf + Pflügge, Düsseldorf

Der Verlag hat alle Sorgfalt walten lassen, um vollständige und akkurate Informationen in diesem Buch bzw. Programm und anderen evtl. beiliegenden Informationsträgern zu publizieren. SYBEX-Verlag GmbH, Düsseldorf, übernimmt weder Garantie noch die juristische Verantwortung oder irgendeine Haftung für die Nutzung dieser Informationen, für deren Wirtschaftlichkeit oder fehlerfreie Funktion für einen bestimmten Zweck. Ferner kann der Verlag für Schäden, die auf eine Fehlfunktion von Programmen, Schaltplänen o. ä. zurückzuführen sind, nicht haftbar gemacht werden, auch nicht für die Verletzung von Patent- und anderen Rechten Dritter, die daraus resultieren.

ISBN 3-88745-654-8
7. Auflage 1987 (3., neu überarbeitete Ausgabe)

Alle Rechte vorbehalten. Kein Teil des Werkes darf in irgendeiner Form (Druck, Fotokopie, Mikrofilm oder einem anderen Verfahren) ohne schriftliche Genehmigung des Verlages reproduziert oder unter Verwendung elektronischer Systeme verarbeitet, vervielfältigt oder verbreitet werden.

Printed in Germany
Copyright © 1987 by SYBEX-Verlag GmbH, Düsseldorf

Inhaltsverzeichnis

Vorwort	13
Kapitel 1: Das Zeitalter der Mikrocomputer	15
Zu Hause	15
Im Büro	17
Im Krankenhaus	18
Wieder zu Hause	20
Die elektronische Stadt	23
Wann?	23
Mikrocomputer	24
Kapitel 2: Der Mikrocomputer aus der Sicht des Benutzers	25
Einleitung	25
Inbetriebnahme	26
Der Geräteaufbau	26
Tips für eventuelle Anfangsschwierigkeiten	27
Erste Schritte	27
Bedienung von Systemen	28
Praktische Handhabung	30
Kleine Tastaturkunde	31
Benutzerkommandos	33
Klassifizierung von Mikrocomputern	34
Typische Anwendungen	40
Ein klassisches Spiel für zu Hause	40
Ein Lernprogramm für die Schule	42
Ein Geschäftsprogramm für den mittelständischen Betrieb	46
Ein Textverarbeitungsprogramm für das Büro...........	50
Der Computer im Labor	55
Der Mikrocomputer in der Produktion	57
Der Mikrocomputer im Haushaltsgerät	58
Zusammenfassung	58

Kapitel 3: Geschichte und Begriffswelt des Mikrocomputers 61
Einleitung 61
Vom Röhrencomputer zum Mikrocomputer. 61
Die Rolle der Mikrocomputer in der heutigen Computer-Welt 65
Einige wichtige Begriffe der Datenverarbeitung 68
Ausblick 71

Kapitel 4: Aufbau und Funktion eines Mikrocomputers 73
Einleitung 73
Architektur 74
Aufgaben der einzelnen Elemente und Zusammenspiel der Komponenten . 74
   Die Zentraleinheit 74
   Der Speicher 79
   Die Ein- und Ausgabe 82
   Die Stromversorgung 85
Das Betriebssystem 86
   Funktion 86
   Merkmale 86
   Aufbau 87
   Portabilität 87
   Anpassung 88
Die Dienstprogramme 89
Das Anwendungsprogramm 91
Die Benutzeroberfläche 93
Zusammenfassung 99

Kapitel 5: Programmierung von Mikrocomputern 101
Einleitung 101
Grundlegende Begriffe 101
Programmiersprachen 108
Fertige Programme 109
Die Programmeingabe 109
Die Programmausführung 110
   Vorbereitung 110
   Initialisierung 111
   Programmablauf 111
   Aufgabe des BASIC-Interpreters beim Programmtest 112
Programmanpassung und -nutzung 115
   Nutzungsvorbereitung 115
   Einrichten von Verzeichnissen 115
   Durchführung der Datensicherung 117
   Realisierung einer eigenen Verarbeitungslogik 118

Inhaltsverzeichnis 7

Informationsdarstellung 119
Die Programmentwicklung 120
Professionelle Programmierung 125
Erster Versuch 128
Zusammenfassung 132

Kapitel 6: Die Computer-Sprache 133
Einleitung 133
Elemente von Computer-Sprachen 134
    Befehle und Funktionen allgemeiner Art 134
    Datum, Uhrzeit und andere Konstanten 134
    Listen- und Tabellenverarbeitung 135
    Tastatureingaben/Bildschirmausgaben 135
    Text- und Druckformatierung 135
    Logische und arithmetische Operationen 136
    Verzweigungen und Schleifen 137
    Zeichenkettenverarbeitung 138
    Fenster 138
    Maussteuerung 138
    Grafik und Ton 138
    Befehle zur Dateiverwaltung 139
Zusammenfassung 139

Kapitel 7: Computer-Dialekte von BASIC bis Pascal 141
Einleitung 141
Klassische Programmiersprachen 142
    BASIC 142
    PL/M 146
    FORTRAN 146
    COBOL 146
Moderne Programmiersprachen 148
    APL 148
    LOGO 150
    Pascal und Turbo Pascal 152
    C 154
    Modula und Modula-2 155
    FORTH 156
    Prolog und Turbo Prolog 158
    dBASE III PLUS 161
    FRED 162
Die Kommandosprache 165
Zusammenfassung 166

Kapitel 8: Anwendungsträgersysteme und anwendungsspezifische Standardsoftware ... **167**
Einleitung ... 167
Textverarbeitung ... 167
Datenbankprogramme ... 170
    Grundfunktionen einer Datenbank ... 171
    Datenbank und Datenbankstrukturen ... 171
    Datensichten ... 172
    Relationale Datenbanksysteme ... 172
    Netzwerk-Datenbanksysteme ... 172
    Weitere Funktionen ... 173
Tabellenkalkulation ... 173
Grafik ... 175
    Grafikauflösung ... 175
    Gerätekonfiguration ... 176
    Malprogramme ... 178
    Präsentationsgrafik ... 178
    Geschäftsgrafiken ... 179
    Technische Grafiken ... 179
    Bilverarbeitung ... 179
Integrierte Programmpakete ... 180
Datenkommunikation ... 181
    Lokaler Verbund ... 184
    Großrechneranschluß ... 186
    Server ... 188
Die elektronische Post am Arbeitsplatz ... 188
    Elektronische Post auf Großrechnern ... 188
    Elektronische Post auf Mikrocomputern ... 189
    Verbindungen für die elektronische Post ... 189
    Verträglichkeit der Systeme ... 190
    Postdienste ... 190
    Nutzung der Telebox ... 190
    Besondere Anforderungen ... 191
Hochspezialisierte Standard-Software ... 192
Zusammenfassung ... 192

Kapitel 9: Praktischer Computer-Einsatz ... **193**
Einleitung ... 193
Anforderungen des Benutzers ... 193
Professionelle Handhabung des Mikrocomputers ... 194
Professionelle Anwendungen ... 195
Das Betriebssystem ... 195
    CP/M ... 196

Inhaltsverzeichnis 9

MS-DOS	197
OS/2	198
UNIX	200
Andere Betriebssysteme	201
WordStar – die klassische Textverarbeitung	202
dBASE III – der Datenbankstandard	207
Framework II – ein Universalpaket	212
Zusammenfassung	219

Kapitel 10: Die Zusatzausrüstung **221**
Einleitung 221
Die Tastatur 221
Die Bildschirmanzeige 222
    Das normale Fernsehgerät 223
    Das Sichtgerät (Bildschirmterminal) 223
    Der Video-Monitor 223
    Der hochauflösende Monitor 224
    Die Anzeige eines Textes auf einem Bildschirmgerät 224
    Wie viele Zeilen und wie viele Zeichen? 225
    Zusätzliche Eigenschaften von Bildschirmgeräten 226
    Dumme versus intelligente Bildschirm-Controller 226
    Mit dem Bildschirm sprechen 226
    Zusammenfassung der Bildschirmanzeige................... 227
Der Drucker 227
    Thermische und elektrosensitive Drucker................. 228
    Anschlagdrucker 228
        Der zylindrische Druckkopf 229
        Die Kugelkopfschreibmaschine 229
        Der Typenraddrucker 231
    Der Matrixdrucker 231
    Anschlagfreie Schnelldrucker 233
    Drucker für kommerzielle Zwecke – Eine Zusammenfassung . 234
Magnetplatten 235
    Die Diskette 237
    Die Erweiterung der Speicherkapazität 239
    Ein oder zwei Diskettenlaufwerke? 239
    Mikrodisketten 239
    Festplatten 240
    Das Datensicherungsproblem 241
    Festplatten – Eine Zusammenfassung 242
    Magnetplatten – Eine Zusammenfassung 243
Kassetten 243
Neue Massenspeicher 243

Spezialperipherie 243
  Das Modem 243
  Der Lichtstift 245
  Der Steuerknüppel 245
  Die Maus 247
  Die sensorische Tafel (Grafiktablett) 247
  Die Spracheingabe 247
  Die Sprachausgabe 248
  Digital-Analog-Wandler und Analog-Digital-Wandler 249
  Steuerungssysteme 249
  Digitalisierungssysteme 249
  Kommunikationsanschlüsse 250
  Speichererweiterungen 251
  Grafikkarten 251
  Bussysteme und Kompatibilität 252

Kapitel 11: Die Auswahl eines kompletten Systems **253**
Einleitung 253
Vorüberlegungen zu den Anforderungen 253
Systematik der Auswahl 255
Bewertung von Alternativen 255

**Kapitel 12: Fehlervermeidung und Fehlerbehandlung
           bei professionellen Systemen** **259**
Einleitung 259
Fehler in der Hardware 259
  Mechanische Mängel 260
  Mängel innerhalb der Umgebung 261
  Elektronische Mängel 262
  Zusammenfassung der Hardware-Mängel 262
Fehler in der Software 262
  Besondere Techniken zur Steigerung der Zuverlässigkeit 263
Die Verarbeitung 265
  Disziplin des Bedieners 265
  Fehlerfreiheit der Daten 265
  Verstärkte Kontrolle 266
  Prüfziffern 266
  Datenschutz 267
  Computer-Schock 268
Zusammenfassung 268

Inhaltsverzeichnis

Kapitel 13: Hilfen **271**
Informationsbeschaffung 271
  Clubs und Computer-Läden 271
  Berater 272
  Ausbildung 272
  Computer-Messen und -ausstellungen 272
  Zeitschriften 273
  Programmverzeichnisse 273

Anhang A: Bits und Bytes **275**

Anhang B: Der internationale ASCII-Zeichencode **279**

Anhang C: Umrechnungstabelle Dual – Dezimal **281**

Anhang D: Elementare Kommunikation im Computer **283**

Anhang E: Dateien und Aufzeichnungen **287**

Stichwortverzeichnis 295

Vorwort

Ziel dieses Buches ist es zu erklären, was ein Mikrocomputer ist, wie er funktioniert und wofür man ihn gebrauchen kann. Dabei spielt es eine wesentliche Rolle, welchen Anwendungsbereich Sie im Auge haben und welchen Betrag Sie investieren wollen.

Nachdem Sie *Mein erster Computer* gelesen haben, sollten Sie in der Lage sein zu entscheiden, ob Sie einen Computer benutzen wollen und, wenn ja, welchen und welche Zubehörgeräte Sie dazu brauchen. Um dieses Buch verstehen zu können, müssen Sie weder ein Techniker sein noch bereits Kenntnisse über Computer haben.

Der ständige Prozeß der Miniaturisierung von elektronischen Schaltkreisen hat dazu geführt, daß heute äußerst leistungsfähige kleine Computer zu niedrigen Preisen zur Verfügung stehen. Diese kleinen Computer können wirtschaftlich im privaten und kommerziellen Bereich eingesetzt werden, vorausgesetzt, daß man ihre Grenzen kennt. Viel wichtiger aber als die Auswahl des Computers selbst ist die Auswahl von Peripheriegeräten und vor allem von Programmen. Auf den ersten Blick mögen die Entscheidungskriterien ziemlich komplex erscheinen, doch nach dem Lesen des vorliegenden Buches werden Sie in der Lage sein herauszufinden, was für Sie wichtig ist und was nicht.

In den dreizehn Kapiteln dieses Buches finden Sie alle Informationen, die Sie benötigen, um die einzelnen Elemente eines Mikrocomputer-Systems zu verstehen: die Geräte, die Programme und die Benutzeranforderungen. Jedes Kapitel ist so geschrieben, daß es möglichst leicht zu lesen ist und eine in sich verständliche Einheit bildet. Viele Themen sind vereinfacht dargestellt.

Das Buch ist so aufgebaut, daß alle wichtigen Begriffe und Ausdrücke zunächst vorgestellt und definiert werden, bevor sie im Text Verwendung finden. Es empfiehlt sich daher, die einzelnen Kapitel der Reihe nach zu lesen.

Die ersten drei Kapitel von *Mein erster Computer* führen Sie in die Welt der Mikrocomputer ein. Sie lernen, Begriffe wie ROM und RAM zu verstehen und ein Mikrocomputer-System zu benutzen: eine unerläßliche Vorstufe, um die Funktionen der einzelnen Komponenten verstehen zu können.

Kapitel 4 zeigt, wie das System arbeitet. Es erklärt, wie ein Mikrocomputer intern aussieht und beschreibt die Funktionen des Systems im einzelnen.

Nachdem Sie in Kapitel 5 erfahren haben, wie man einen Computer programmiert, haben Sie anschließend die Wahl zwischen zwei Techniken: der Verwendung von Standard-Software und höheren Programmiersprachen. Kapitel 6 und 7 führen in diese Programmiersprachen ein, von BASIC bis Pascal. Kapitel 8 stellt Ihnen die allgemein gebräuchliche Standard-Software vor.

Danach sollten Sie mit den Hardware- und Software-Komponenten eines Computer-Systems vertraut sein. Sie hatten aber noch keine Gelegenheit zu sehen, wie man sie zusammen benutzt. In Kapitel 9 machen wir daher einen Schritt in die Praxis. Typische Beispiele für die kommerzielle Anwendung eines Mikrocomputers werden vorgestellt: Die Erstellung einer Datenbank, die Durchführung einer Tabellenkalkulation mit anschließender grafischer Auswertung und ein Textverarbeitungsprogramm. Anschließend werden die spezifischen Bedingungen des kommerziellen Einsatzes von Mikrocomputern analysiert und erklärt.

Kapitel 10 beschreibt alle Arten von peripheren Geräten und erklärt, wann und wo man diese einsetzt und unter welchen Umständen ihr Gebrauch unumgänglich ist.

Nachdem das so erforderliche Wissen über Computer und die Erfordernisse spezieller Anwendungsbereiche erarbeitet wurde, können wir die verschiedenen Wahlmöglichkeiten beim Kauf eines Mikrocomputers analysieren. In Kapitel 11 werden die allgemeinen Entscheidungskriterien beim Kauf eines Computer-Systems behandelt. Diese Kriterien werden der Beurteilung der angebotenen Einheiten, Peripheriegeräte und Computer zugrunde gelegt. Unter dem Gesichtspunkt der Kosten ist nicht so sehr der Kauf des eigentlichen Mikrocomputers das Problem, sondern die richtige Auswahl der Anwendungen und peripheren Komponenten.

Die Grenzen und Schwächen des Menschen sind ein wichtiger Aspekt bei der Frage, ob ein Computer eingesetzt werden soll. Es gibt viele Schwierigkeiten, mit denen ein Geschäftsmann beim Gebrauch eines Computers zu rechnen hat. Einige von ihnen werden in Kapitel 12 beschrieben.

Kapitel 13 bietet dann einige weitergehende Hilfen an, die allgemein verfügbar sind.

Technisch interessierte Leser finden zusätzliche Informationen im Anhang dieses Buches.

Kapitel 1

Das Zeitalter der Mikrocomputer

Zu Hause

Es ist 7 Uhr morgens. Das Summen des elektrischen Weckers erfüllt den Raum. Gerd erwacht und stellt den Wecker ab. Auf einem kleinen Bildschirm neben seinem Bett erscheint eine Nachricht: *„Kontrolliere die RV-Akte, bevor Du gehst".* Gerd steht auf und flüstert leise das Wort „Frühstück" in das Mikrophon neben seinem Bett. Das setzt automatisch die Kaffeemaschine in Gang und wärmt zwei Hörnchen auf. Aus dem Lautsprecher an der Bettseite ertönt kaum vernehmbar die Bestätigung: *„Kaffee aufgesetzt, zwei Hörnchen werden aufgewärmt."*

Anschließend geht Gerd zu seinem Arbeitszimmer, um die Akte zu prüfen. Bei seinem Gang durch das Haus schaltet sich automatisch in jedem Raum, den er betritt, das Licht ein.

Im Arbeitszimmer ist die RV-Akte bereits auf dem Bildschirm des Mikrocomputers, der auf dem Tisch steht, erschienen. Für Gerd sind zwei zusätzliche Termine arrangiert worden, nachdem er bereits das Büro verlassen hatte. Im Laufe des Abends hat sein Vorgesetzter eine wichtige Nachricht hinterlassen: Gerd wird dringend gebeten, an diesem Morgen um 9.00 Uhr an einem Verkaufsgespräch teilzunehmen. Gerd prüft auf seinem persönlichen Terminkalender, der von dem zentralen Computer verwaltet wird, ob er an der Besprechung teilnehmen kann und bestätigt anschließend seine Teilnahme. Dann schließt er seinen Armbandcomputer an seinen Mikrocomputer an und überträgt den aktuellen Stand des Terminkalenders. Dann versucht er noch, über seinen an den zentralen Computer angeschlossenen Mikrocomputer die anderen Teilnehmer der Sitzung herauszufinden. Die Teilnehmerliste ist zwar gespeichert, aber gegen einen Einblick über private Mikrocomputer außerhalb des Büros geschützt. Deshalb entschließt er sich, heute an seinem wöchentlichen Bürotag einmal früher als sonst ins Büro zu fahren. Er ist froh, seine Kollegen wieder einmal zu treffen, die er nicht sehr häufig sieht, da er überwiegend zu Hause arbeitet. Der Anschluß seines Mikrocomputers an den zentralen Firmencomputer macht das möglich. Die Rolläden im Erdgeschoß sind computergesteuert hochgezogen, die Heizung des Hauses ist automatisch eingeschaltet worden und hat das Frühstückszimmer angenehm aufgewärmt.

Während Frau und Kinder noch schlafen, frühstückt Gerd rasch. Dann geht er zurück zum Mikrocomputer in seinem Arbeitszimmer und nimmt Verbindung mit dem Computer zweier Kollegen auf, von dem er erfährt, daß diese bereits im Büro sind. Daraufhin entschließt er sich zur Eile. Die Batterien des Elektromobils sind in der Garage über Nacht wieder aufgeladen worden. Gerd steigt ein und fährt davon. Im ganzen Haus gehen die Lichter automatisch aus. Wenn seine Frau in einer halben Stunde aufsteht, wird sich Ähnliches abspielen.

Gerd sitzt nun im Auto und würde gern so schnell wie möglich ins Büro kommen. So befragt er den Verkehrscomputer seines Wagens, der ihm eine Abkürzung empfiehlt. Leider ist Gerd die empfohlene Umleitung unbekannt. Er neut bittet er seinen Autocomputer um Hilfe. Dieser befragt daraufhin die

Das Zeitalter der Mikrocomputer   17

Straßensensoren und gibt auf dem Bildschirm genaue Fahrtanweisungen, z. B.:
"An der nächsten Kreuzung rechts abbiegen." Gerd folgt der Anweisung. Befragen des Bordcomputers ergibt, daß für die kommenden 15 Kilometer 22 Minuten benötigt werden. Diese Nachricht läßt Gerd erleichtert aufatmen: Er wird lange vor der Besprechung im Büro ankommen. Eine Funktionsstörung des Wagens ist unwahrscheinlich, denn der Bordcomputer hat die Maschine beim Start umfassend getestet. Er hat ebenfalls errechnet, daß die Ladung der Batterien für die normale Strecke ausreichen wird.

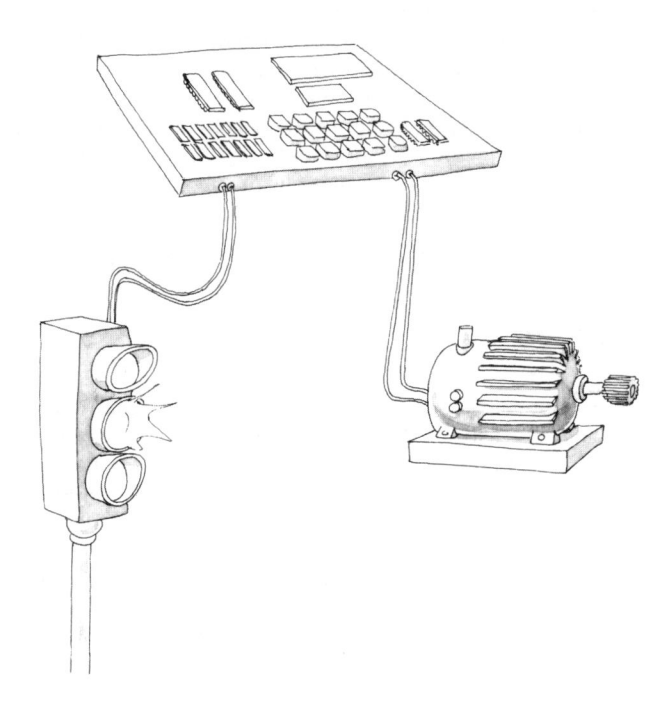

Im Büro

Gerd ist nun im Büro angekommen. Bei seiner Ankunft berührt er mit der Handfläche den rechteckigen Rahmen der Tür, in dem sich ein Sensor befindet, worauf sich die Tür öffnet. Der Sicherheitscomputer hat Gerd identifiziert. Gleichzeitig ist damit auch sein Arbeitsantritt registriert. Auf seinem Schreibtisch findet Gerd einen Computer-Auszug mit Themen, die bei dem

Treffen um neun Uhr behandelt werden. Da er nun den Grund für das Treffen kennt, fordert Gerd über seinen eigenen Arbeitsplatzcomputer die wichtigsten Unterlagen an, die er im Verlauf der Sitzung zur Verfügung haben möchte. Hier ist die Teilnehmerliste nach Eingabe eines Erkennungscodes, der ihn als Zugriffsberechtigten ausweist, zugänglich. Gerd fordert sie an, um festzustellen, wer noch dabei sein wird.

Da erscheint eine Mitteilung auf dem Bildschirm. Das Treffen wird sich um 15 Minuten verzögern. Gerd beschließt, seinen Kollegen Peter anzurufen, um mit ihm die Ergebnisse des Projekts zu besprechen. Als er gerade anrufen will, erscheint auf einer Anzeige an seinem Telefon die Mitteilung: *„Herr Gorvin von der Presse System GmbH möchte Sie sprechen."* Aber Gerd drückt den „NEIN"-Knopf. Seine Sekretärin ist automatisch davon in Kenntnis gesetzt, daß Gerd zu diesem Zeitpunkt keine Anrufe beantworten möchte. Da die Mitteilung lautlos gegeben wurde, konnte Gerd die Entscheidung fällen, ohne das Gespräch mit seinem Kollegen unterbrechen zu müssen. Er beendet die Unterredung und begibt sich in den Besprechungsraum.

Im Krankenhaus

Etwa zu dieser Zeit hat sich seine Frau Lisa entschlossen, ihre Verwandte Jutta im Krankenhaus zu besuchen. Sie ist Architektin und arbeitet die meiste Zeit zu Hause. Beim Empfang im Krankenhaus wird ihr Name in ein Sichtgerät eingetippt und dort bestätigt, was bedeutet, daß ihr Besuch sowohl von der Patientin als auch vom behandelnden Arzt erlaubt ist. Juttas Zimmernummer erscheint auf dem Bildschirm: *„RAUM 305, 3. STOCK".* Jutta hat eine schwere Operation hinter sich und ist an ein automatisches Überwachungssystem angeschlossen worden. Durch spezielle Sensoren wird ihr körperlicher Zustand regelmäßig kontrolliert: Herzrhythmus, Blutdruck, Gehirnströmung, Atmung, Temperatur und andere Funktionen. Die Sensoren sind an einem Mikrocomputer angeschlossen, der die gemessenen Werte mit vom Arzt vorgegebenen Grenzwerten vergleicht. Durch Kombinieren der Meßwerte können körperliche Fehlfunktionen rechtzeitig erkannt werden, aber bis jetzt sind die Körperfunktionen ganz normal.

Im Zimmer nebenan allerdings ist durch das Herz-Überwachungsprogramm eine Herzrhythmusstörung festgestellt worden, die oft ein Warnsignal für einen Herzinfarkt ist. Jutta war durch das Warnsignal geweckt worden und hatte mitbekommen, wie der Arzt ins Zimmer rannte und die Sofortmaßnahmen einleitete. Durch dieses erfolgreiche Eingreifen konnte ein Anfall verhindert werden.

Das Zeitalter der Mikrocomputer 19

Wenn Jutta das Krankenhaus verlassen darf, wird auch ihr Herz für mindestens zwei Monate überwacht werden müssen. Sie hat sich entschlossen, so erklärt sie Lisa, dem Rat ihres Arztes zu folgen und einen tragbaren Mikrocomputer vom Krankenhaus zu leihen. Dieses Gerät warnt frühzeitig genug vor einem körperlichen Versagen. Zusätzlich wird sie ihn jeden Abend an den Computer des Krankenhauses anschließen, und zwar über den Hauskommunikationsanschluß. Über den technisch ISDN genannten Hausanschluß werden Fernsehen, Telefon, Radio sowie Daten von und zu den Privathäusern übertragen.

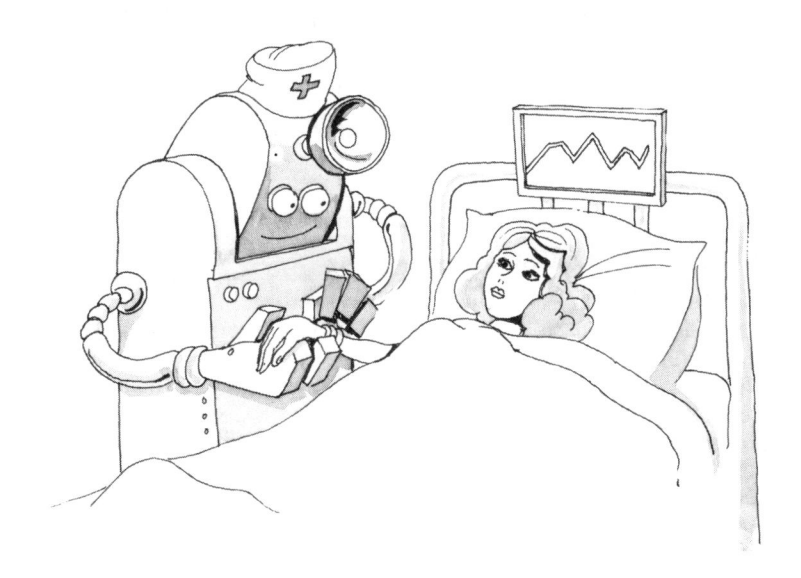

Jedes Zimmer hat üblicherweise eine solche universelle Kommunikationssteckdose, über die auch die verschiedenen Mikrocomputer und Hausgeräte eines Haushalts miteinander verbunden sind. Auf diese Weise werden ihre im Laufe des Tages gesammelten Daten an das Krankenhaus weitergeleitet. Juttas Arzt erhält kurz darauf eine detaillierte Analyse ihrer Werte, die entweder eine anhaltende Rekonvaleszenz oder drohende Komplikationen feststellt.

Im Patientencomputer im Krankenhaus sind nicht alle Jutta verordneten medikamentösen Indikationen gespeichert. Ein großer zentraler Krankenhauscomputer überwacht aber die Verordnungen des Arztes und vergleicht sie mit der Liste von Medikamenten, die sie bereits einnimmt, und mit denjenigen, gegen die sie allergische Reaktionen zeigen könnte. Jede möglicherweise gefährliche Kombination wird sofort an den behandelnden Arzt gemeldet. Bei einigen häufig auftretenden Krankheiten kann der Krankenhauscomputer dem Arzt wichtige Hilfestellungen geben.

Da Jutta eine sehr aktive Persönlichkeit ist, hat sie ihren privaten Mikrocomputer mit in ihr Krankenzimmer genommen, um einen Forschungsbericht, an dem sie schon geraume Zeit arbeitet, langsam zu Ende zu bringen. Über ihren Computer kann sie mit den verschiedenen Bibliothekscomputern kommunizieren und so die Informationen abrufen, die sie für ihre Arbeit dringend benötigt. So ist es ihr möglich, ihre Arbeit in ihrem eigenen Tempo fortzusetzen.

Da der Arzt ihr verboten hat, länger als drei Stunden zu arbeiten, benutzt sie ihren Computer immer nur kurz. Wenn die erlaubten drei Stunden überschritten sind, mahnt der Computer sie in fünfminütigen Intervallen, doch abzuschalten.

Wieder zu Hause

Lisa fährt nun wieder nach Hause, wo sie beschließt, erst die Hausarbeit zu erledigen, bevor sie ihre Arbeit als Architektin wieder aufnimmt. Zunächst ruft sie von ihrem privaten Computer eine Liste der wichtigsten Dinge ab, die sie heute erledigen muß. Dabei stellt sie fest, daß sie als erstes Geld von ihrem Bankkonto für die Begleichung von Rechnungen überweisen muß. Die Reserven ihres Girokontos sind fast vollständig erschöpft. Als sie mit dem Bankcomputer verbunden ist, läßt sie das Geld auf die betreffenden Konten überweisen. Vor der Überweisung schiebt Lisa ihre Codekarte, die sie als Verfügungsberechtigte ausweist und gleichzeitig die zu übertragenden vertraulichen Informationen verschlüsselt, in den Leseschacht ihres Computers.

Diese scheckkartengroße Codekarte enthält in miniaturisierter Form Elemente eines Computers. Sie kann daher Erkennungscodes für verschiedene elektronische Dienstleistungen, Kontenstände und die Buchungsvorgänge des letzten Monats dauerhaft festhalten. Die persönliche Codekarte hat die früher üblichen Kreditkarten und Euroschecks vollständig abgelöst, und Bargeld kann man nur noch in Museumsvitrinen besichtigen. An Tankstellen, in Restaurants und in Geschäften bezahlt man mit der Codekarte. Als Schutz gegen mißbräuchliche Verwendung ist ein farbiges Foto des Inhabers fälschungssicher auf der Vorderseite angebracht. In einigen Ländern, in denen die Codekarte auch die Funktion eines Personalausweises hat, sind auf der Karte zusätzlich noch in computerlesbarer Form ein Paßbild, Sprachproben, Fingerabdrücke und wichtige Angaben zur Person gespeichert.

Als nächstes läßt sich Lisa mit dem Lebensmittelgeschäft verbinden, um eine Bestellung aufzugeben. Da sie aber heute morgen ziemlich unentschlossen ist, was sie kaufen will, fordert sie auf ihrem Bildschirmgerät eine Liste von Angeboten mit Preisen an. Sie macht sich ein paar Notizen und kann dann ihre Bestellung aufgeben. Oben auf dem Bildschirm erscheint die Bestätigung, daß die Sachen gegen vier Uhr nachmittags geliefert werden.

Wie sie ihrem Mann versprochen hat, läßt sie sich jetzt die aktuellen Aktienkurse in den Mikrocomputer übermitteln. Dieser vergleicht diese Informationen mit denen von Gerd vorgegebenen Richtwerten und sendet anschließend automatisch an Gerds Börsenmakler einige Aufträge.

Zum Abschluß will Lisa endlich die Reise für den Sommerurlaub buchen. Sie stellt eine Verbindung zum Computer des Reisebüros her, und dieser überträgt nun die Texte und die zugehörigen Bilder zu den von ihr ausgewählten Angeboten in ihren Mikrocomputer. Da sie sich nicht eindeutig für ein Angebot entscheiden kann, weist sie den Mikrocomputer an, die entsprechenden Informationen dauerhaft festzuhalten, damit Gerd sie sich abends ebenfalls noch ansehen kann.

Lisa hat nun die nötigsten Dinge erledigt, und sie beschließt, eine Stunde Spanischunterricht zu nehmen. Im Nu ist der Raum von einem Gespräch auf Spanisch erfüllt. Die Töne werden durch einen Sprachgenerator erzeugt. Gleichzeitig erscheint der geschriebene Text auf Lisas Bildschirm. Sie muß die Wörter nachsprechen. Jedesmal wenn ihre Aussprache unkorrekt ist, fängt das Programm mit den vorangegangenen Sätzen wieder an und wiederholt sie, bis die Aussprache korrekt ist oder bis sie fünf Versuche gemacht hat.

Das Programm ist stufenweise aufgebaut und bietet Lisa eine Reihe von Übungen. Nach einer Stunde beschließt Lisa, für heute aufzuhören. Sie ißt etwas und begibt sich anschließend an ihre Zeichnungen. Bevor sie ihr Sichtgerät für die Dauer des Essens ganz abschaltet, gibt sie eine Reihe von Ereignissen ein, die automatisch das Hauscomputer-System aktivieren sollen: Nachrichten von den Kindern, von ihrem Mann, von Jutta im Krankenhaus, von ihrem Chef und außerdem die letzten Nachrichten über die aktuelle kommunale Abstimmung. Sie hatte nämlich wie die Mehrzahl ihrer Mitbürger ihre Stimme für den kurzfristig beantragten kommunalen Volksentscheid über die Erneuerung des städtischen Glasfasernetzes mit Hilfe ihres Mikrocomputers abgegeben. Zuvor hatte sie schon über eine Konferenzschaltung an einem Resolutionsantrag einer Bürgerversammlung mitgewirkt und auch an der Debatte im Stadtrat teilgenommen. Sie gehört einer Bewegung an, die den freizügigen Zugang zu allen Informationen und den Abbau von Informationsprivilegien fordert. Ihr Mann hingegen möchte lieber den Datenschutz verstärkt sehen und unterstützt die Gewährung von selektiven Informationsberechtigungen.

Später arbeitet sie in ihrem Zimmer. Dort steht ein besonderes Eingabegerät für ihre Pläne. Diese werden auf dem Bildschirm perspektivisch wiedergegeben und mit Hilfe des Computers überarbeitet. Sind die Zeichnungen zufriedenstellend beendet, werden sie an den Firmencomputer übertragen. Nachdem sie dort überprüft worden sind, erhält Lisa entweder Zustimmung oder Ablehnung von ihrem Chef.

Als sie ihre Arbeit gerade beendet hat, erscheinen auf dem Bildschirm zwei Mitteilungen – zwei Nachbarn haben am Nachmittag angerufen, ohne jedoch die Arbeit zu stören. Die Nachrichten sind im System gespeichert und werden nun abgespielt.

Bald kommen die Kinder aus der Schule. Sie benutzen Lisas Computer für die Erledigung ihre Hausaufgaben. Lisa hofft, ihrer ältesten Tochter bald einen eigenen Computer kaufen zu können. Manchmal verbinden die Kinder auch Lisas Computer mit den Computern von Freunden in der Schweiz, um mit ihnen ein sehr beliebtes Computer-Netzwerkspiel für mehrere Personen zu spielen, das „Mystische Reich". Dieses farbenfrohe, im Aussehen an einen Zeichentrickfilm erinnernde Spiel gestattet es jedem Teilnehmer, die Handlungen seiner Spielfigur und damit den Ablauf der gesamten Spielhandlung frei zu bestimmen.

Die Lehrer an ihrer Schule sehen das allerdings nur ungern. Sie beklagen, daß sich die Schüler viel zu sehr mit Computer-Spielen und zu wenig mit Lernprogrammen beschäftigen und daß sie gegenüber früheren Generationen erschreckend wenig Programmierkenntnisse haben. Sie behaupten, daß das zunehmende Computer-Analphabetentum eine der Hauptursachen für den Anstieg der Arbeitslosigkeit darstelle.

Die elektronische Stadt

Alle Mikrocomputer in Gerds Haus wie in den anderen Häusern, Büros, Krankenhäusern und anderen Gebäuden sind in einem komplexen Netz miteinander verbunden. Informationen kann jeder, der dazu befugt ist, sofort und zu allen Zeiten erhalten. In Staaten mit diktatorischer Gesellschaftsform werden diese technischen Möglichkeiten für eine möglichst lückenlose Überwachung der Bevölkerung eingesetzt.

Das Bild der Arbeit hat sich völlig geändert. Viel weniger Menschen arbeiten im Büro, es sei denn, sie müssen sich persönlich mit ihren Kollegen besprechen oder benötigen bestimmte Angaben, die nur im Büro erhältlich sind. An Aufgaben, die mit Computern erledigt werden können, wird zum Großteil zu Hause gearbeitet. Die Arbeitszeit ist wesentlich verkürzt, und die Arbeit als solche ist produktiver und kreativer geworden. Der wirtschaftliche Erfolg der Unternehmen wird wesentlich durch die Qualität ihrer Computer-Anwendungen und die effektive Ausnutzung von elektronischen Informationsquellen bestimmt.

Alle Prozesse, die automatisiert werden können, ob zu Hause, im Auto oder im Telefonsystem, werden nun von Mikrocomputern überwacht und ausgeführt. Die altgediente Armbanduhr hat sich in einen kleinen Computer verwandelt, ausgestattet mit einer winzigen Tastatur und einem Terminal, von dem aus man mit jedem anderen Computer Kontakt aufnehmen kann.

Wann?

Diese Geschichte ist heute nur noch teilweise Utopie. Schon heute können alle beschriebenen Annehmlichkeiten technisch verwirklicht werden. Die Gründe, die einer Verwirklichung im großen Stil im Wege stehen, sind überwiegend ökonomischer und gesellschaftlicher Natur. Man kann jedoch mit einiger Sicherheit voraussagen, daß eine große Zahl von ihnen im Laufe des kommenden Jahrzehnts in die Tat umgesetzt werden kann. Natürlich werden auch noch Dinge erfunden werden, die man sich heute nicht einmal vorstellen kann. Die Aufgabe des vorangegangenen Szenarios sollte es sein zu zeigen, welche Vielfalt von Anwendungsmöglichkeiten der Fortschritt auf dem Gebiet der Mikrocomputer-Technik erschließt.

Die großen gesellschaftlichen Auswirkungen, die der Einzug der Mikrocomputer und damit der elektronischen Datenverarbeitung in unser tägliches Leben mit sich bringt, erfordern auch, daß wir uns mit der zugrundeliegenden Technik etwas näher vertraut machen. So können wir als mündige und kundige Bürger der modernen Informationsgesellschaft unseren Teil dazu beitragen, die Vorteile voll auszuschöpfen und die Risiken und Gefahren, die mit jeder technischen Revolution einhergehen, zu erkennen und einzudämmen.

Mikrocomputer

Mikrocomputer stellen das Ergebnis des erstaunlichen Fortschritts auf dem Sektor der sogenannten MOS-Technik dar. Dadurch ist es möglich, einen vollständigen Computer in einem einzigen rechteckigen Siliziumplättchen unterzubringen (einem „Chip", annähernd 5 x 5 Millimeter groß). Funktionen, für deren Ausführung früher ein großer Computer mit den Ausmaßen eines ganzen Zimmers benötigt wurde, können heute von einem Mikrocomputer auf einem einzigen Chip ausgeführt werden.

Zuerst aber wollen wir lernen, wie wir Gerds und Lisas Mikrocomputer bedienen können. Im Laufe dieses Buches werden wir noch andere Anwendungsgebiete und Verwendungstechniken beschreiben. Mikrocomputer werden derzeit zu einem immer wichtigeren Bestandteil unserer Gesellschaft. Die jüngsten Entwicklungen haben sie bereits im betrieblichen wie im privaten Bereich zu beinahe unverzichtbaren Hilfsmitteln gemacht.

Kapitel 2

Der Mikrocomputer aus der Sicht des Benutzers

Einleitung

Ein Mikrocomputer, so wie Sie ihn in einer Grundversion im Geschäft erwerben, besteht normalerweise aus einer schreibmaschinenähnlichen Tastatur, einem Bildschirm, ähnlich einem Fernseher, und einem Systemgehäuse, das den eigentlichen Rechner enthält.

Bei Computern für den Hausgebrauch kann als einfacher Bildschirm auch der schon vorhandene Fernseher angeschlossen werden. Bei besonders preisgünstigen Computer-Modellen ist das Systemgehäuse häufig in die Tastatur integriert.

Natürlich erfordert die volle Nutzung der Möglichkeiten eines Mikrocomputers noch den Einsatz weiterer Zusatzgeräte. Damit Sie Arbeitsergebnisse und andere Informationen dauerhaft festhalten können, gibt es besondere Aufzeichnungsgeräte, die ähnlich wie eine Kassette oder eine Schallplatte als elektronisches Archiv dienen. Diese Speichergeräte, in der Fachsprache *Plattenlaufwerke* genannt, sind bei vielen Geräten bereits vom Hersteller oder vom Verkäufer in das Systemgehäuse eingebaut.

Bei Heimcomputern werden diese Geräte jedoch noch häufig in einem eigenen Gehäuse angeboten und sind vom Kunden selbst anzuschließen. Dies gilt generell auch für weitere Zusatzgeräte, die wir erst später betrachten wollen.

Inbetriebnahme

Der Geräteaufbau

Nehmen wir also einmal an, Sie haben gerade einen Mikrocomputer erworben. Vor Ihnen stehen nun zwei Kartons: ein fast kubischer Karton, der den Bildschirm enthält, und eine flachere, mehr längliche Schachtel mit dem Systemgehäuse und der Tastatur. Nach dem Öffnen der Verpackungen entdecken Sie neben den Geräten noch einige Kabel und ein paar Bücher.

Widerstehen Sie der Versuchung, das Mikrocomputer-System rasch ohne vorheriges Studium des entsprechenden Kapitels in dem beiliegenden Handbuch einfach zusammenzusetzen und einzuschalten. Das Verbinden der einzelnen Komponenten ist zwar im Prinzip genauso einfach wie bei einer Stereoanlage, ein falsches Verbinden kann jedoch insbesondere dann zu Beschädigungen führen, wenn die Geräte schon an das Stromnetz angeschlossen sind.

Verbinden Sie daher alle Teile nach den Angaben des Herstellers mit den entsprechenden Kabeln untereinander. Beim Einstecken in die Anschlußbuchsen sollte man keine Gewalt anwenden, wenn man auf Widerstand stößt, sondern überprüfen, ob man eventuell die Buchse verwechselt hat.

Für Bildschirme gibt es je nach Geräteart verschiedene Anschlußmöglichkeiten. Achten Sie hierbei, aber auch bei den anderen Verbindungen darauf, daß sich alle Schalter für Voreinstellungen der Geräte in der für die jeweilige Gerätekombination richtigen Stellung befinden. Das gilt insbesondere für die Einstellung der Netzstrom-Voltzahl, die in Deutschland, in Österreich und in der Schweiz in der Regel 220 Volt beträgt. Ebenso wichtig ist bei einigen Geräten die Voreinstellung des Bildschirmgeräts. Auch hierbei kann eine falsche Voreinstellung zur Beschädigung des Computers oder des Bildschirmgeräts führen.

Verbinden Sie Ihr Mikrocomputer-System als letztes über die entsprechenden Netzkabel mit der Stromversorgung. Nun können Sie Ihren Mikrocomputer einschalten und ebenso den Bildschirm, falls dieser über einen eigenen Netzschalter verfügt.

Wenn Sie alles richtig gemacht haben, erscheint nach kurzer Zeit eine Begrüßungsmeldung auf dem Bildschirm und eine Bereitschaftsanzeige.

Der Mikrocomputer aus der Sicht des Benutzers 27

Tips für eventuelle Anfangsschwierigkeiten

Wenn der Bildschirm dunkel bleibt, dann sollten Sie noch einmal alle Kabelverbindungen überprüfen. Vergewissern Sie sich, daß alle Geräte eingeschaltet sind und die Helligkeitsregelung Ihres Bildschirms richtig eingestellt ist. Erfolgt noch immer keine Anzeige, dann werfen Sie einmal einen Blick auf die Kontrollämpchen für die Stromversorgung, die häufig auch die Bezeichnung „POWER" tragen. Bleiben diese dunkel, dann sollte man die Gerätesicherungen auf der Rückseite der Geräte und des möglicherweise vorhandenen externen Netzteils überprüfen. Auf keinen Fall dürfen Sie jedoch die Gerätegehäuse öffnen, da dies den Verlust von Garantieansprüchen nach sich zieht.

Erste Schritte

Verständlicherweise brennen Sie darauf, sofort etwas Konkretes mit Ihrem Computer anzufangen. Betrachten Sie zunächst einmal den Bildschirm etwas genauer. In der oberen Hälfte stehen einige Textzeilen, und darunter befindet sich ziemlich am linken Rand ein kleiner Strich oder ein zumeist blinkendes helles Rechteck, der Positionsanzeiger, der in der Fachsprache *Cursor* genannt wird. Analog zu einer Schreibmaschine hat auch der Bildschirm eine aktuelle Schreibposition, die auf diese Weise gekennzeichnet wird. Der Cursor gibt an, wo ein über die Tastatur eingegebenes Zeichen angezeigt wird.

Drücken wir beispielsweise einmal auf die Buchstabentaste A. Der Cursor rückt um eine Stelle nach rechts, und links neben ihm, an seiner alten Position, erscheint ein A auf dem Bildschirm. Das kommt uns normal vor, weil es bei einer Schreibmaschine genauso funktioniert, ist beim Computer aber keineswegs selbstverständlich oder immer erwünscht. Was wir sehen, ist nur das „Echo" des Buchstabens A, den wir gerade eingetastet haben. Diese Echo-Funktion ermöglicht die Kontrolle der fehlerfreien Übertragung. Das Erscheinen des Buchstabens A auf dem Bildschirm zeigt an, daß das Zeichen vom Computer richtig gelesen wurde und das Verbindungskabel in beiden Richtungen funktioniert.

Andererseits kann es z. B. im kommerziellen Betrieb auch erforderlich sein, daß eine Eingabe unsichtbar bleibt. Denken Sie beispielsweise an die Eingabe eines Kennworts, damit man Zugang zum System bekommt. Es ist offensichtlich, daß es ein kaum wiedergutzumachender Fehler wäre, wenn nun dieses eingetippte Kennwort auf dem Bildschirm erscheinen würde. Eine Wiedergabe des Kennworts muß also um jeden Preis verhindert werden. Jedes gute System kann das garantieren. Zunächst wollen wir uns jedoch näher mit der Bedienung eines Systems vertraut machen.

Bedienung von Systemen

Wenn Sie Auto fahren wollen, müssen Sie im Besitz eines Führerscheins sein, der Ihnen bescheinigt, daß Sie alle Funktionen eines Fahrzeugs bedienen und überwachen können. Einen Computer-Führerschein gibt es nicht. Es gibt jedoch einige Fachberufe für Datenverarbeitung, die solche Kenntnisse in der Ausbildung vermitteln. Diese Kenntnisse hat der Normalbürger üblicherweise nicht, und er erwartet eigentlich zu Recht, daß er ähnlich wie bei einer Stereoanlage nach einer kurzen Erläuterung durch den Verkäufer das Gerät vollständig bedienen kann.

Leider ist dies aber bei Mikrocomputern eher die Ausnahme. Das liegt einerseits an den sehr vielfältigen Einsatzmöglichkeiten der Mikrocomputer auf dem noch jungen, aber sehr rasch sich entwickelnden Gebiet der Computer-Technik. Ein anderer wesentlicher Grund dafür ist auch, daß die verschiedenen Firmen, die die Anwendungsprogramme anbieten, in der Regel recht unterschiedliche Vorstellungen davon haben, wie eine einfache Bedienung zu erreichen ist. Zudem werden viele Anwendungen so erstellt, daß sie auf möglichst vielen Computern verwendet werden können und sind daher nicht auf komfortable Besonderheiten der einzelnen Geräte ausgerichtet. Programme hingegen, die jeweils nur auf einem ganz bestimmten Rechner eingesetzt werden können, sind oft in hohem Maße auf dessen besondere Möglichkeiten abgestimmt.

Der Mikrocomputer aus der Sicht des Benutzers 29

Diese für den Benutzer mit hohem Lernaufwand verbundene Situation beginnt sich jedoch zu bessern. Gerade im sogenannten Heimcomputer-Bereich, wo in großen Stückzahlen preiswerte Geräte und Programme ohne große Einführungshilfe vertrieben werden, lassen sich nur noch Computer-Programme und -Spiele mit Erfolg verkaufen, die rasch erlernbar sind und einfach in der Handhabung. Das führt allerdings zum Ärger der Produzenten auch dazu, daß selbst die Bedienung von Raubkopien von Programmen für ihre unrechtmäßigen Besitzer auch ohne Handbuch oder Bedienungsanleitung kein Problem darstellt.

Im professionellen Computer-Bereich hat die Firma Apple mit ihrem auf Vorarbeiten von Xerox beruhenden Macintosh-Konzept eine sehr bedeutende Vorreiterrolle gespielt. Dieses Konzept weist eine hervorragend anschauliche Bedienerführung über Piktogramme (Bildsymbole) auf, auf die der Benutzer nur mit einem kleinen Pfeil zeigen muß, um eine Funktion auszuwählen. Auf umständlich einzutippende Befehle oder eine Unzahl von Funktionstasten wird bewußt verzichtet (Abb. 2.1).

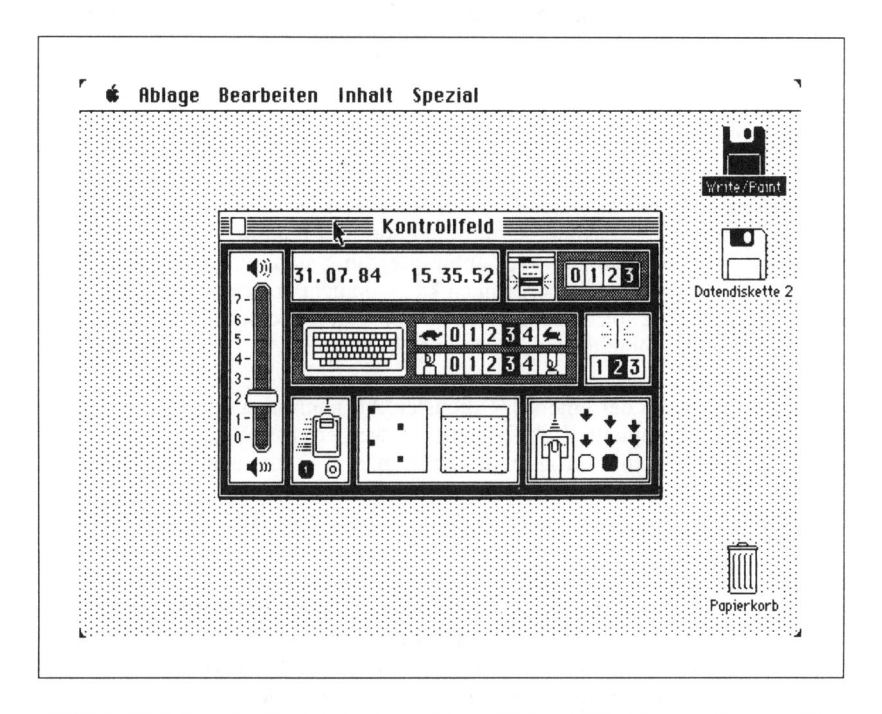

Abb. 2.1: Bildschirm des Macintosh mit dem Kontrollfeld zum Einstellen von Systemgrößen

Durch technische Maßnahmen hat die Firma Apple die Hersteller von Programmen für den Macintosh praktisch gezwungen, diese Art der Benutzerführung zu übernehmen. Auch das eigentliche Mikrocomputer-System selbst kann genauso bedient werden.

Dies ist für den Benutzer in zweierlei Hinsicht sehr erfreulich. Beherrscht man einmal die Bedienung eines Programms auf dem Macintosh, so kann man mühelos innerhalb weniger Minuten die Benutzung eines anderen Programms zumindest in den Grundzügen erlernen.

Die hohe Marktakzeptanz dieses Konzepts hat dazu geführt, daß die darauffolgenden Computer in der Klasse der Superheim-/Semiprofessionellen Mikrorechner mit einer gleichartigen Benutzeroberfläche ausgestattet wurden, wie z. B. die Amiga-Rechner von Commodore und die ST-Geräte der Firma ATARI. Selbst der lange dominierende Altstar der Heimcomputer-Klasse, der C 64 von Commodore, wurde im Nachhinein standardmäßig mit einem entsprechenden Zusatzprogramm ausgeliefert. Im oberen Teil des Marktsegments versucht die Firma Microsoft, unterstützt von der Firma IBM, ihr Produkt „Windows", ebenfalls eine Benutzeroberfläche mit Fenstertechnik, als Standard zu etablieren.

Praktische Handhabung

Der Mikrocomputer ist in der Lage, eine ganze Menge nützlicher Dinge für uns zu erledigen, insbesondere zeitraubende und eintönige Arbeiten sowie komplizierte Berechnungen oder umfangreiche Verwaltungsarbeiten. Damit er diese Aufgaben für uns übernehmen kann, braucht er eine präzise Folge von Anweisungen. Eine solche Folge von Anweisungen in einer für den Computer lesbaren Form nennt man *Programm* oder *Prozedur*.

Fertige Programme der unterschiedlichsten Art kann man von verschiedenen Herstellern in Computer-Fachgeschäften erwerben. Eine Anwendung, wie z. B. ein Textverarbeitungsprogramm, erhält man in Form einer magnetisch beschriebenen Scheibe, *Diskette* genannt, auf der die Programme und Prozeduren gespeichert sind, die zusammen die Anwendung Textverarbeitung darstellen.

Wir wollen einmal annehmen, wir haben unser Computer-System gemäß Anleitung angeschlossen und eingeschaltet. Bevor wir aber direkt die Diskette mit der Anwendung in den dafür vorgesehenen Schacht des Diskettenlaufwerks legen, was analog dem Einlegen einer Videokassette in das Videospielgerät ist, werden wir über eine entsprechende Meldung auf dem Bildschirm aufgefordert, eine sogenannte *Systemdiskette* einzulegen. Diese enthält generelle *Steuerungsprogramme* für den Computer, die erst den Einsatz von Anwendungsprogrammen ermöglichen.

Nach dem Einschalten des Computers befindet sich im Rechnerspeicher kein direkt zur Ausführung bereites Programm, da nach dem Ausschalten stets alle Programme verlorengehen, die sich im Arbeitsspeicher des Rechners befunden haben. Deshalb müssen Programme auf zusätzlichen Speichermedien mit Langzeit-Speicherfunktion festgehalten werden. Dies können *Magnetbandkassetten* und magnetische Platten sein, die fest im Gerät eingebaut sind oder wie die Disketten gewechselt werden können. Ein Programm auf diesen Speichermedien kann der Computer jedoch nicht unmittelbar ausführen. Es muß erst in den Arbeitsspeicher geladen werden. Dort befindliche Programme kann der Rechner direkt ausführen.

Bei vielen Computern sind diese Steuerprogramme fest im Rechner intern abgelegt, so daß sie nach dem Einschalten des Systems nicht extra geladen werden müssen. Dafür bedient man sich einer besonderen Form des Arbeitsspeichers. Es wird ein sogenannter *Festwertspeicher* eingesetzt, dessen Inhalt nicht flüchtig ist und nicht verändert werden kann.

Das Steuerprogramm regelt wie eine Ampelanlage den Fluß von Informationen im Computer, unterstützt so die Ausführung der Anwendungsprogramme und ermöglicht insbesondere die dauerhafte Ablage von Informationen auf Diskette sowie die Kommunikation des Benutzers mit der Anwendung. Der Benutzer muß natürlich auch steuernd in den Ablauf eingreifen. So wird er häufig unmittelbar nach dem Einlegen der Systemdiskette aufgefordert, die Eingabetaste (auch Return-Taste) zu drücken.

Kleine Tastaturkunde

Die Return-Taste (oder auch Enter-Taste), die sich auf der rechten Seite der Tastatur befindet (siehe auch Abb. 2.2) und oft einen großen, abgeknickten Pfeil zeigt, ist die wichtigste Taste auf der Tastatur und dient dazu, dem Computer Anweisungen oder Antworten zur weiteren Verarbeitung zu übergeben, die man zuvor wie einen Text eingetippt hat.

Jeder Tastendruck wird durch die Tastatur-Elektronik entdeckt und in entsprechende elektrische Signale umgewandelt, die über das Tastatur-Anschlußkabel in das Rechnergehäuse geleitet werden. Daher erkennt der Mikrocomputer jederzeit, welche Taste gedrückt wurde. Wenn wir also einen Text eintip-

Abb. 2.2: Die Tastatur des Amiga mit amerikanischer Zeichenbelegung

pen, wird dieser zwar so, wie wir ihn eingegeben haben, auf dem Bildschirm angezeigt, aber der Computer reagiert vorerst überhaupt nicht darauf. Es ist also möglich, den Text vor der endgültigen Übergabe noch einmal zu überprüfen und gegebenenfalls zu korrigieren.

Zur Korrektur gibt es unter anderem eine spezielle Löschtaste, die oft mit Del (engl. delete – löschen) bezeichnet ist. Nachdem ein Zeichen gelöscht worden ist, wird die entstandene Textlücke automatisch dadurch geschlossen, daß der restliche Text nach links aufrückt. Analog wird für das Einfügen eines oder mehrerer Zeichen der Text auf dem Bildschirm mit der Einfügetaste, meist mit Ins oder Inst beschriftet (engl. insert – einfügen), nach rechts auseinandergerückt. Es kann auch sein, daß diese beiden Funktionen auf einer Taste liegen. Dann wird die obere Funktion wie bei allen doppelt belegten Tasten durch gleichzeitiges Drücken einer der beiden Umschalt- oder Shift-Tasten, die sich unten rechts und links neben der langen Leertaste befinden, und der jeweiligen Funktionstaste erreicht.

Mit der Leertaste kann man beim Mikrocomputer auch Zeichen löschen, wobei allerdings eine Leerstelle entsteht.

Rechts neben dem Schreibtastenfeld befindet sich in der Regel ein separater Ziffernblock, wobei diese Tasten häufig noch mittels Umschaltung mit einer NumLock-Taste für die Cursorsteuerung verwendet werden. Komfortable Tastaturen verfügen allerdings hierfür über ein weiteres spezielles Tastenfeld,

Der Mikrocomputer aus der Sicht des Benutzers   33

das in sinnvoller Anordnung eine schnelle Bedienung der Cursorsteuerungs-Tasten möglich macht. Am linken und rechten Rand des Schreibtastenfelds befinden sind noch besondere Steuertasten mit zumeist feststehenden Funktionen, die mit Stop, Reset, Break, Control oder auch Ctrl, Esc, Sys oder Run bezeichnet sein können. Darüber hinaus gibt es oft eine weitere Umschalttaste, die mit Alt gekennzeichnet ist oder bei Commodore mit dem Commodore-Zeichen C= und über die oft zusammen mit der Ctrl-Taste eine dritte Tastenbelegung erreichbar ist. Zusätzlich gibt es fast immer noch eine Tabulator-Taste, die durch die Bezeichnung Tab oder einfach einen oder zwei Pfeile ausgewiesen ist.

Links vom Schreibtastenfeld oder manchmal oberhalb liegen Funktionstasten, die mit F1, F2 usw. bezeichnet sind und deren Belegung und spezielle Funktionsweise durch die Anwendung erfolgt.

Benutzerkommandos

Anweisungen an den Computer, die durch den Benutzer eingegeben werden, bezeichnet man als *Kommandos*. Diese müssen in einer genau festgelegten, präzisen Form erfolgen, denn der Rechner kann nur genau vorgegebene Zeichenfolgen erkennen.

Der Computer ist allerdings nicht immer zur Annahme von Kommandos bereit, z. B. wenn er noch mit der Ausführung eines vorhergehenden Befehls beschäftigt ist. Er zeigt durch ein besonderes Bereitschaftszeichen oder Kennwort an, nach dem Englischen auch Prompt genannt, daß er auf neue Anweisungen wartet. Am häufigsten wird hierfür das englische Wort „Ready" verwendet, bei vielen Computern erscheint aber auch ein Größerzeichen (>) oder oft auch einer der Buchstaben A bis E, gefolgt von einem Doppelpunkt.

Praktischerweise sind bei vielen Computern schon im Grundzustand unmittelbar nach dem Einschalten die Funktionstasten mit den am häufigsten verwendeten Kommandos belegt, wie z. B. mit

    dir

womit man das Inhaltsverzeichnis einer im Laufwerk eingelegten Diskette auf dem Bildschirm anzeigen lassen kann.

Durch Drücken der Run-Taste, falls vorhanden, oder durch Eintippen des entsprechenden Kommandos wird die Anwendung gestartet. Bei professionellen Programmen werden jetzt in der Regel den frei belegbaren Funktionstasten F1, F2 usw. neue anwendungsspezifische Kommandos zugeordnet. Auch die im Grundzustand nach dem Einschalten gültigen Systemkommandos sind nun nicht mehr anwendbar. Dafür versteht der Computer jetzt unter der Kontrolle durch das Anwendungsprogramm eine Fülle neuer Kommandos, mit denen der Benutzer seine Anweisungen übermitteln kann.

Bei einem Aktionsspiel allerdings, bei dem es um reaktionsschnelles Steuern von Objekten auf dem Bildschirm geht, sind natürlich Kommando-Eingaben über die Tastatur, auch über Funktionstasten, zu langsam. Hierfür werden *Steuerknüppel* verwendet, die auch unter dem englischen Namen *Joysticks* bekannt sind. Diese können acht Bewegungsrichtungen unterscheiden, und zusätzlich verfügen sie noch über ein bis drei Druckknöpfe, die je nach Programm unterschiedliche Funktionen auslösen können.

Ähnlich wie ein Joystick funktioniert der *Trackball*, der wie eine normale Kugel aussieht, die halb sichtbar in einem Gehäuse ruht. Hiermit kann man nicht nur einen Richtungsimpuls über eine bestimmte Zeitdauer an den Computer schicken, sondern durch genau dosiertes Drehen der Kugel in eine Richtung auch eine Streckeninformation übermitteln. Auf diese Weise ist natürlich eine viel feinere Steuerung möglich, wie man sie insbesondere für Grafikanwendungen benötigt.

Ein umgedrehter Trackball in etwas kleinerer Ausführung, bei dem die Kugel über eine Unterlage gerollt wird und das Gehäuse über die Rollkugel gestülpt wurde, ist die *Maus*. Maus und Trackball sind ebenfalls mit zwei bis drei zusätzlichen Funktionstasten, die auch nach ihrer Funktion oft Feuerknöpfe genannt werden, ausgerüstet.

Klassifizierung von Mikrocomputern und Zuordnung zu Einsatzfeldern

Um einen aktuellen Überblick über die am Markt erhältlichen Mikrocomputer und ihren Preisrahmen zu gewinnen, studiert man am besten eine der generellen Mikrocomputer-Zeitschriften, wie z. B. Ct', MC, Computer Persönlich oder Chip. Dort werden regelmäßig neue Geräte besprochen oder tabellarische Zusammenstellungen veröffentlicht.

Dabei werden zur Klassifizierung der Geräte die Begriffe Heim- oder Homecomputer, semiprofessioneller und professioneller Computer verwendet. Diese Einteilung war ursprünglich als Charakterisierung der Leistungsfähigkeit gedacht, orientierte sich aber sehr stark am Preisspektrum der Geräte und den jeweils mit dem Gerät angepeilten Zielmärkten.

Natürlich lassen sich die Geräte an beiden Enden der Preisskala deutlich dem beruflichen oder häuslichen Einsatzbereich zuordnen. In dem mittleren Preisbereich, etwa von 1000 DM bis 3000 DM, gibt es jedoch eine starke Überlappung beider Bereiche. Ein gut ausgebauter Heimcomputer kann in einigen Teilbereichen, wie z. B. Textverarbeitung, einfache Geschäftsgrafiken und tabellarische Berechnungen, in Leistungsbereiche von professionellen Computern vordringen. Die neuere Generation der Super-Heimcomputer oder semiprofessionellen Computer übertrifft auf einigen Gebieten wie Grafik, Rechengeschwindigkeit oder Benutzerfreundlichkeit schon in der Grundversion das Mittelfeld der als PCs (Personal Computer) bezeichnete Gruppe von professionellen Rechnern. Andererseits werden Billig-PCs aus dem Fernen Osten schon für knapp über 1000 DM angeboten.

Die Grenzen scheinen sich also zu verwischen. Die Gründe dafür liegen in der immer noch rasenden Entwicklung und dem periodischen Generationswechsel, wobei sich die Leistungsabstände zwischen Computer-Klassen verschieben und das Niveau insgesamt deutlich steigt.

Jedoch kann man auch weiterhin zwei Gruppierungen von Computern für den privaten und beruflichen Einsatz unterscheiden, die sich insbesondere auch durch die für beide Gruppen verfügbaren Anwendungen und Zubehörausrüstungen ergeben.

Für den freizeitorientierten Einsatz (Spiele, preisgünstige Lern- und Textverarbeitungsprogramme, computergestützte Verwaltung von Karteien und Datensammlungen, kleinere Kalkulationsprogramme für Einsteiger) sind die bewährten, klassischen *Heimcomputer* mit einer Verarbeitung von 8-Bit-Informationen völlig ausreichend. Solche Systeme sind relativ preiswert. Man sollte jedoch nicht versuchen, diese Systeme in starkem Maße für größere Aufgaben auszubauen, um dann hinterher festzustellen, daß man doch ein anderes kaufen muß. Dann sollte man lieber gleich eine Klasse höher einsteigen.

Für ambitionierte Hobbyisten, Schüler und Studenten, die sich vertieft mit Computern und deren Anwendung beschäftigen wollen, für den gelegentlichen beruflichen Einsatz zu Hause oder für spezielle Teilaufgaben auch in größeren Unternehmen sind die neuen *semiprofessionellen Heimcomputer-Systeme* mit 16 bis 32 Stellen Verarbeitungsbreite. Diese Rechner kosten heute so viel wie noch vor drei Jahren die vorige Generation der Heimcomputer, und man kann sie außerdem beträchtlich ausbauen, insbesondere den internen Speicher. Sie eignen sich sehr gut für alle Aufgaben, die eine hochwertige Gestaltung von Texten, Grafiken, Bildern (auch animierten, d. h. beweglichen) und Musik erfordern, sowie für abgegrenzte wissenschaftlich-technische Aufgaben. Ihre Leistungsfähigkeit, ihre moderne technische Gestaltung und der relativ günstige Preis prädestinieren diese Geräte auch für den Einsatz in der Informatik-Ausbildung an Schulen.

Abb. 2.3: Ein klassisches Heimcomputer-System: der Commodore 64 mit Peripheriegeräten

Geht es jedoch um ausgefeilte betriebswirtschaftliche Anwendungen, um die Verwaltung großer Mengen von Informationen, um eine leistungsfähige Verbindung zu anderen kleinen oder großen Computern, dann wird von den meisten Unternehmen und Behörden zur Klasse der sogenannten *professionellen Computer* gegriffen. Das liegt hauptsächlich an der universellen Ausbaufähigkeit und der größeren Auswahl von Programmen für den geschäftlichen Bereich. Die angebotenen Systeme in dieser Preisklasse sind in der Mehrzahl entsprechend einem sogenannten Industriestandard aufgebaut, der teilweise technisch zwar schon ein bißchen antiquiert ist, was aber die Schaffung eines Standards zwangsläufig mit sich bringt. Der gleiche technische Aufbau der Geräte verschiedener Hersteller – man spricht hier von *Kompatibilität* – erlaubt es den Produzenten von Anwendungen und Zusatzgeräten, eine einzige Version ihres Produkts für alle diese Rechner anzubieten. So kommt man auf Stückzahlen, wie sie im Heimcomputer-Bereich nur für die Rechnerfamilie C64/C128 vom Commodore erreicht worden sind. Deshalb gibt es so viele Anbieter für Zubehör und Anwendungen und dementsprechend auch einen für den Käufer jedenfalls positiven Druck auf die Preise.

Der Mikrocomputer aus der Sicht des Benutzers 37

Abb. 2.4: Ein semiprofessionelles System: der AMIGA von Commodore

Abb. 2.5: Ein professionelles System: der AMIGA 2000 von Commodore vereinigt die beiden wichtigsten Prozessorfamilien in einem Gerät, die 68000 bis 60030 von Motorola und die 8088 bis 80286 von Intel (optional)

Eine besondere Variante der professionellen Computer stellen die *tragbaren Computer*, nach dem Englischen auch *Portables* genannt, dar, die als Koffergeräte und verstärkt in der letzten Zeit als Taschencomputer für den mobilen Einsatz verkauft werden. Diese Geräte werden heute auch überwiegend nach dem Industriestandard aufgebaut. Die auslaufende Generation der Koffergeräte unterschieden sich eigentlich nur durch den kompakten Aufbau und der etwas eingeschränkten Ausbaufähigkeit von den für den stationären Einsatz konzipierten professionellen Mikrocomputern. Ihr relativ hohes Gewicht stand allerdings einem Tragen über längere Strecken entgegen, und der eingebaute kleine Bildschirm war keineswegs optimal für intensives Arbeiten.

Abb. 2.6: Der KAYPRO ist ein tragbarer Computer der vorigen Generation

Die leichteren Taschencomputer sind maximal so groß wie eine kleine Aktentasche oder lassen sich sogar in diese einpacken. Sie verfügen über sehr flache, aber ausreichend große Bildschirme, die zwar nur monochrom, aber durchaus grafikfähig sind. Viele Zusatzeinrichtungen, wie z. B. ein Drucker, sind bei diesen Geräten schon in der Grundausstattung vorhanden, so daß sich die eingeschränkten Erweiterungsmöglichkeiten in der Mehrzahl der Anwendungsfälle nicht negativ bemerkbar machen. In absehbarer Zeit wird sich ihre heute noch etwas eingeschränkte Fähigkeit, Informationen permanent zu speichern, beträchtlich erweitern, und sie werden auch mit farbigen flachen Bildschir-

Der Mikrocomputer aus der Sicht des Benutzers 39

men angeboten werden. Ihre universelle Einsetzbarkeit wird zu größeren Verkaufszahlen führen, und durch den dann einsetzenden Preisrückgang können sie dann die klassischen traditionellen Tischcomputer in starkem Maße zurückdrängen.

Die derzeit verfügbaren Taschencomputer werden zur Zeit aufgrund ihres deutlich höheren Preises und den noch eingeschränkten Einsatzmöglichkeiten primär dort verwendet, wo ein überwiegend mobiler Einsatz erforderlich ist, wenig Platz zur Verfügung steht oder ein normaler Tischcomputer als zuwenig repräsentativ angesehen wird.

Abb. 2.7: Der T3100/20 von TOSHIBA ist ein Taschencomputer für den mobilen Einsatz

Typische Anwendungen

Ein klassisches Spiel für zu Hause

Als Beispiel für ein typisches Heimcomputer-Spiel wollen wir Soccer 2 vorstellen, ein klassisches und immer noch populäres Spiel, das unter anderem auch auf dem Commodore 64 oder 128 läuft.

Das Spiel gibt es auf Diskette oder als Steckmodul zu kaufen, wofür ein spezieller Schacht auf der Rückseite des Geräts zur Verfügung steht. Immer wenn wir ein Steckmodul einführen, schalten wir zunächst das Gerät aus und schieben dann vorsichtig das Modul in den Schacht ein. Da dieser Festwertspeicher

Der Mikrocomputer aus der Sicht des Benutzers 41

vom Rechner wie ein Teil des internen Arbeitsspeichers behandelt wird, ist bei der Verwendung eines Steckmoduls kein explizites Einlesen des Programms in dem Mikrocomputer erforderlich.

Nach dem Wiedereinschalten des Rechners wird daher das Programm automatisch gestartet, und ein Titelbild erscheint, das ein paar Sekunden überbrückt, bis der Rechner intern noch einige Vorbereitungen getroffen hat. Auf dem Bildschirm erscheinen zwei Fußballspieler (Abb. 2.8), an denen noch einige Voreinstellungen vorgenommen werden können. Mit der Funktionstaste F1 beispielsweise kann die Trikotfarbe des von links nach rechts spielenden Teams festgelegt werden und mit der Taste F3 die Farbe der von rechts nach links spielenden Mannschaft. Bei jedem Druck auf diese Funktionstasten wechselt die Trikotfarbe des entsprechenden Spielers, und zwar so lange, bis alle 6 möglichen Farben nacheinander angezeigt wurden und wieder die erste erscheint.

Abb. 2.8: Vorspann des Spiels Soccer 2

Nachdem die Farbwahl getroffen wurde, kann man mit der Taste F5 einstellen, ob man zu zweit gegeneinander oder beim Fehlen eines Spielpartners gegen den Computer antreten möchte. Beim ersten Druck auf F5 verschwindet der rechte Spieler, und es erscheint eine große 1, die für die niedrigste Spielstärke des Spiels gegen den Computer steht. Durch wiederholtes Drücken erhöht sich die Spielstärke des Computers jeweils um 1, bis mit 9 die maximale Spielstärke erreicht ist. Wenn dann noch einmal gedrückt wird, erscheint wieder der rechte Spieler auf dem Bildschirm, um anzuzeigen, daß nun wieder der Modus „Spiel zu zweit" eingestellt ist.

Mit der Taste F7 kann man die Farbwerte des Spiels für die Wiedergabe auf einem monochromen Bildschirm einstellen.

Sind alle Voreinstellungen durchgeführt, dann genügt ein leichtes Antippen eines der beiden zuvor angeschlossenen Joysticks, um das eigentliche Spiel zu starten. Auch hier gilt wie beim Einführen des Steckmoduls oder generell beim Anschluß aller Geräteverbindungen, daß solche Anschlüsse im ausgeschalteten Zustand am Gerät durchgeführt werden sollten.

Das Bild wechselt, und ein Fußballfeld erscheint, auf das beide Mannschaften einlaufen, um sich aufzustellen. Allerdings zeigt der Bildschirm nur einen Ausschnitt, ähnlich wie bei einer Fernsehübertragung. Nach dem Anpfiff kann man nun jeweils einen Spieler der eigenen Mannschaft mit dem Joystick frei steuern, während die anderen Mitspieler automatisch geführt werden. Der zu steuernde Spieler, der jeweils durch eine leichte Farbveränderung zu erkennen ist, ist jeweils derjenige, der dem Ball am nächsten ist. Wenn Sie im Besitz des Balles sind, wird dieser automatisch mitgeführt. Durch Drücken einer Funktionstaste am Joystick kann der Ball in Laufrichtung weggetreten werden, wenn man auf das Tor schießen oder einem anderen Spieler der eigenen Mannschaft einen Paß geben möchte.

Das Spiel dauert insgesamt zweimal zwei Minuten und dient eigentlich nur dem reinen Vergnügen. Es gibt aber auch Spiele, bei denen der Benutzer etwas lernen kann, und auch reine Lernprogramme, mit denen man spielen kann. Die Bandbreite variiert enorm. Am liebsten sind sicher den Eltern und Pädagogen die Programme, bei denen das logische Denkvermögen, die Kreativität oder der Wissensstand der Kinder gefördert wird. Ein solches Beispiel wollen wir als nächstes vorstellen.

Ein Lernprogramm für die Schule

Das Programm „Algebra 4" ist ein typisches Lernprogramm, das dem vom Schulstreß geplagten Schüler Schützenhilfe bei der Aneignung eines als schwierig geltenden Sachgebietes gibt.

Dieses Tutorial, das neben weiteren im SYBEX-Verlag in der Reihe Algebra erschienen ist, entlastet nicht nur den Nachhilfe-Etat der Familie, sondern ermöglicht dem Schüler, in lockerer und eingängiger Weise gezielt und systematisch seine Fachkenntnisse und sein Verständnis zu verbessern. Das Programm steht ihm als geduldiger Trainingspartner jederzeit zur Verfügung, unterstützt ihn sogar bei der Bewältigung seiner Hausaufgaben und ermöglicht zum Beispiel vor Klassenarbeiten eine rasche Kontrolle des Wissensstandes.

Der Schüler schaltet den C64 bzw. C128 sowie das Diskettenlaufwerk und das Bildschirmgerät ein. Dann legt er die Programmdiskette „Algebra 4" mit der Aufschrift nach oben in das Diskettenlaufwerk ein. Wenn die Diskette ganz in dem waagerechten Laufwerkschlitz verschwunden ist, drückt der Schüler den Laufwerkhebel gefühlvoll hinunter.

Um das erste Programm von der Diskette in den Rechner zu laden, tippt er

```
LOAD"*",8
```

und drückt die Return-Taste. Nach einigen Augenblicken erscheint die Bereitschaftsmeldung

```
READY
```

Daraufhin muß man das Kommando zum Programmstart

```
RUN
```

eintippen und ebenfalls dem Rechner mit der Eingabe-Abschlußtaste Return zur Ausführung übergeben.

Der Rechner startet nun das Programm, das als ersten Schritt noch weitere Programmteile von der Diskette nachlädt. Nach Anzeige eines Titelvorspanns erscheint am unteren Bildrand die Frage, ob man „Algebra 4" schon kennt. Wenn man die Frage verneint, wird der Benutzer zur Eingabe seines Namens aufgefordert, und das Programm stellt sich vor (Abb. 2.9).

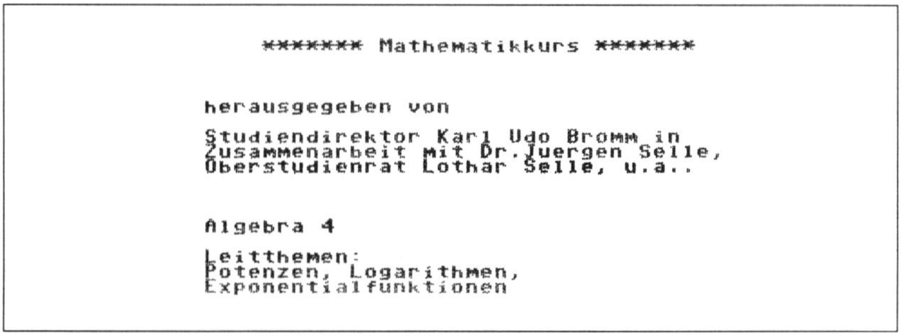

```
******* Mathematikkurs *******

herausgegeben von

Studiendirektor Karl Udo Bromm in
Zusammenarbeit mit Dr. Juergen Selle,
Oberstudienrat Lothar Selle, u.a..


Algebra 4

Leitthemen:
Potenzen, Logarithmen,
Exponentialfunktionen
```

Abb. 2.9: Mathematikkurs Algebra 4

Der Schüler wird mit einem lustigen Pinguin begrüßt, der ihn durch das Programm begleitet. Eine einleitende musikalische Untermalung dient zur vorbereitenden Entspannung.

```
         Hallo, hier bin ich!
         Ich bin der Pinguin    >Pi<








              weiter: LEERTASTE
```

Abb. 2.10: *Begrüßungsbildschirm von Algebra 4*

Danach werden in einem Auswahlmenü drei Sachgebiete angeboten (Abb. 2.11). Die anderen Sachgebiete werden von den Lerndisketten Algebra 1 bis 3 abgedeckt.

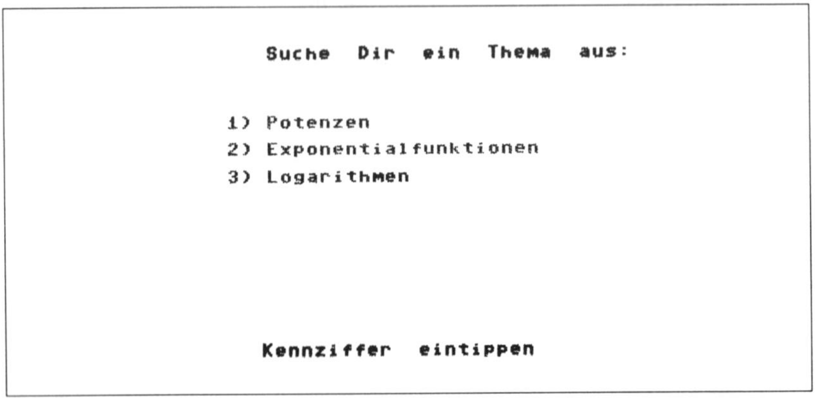

```
           Suche Dir ein Thema aus:


           1) Potenzen
           2) Exponentialfunktionen
           3) Logarithmen




              Kennziffer eintippen
```

Abb. 2.11: *Auswahlmenü von Algebra 4*

Wählt der Schüler nun beispielsweise das Thema „Logarithmen", indem er die Taste mit der Ziffer 3 betätigt, so wird wieder ein Untermenü angezeigt, das verschiedene Trainingsmöglichkeiten offeriert (Abb. 2.12). Mit den Auswahlpunkten 7 und 8 kann man von hier aus, falls man es sich anders überlegt hat oder sich zuvor vertippt hatte, doch noch zu den anderen beiden Sachgebieten „Potenzen" und „Exponentialfunktionen" zurückkehren.

```
Suche Dir Dein Thema aus

1) Was bedeutet Logarithmus?
2) Logarithmengesetze
3) Logarithmusfunktionen
4) Aufgaben mit Korrektur
5) Hilfe bei Hausaufgaben
6) Testergebnis von der Diskette laden
7) Potenzen
8) Exponentialfunktionen
0) Programmende

         Kennziffer  eintippen
```

Abb. 2.12: Untermenü „Logarithmen"

Dieses Mal entscheidet sich der Schüler wieder für den Menüpunkt 3, da er den grundlegenden Teil der Punkte 1 und 2 schon erfolgreich durchgearbeitet hat. Nun wird er aufgefordert, die Basis des Logarithmus zu wählen (Abb. 2.13). Er tippt 10 ein und bestätigt die Eingabe mit der Return-Taste. Damit hat er sich für den dekadischen Logarithmus mit der Basis 10 entschieden.

```
Graphen von Logarithmusfunktionen

Du kannst Dir Funktionen vom Typ
y = log_b x graphisch darstellen lassen.
Gib die Basis b (b>0;b≠1) ein!
```

Abb. 2.13: Wahl der Basis für den Logarithmus

Als nächstes wird ein Funktionsdiagramm des Logarithmus auf dem Computer dargestellt, mit dessen Hilfe sich der Schüler den Kurvenverlauf der Funktion veranschaulichen kann (Abb. 2.14).

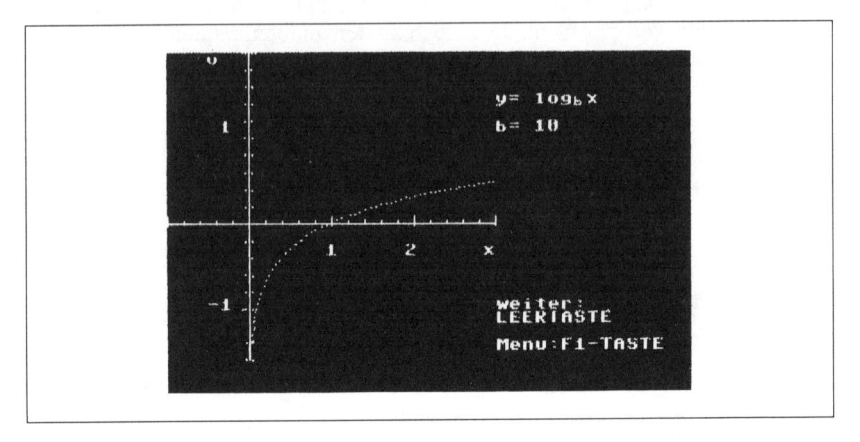

Abb. 2.14: Grafische Darstellung des Logarithmus

Wir haben hier nur einen Beispielverlauf für eine Lernsituation gezeigt, die natürlich bei jeder Sitzung und bei jedem Schüler anders sein kann. Es gibt noch viele weitere gute Lernprogramme, gerade auch für die preiswerten Rechner, die ein Großteil der Schüler sein eigen nennt.

Ein Geschäftsprogramm für den mittelständischen Betrieb

Wenn wir diesmal unseren Rechner einschalten, muß es ein sogenannter PC oder AT sein, wie es ihn von vielen verschiedenen Herstellern – ATARI, Commodore, IBM, Schneider, Siemens, Tandon, Victor, Zenith und einer großen Zahl weiterer Firmen – gibt.

Nach dem Laden des Betriebssystems, falls dieses nicht auf einer Festplatte installiert ist, erscheint auch hier ein Bereitschaftszeichen, meist mit Angabe des aktuellen Laufwerks, wie z. B.:

```
A:\
```
oder
```
C>
```

Der Mikrocomputer aus der Sicht des Benutzers

Als Beispiel wollen wir hier das Programm „Fakturierung" aus der Reihe „StarKontor PC", erschienen im SYBEX-Verlag, betrachten. Wir rufen das Programm durch Eintippen von

```
Faktu
```

auf. Der Benutzer wird im weiteren komfortabel durch das Programm geführt und kann viele Verarbeitungsfunktionen unmittelbar über die Funktionstasten F1 bis F10 auf der PC-Tastatur aufrufen. Welche Funktion dabei welcher Funktionstaste zugeordnet ist, geht aus der Fußzeile hervor, die in jeder Bildschirmanzeige enthalten ist.

Betätigt man zum Beispiel die Funktionstaste F1, so wird zur momentan aktivierten Funktion ein Hilfstext in die aktuelle Bildschirmanzeige eingeblendet, ohne daß deren Inhalt zerstört wird (Abb. 2.15). Dies wird ersichtlich, wenn durch Tastendruck auf F2 der vorherige Bildschirm wieder eingeblendet wird.

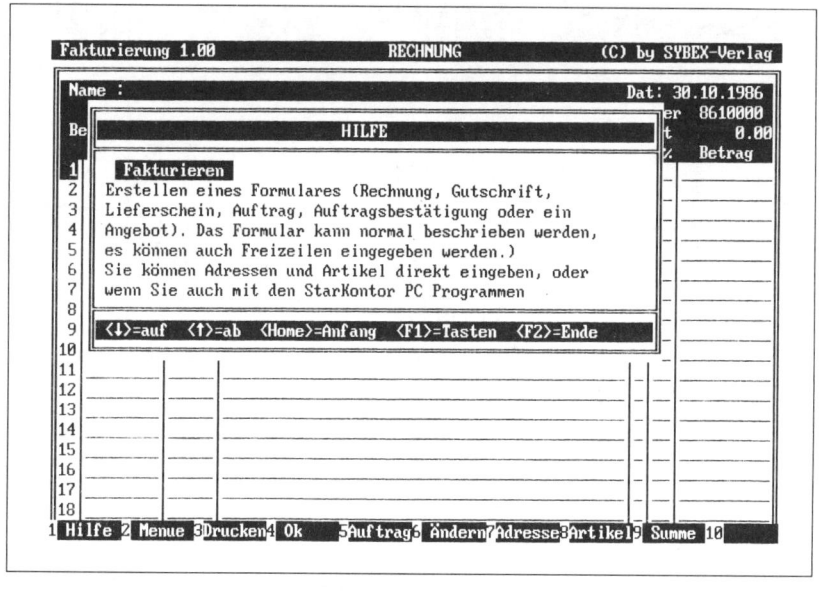

```
Fakturierung 1.00              RECHNUNG          (C) by SYBEX-Verlag
Name :                                       Dat: 30.10.1986
                                             er  8610000
Be           HILFE                           t       0.00
 1                                             Betrag
 2  Fakturieren
 3  Erstellen eines Formulares (Rechnung, Gutschrift,
 4  Lieferschein, Auftrag, Auftragsbestätigung oder ein
 5  Angebot). Das Formular kann normal beschrieben werden,
 6  es können auch Freizeilen eingegeben werden.)
 7  Sie können Adressen und Artikel direkt eingeben, oder
 8  wenn Sie auch mit den StarKontor PC Programmen
 9  <↓>=auf  <↑>=ab  <Home>=Anfang  <F1>=Tasten  <F2>=Ende
10
11
12
13
14
15
16
17
18
1 Hilfe 2 Menue 3 Drucken 4 Ok  5 Auftrag 6 Ändern 7 Adresse 8 Artikel 9 Summe 10
```

Abb. 2.15: Hilfsfenster des Fakturierungsprogramms

Ebenso werden durch Betätigung der anderen Funktionstasten entsprechende Programmfunktionen aufgerufen, die ihrerseits wieder durch Drücken von F1 durch einen speziell auf die Funktion abgestimmten Hilfstext überlagert werden können. Diese eingeblendeten Bereiche werden *Fenster* genannt, und die überlagernde gleichzeitige Verwendung mehrerer Fenster wird als *Fenstertechnik* bezeichnet. Die aktuell auf dem Bildschirm angezeigten Fenster können durch gleichzeitiges Drücken der Ctrl-Taste und der Cursor-Steuerungstasten bei Bedarf auf dem Bildschirm verschoben werden, womit die durch die Fenster verdeckte Information sichtbar gemacht werden kann.

Mit der Taste F3 kann über einen angeschlossenen Drucker zu jedem Vorgang ein Papierausdruck erstellt werden. Hat der Benutzer beispielsweise eine Rechnung erstellt, so kann er diese sofort ausdrucken (Abb. 2.16).

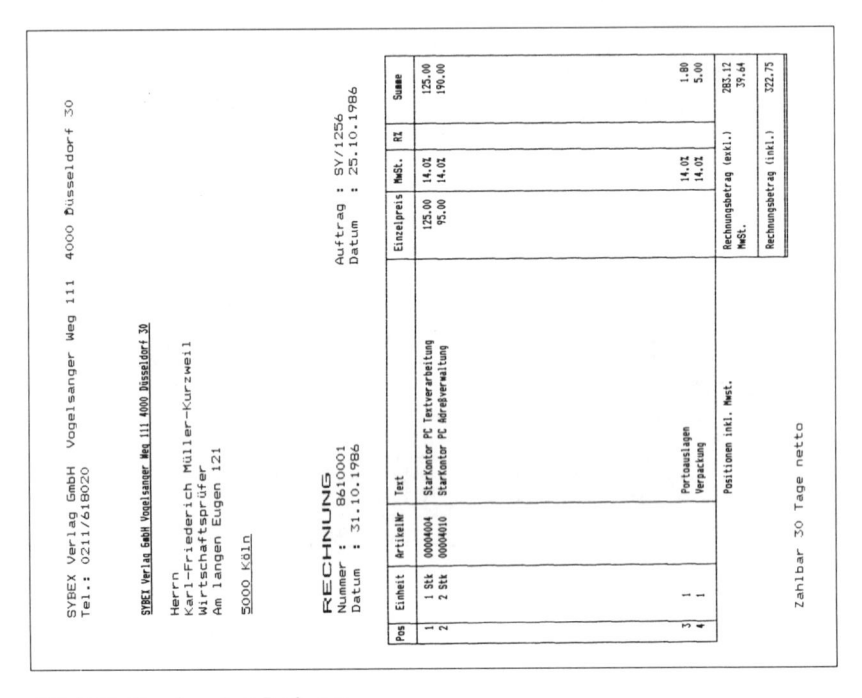

Abb. 2.16: Drucken einer Rechnung

Zusätzlich zu den durch die Funktionstasten direkt aufrufbaren Menüs kann man durch gleichzeitiges Drücken der Tasten Alt und X weitere Fenster mit Hilfsfunktionen aufrufen. Auf diese Weise kann auch ein Fenster eingeblendet werden, das einen kompletten, vollwertigen Taschenrechner darstellt, der über die PC-Tastatur bedient werden kann und sehr nützlich für kleinere Berechnungen ist (Abb. 2.17).

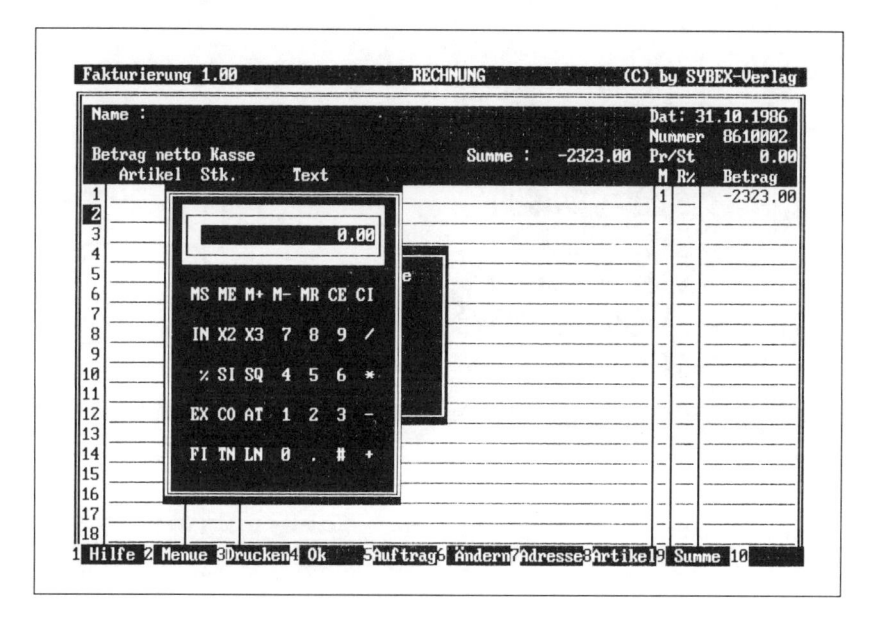

Der Mikrocomputer aus der Sicht des Benutzers 49

Abb. 2.17: Taschenrechner-Funktion

Der Taschenrechner wird durch Drücken der Taste F9 oder R aktiviert. Ähnlich wie den Taschenrechner kann man mit F10 oder K ein Kalenderfenster einblenden, das wie ein Kalenderblatt einen Überblick über die Tage eines Monats ermöglicht. Wie bei einem normalen Kalender kann man hier mit Hilfe der Cursortasten über verschiedene Monate, ja sogar Jahre hinweg den Kalender rasch durchblättern (Abb. 2.18).

Mittels zusätzlicher passender Programme der StarKontor-Serie kann man bei Bedarf eine maßgeschneiderte Programmlösung für die Aufgaben kleinerer Firmen zusammenstellen. Die Bedienung ist sehr einfach und reicht für Aufgabenstellungen, die einige 10 000 Kunden und Artikel nicht überschreiten, vollständig aus, um Lieferscheine, Angebote, Aufträge, Auftragsbestätigungen, Gutschriften, Tagesabschlüsse, Löhne und Gehälter, Firmenbuchhaltung, Kassenbuchführung und Fakturierungen zu berechnen, zu erstellen oder durchzuführen.

Ergänzend kann noch eine Dateiverwaltung, ein Textsystem und eine Betriebssystem-Benutzeroberfläche aus der StarKontor-Serie zur Abrundung hinzugefügt werden.

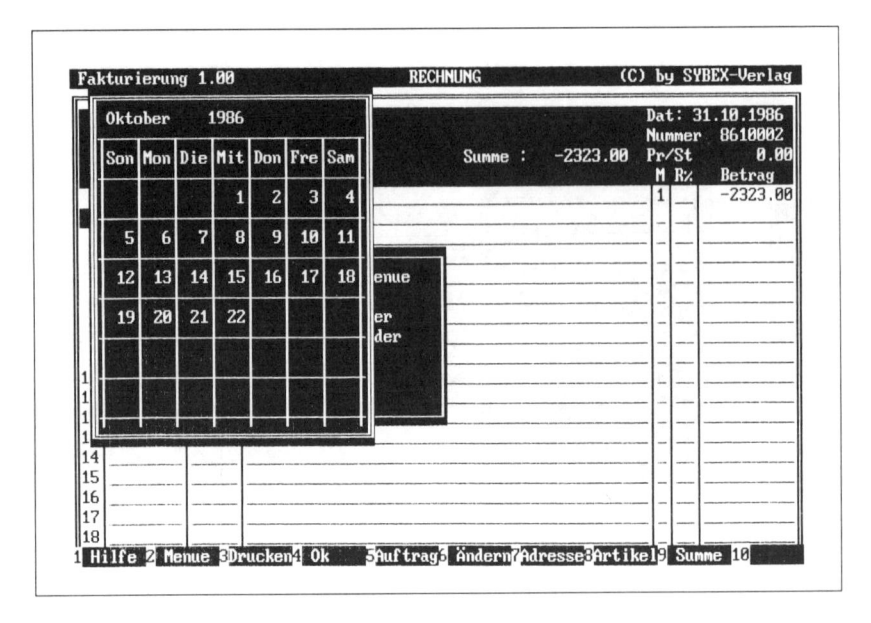

Abb. 2.18: Das Aufrufen des Kalenders

Ein Textverarbeitungsprogramm für das Büro

Passend zu dem Fakturierungs-Programm gibt es im SYBEX-Verlag das Programm „Textverarbeitung" aus der Serie „StarKontor PC". Dieses ist ebenfalls wegen seiner raschen Erlernbarkeit gerade auch für Anfänger geeignet und in seiner Leistungsfähigkeit für die meisten Einsatzzwecke vollauf ausreichend.

Wir legen wieder die Diskette in unseren PC oder AT ein, schließen die Laufwerkklappe und rufen das Programm auf:

```
Text
```

Anwender, denen das zuviel Mühe bereitet und die ihren Mikrocomputer überwiegend für Textverarbeitung benutzen, können die StarKontor-Programme so installieren, daß sich ihr Rechner direkt nach dem Einschalten mit der Textverarbeitung meldet. So wird der Computer quasi zum Textautomaten, der allerdings bei Bedarf nach wie vor auch anders eingesetzt werden kann.

Der Mikrocomputer aus der Sicht des Benutzers 51

Nach dem Programmstart erscheint das zur Eingabe bereite Grundbild des Textsystems (Abb. 2.19).

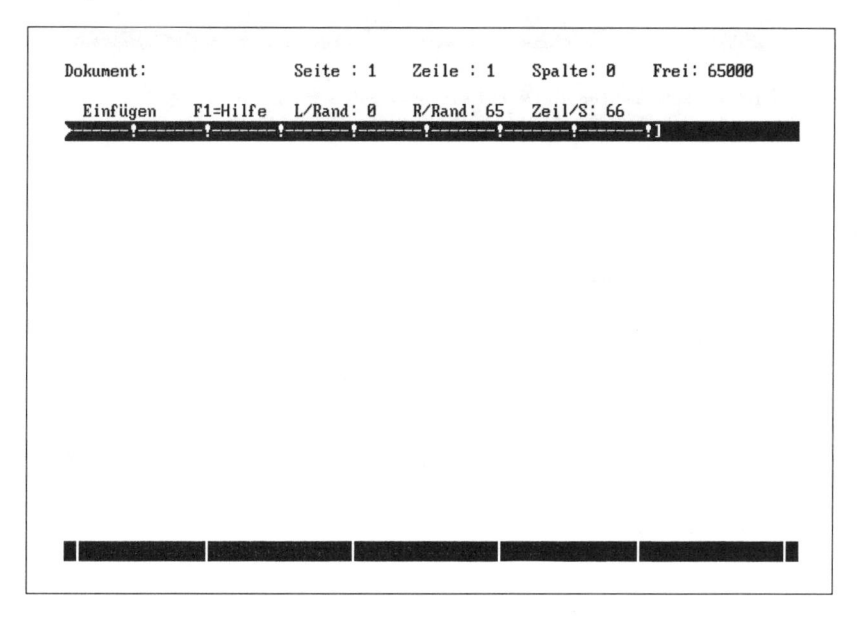

```
Dokument:              Seite : 1     Zeile : 1     Spalte: 0     Frei: 65000
   Einfügen    F1=Hilfe   L/Rand: 0    R/Rand: 65    Zeil/S: 66
═══════!════════!═══════!═══════!═══════!═══════!═══════!═══!]
```

Abb. 2.19: Eingabebildschirm für die Textverarbeitung

Auf diesem Bildschirm wollen wir den folgenden Text eintippen:

    SYBEX StarKontor PC

Bei der Eingabe kann man beobachten, wie sich die Angabe der Spalte in der Kopfzeile fortlaufend verändert. Wenn man mehrere Zeilen oder Seiten eintippt, ändert sich dementsprechend die Angabe dafür in der obersten Zeile auf dem Bildschirm.

Die Eingabe eines Textes über mehrere Zeilen hinweg erfolgt fortlaufend, ohne Drücken der Return-Taste. Dabei wird bei Erreichen der voreingestellten rechten Randposition, die in der zweiten Kopfzeile angezeigt wird und bei Bedarf natürlich auch verändert werden kann, das gerade begonnene Wort automatisch in die nächste Zeile übernommen.

Nach Abschluß der Eingabe könnte unser Text auf dem Bild wie in Abb. 2.20 aussehen.

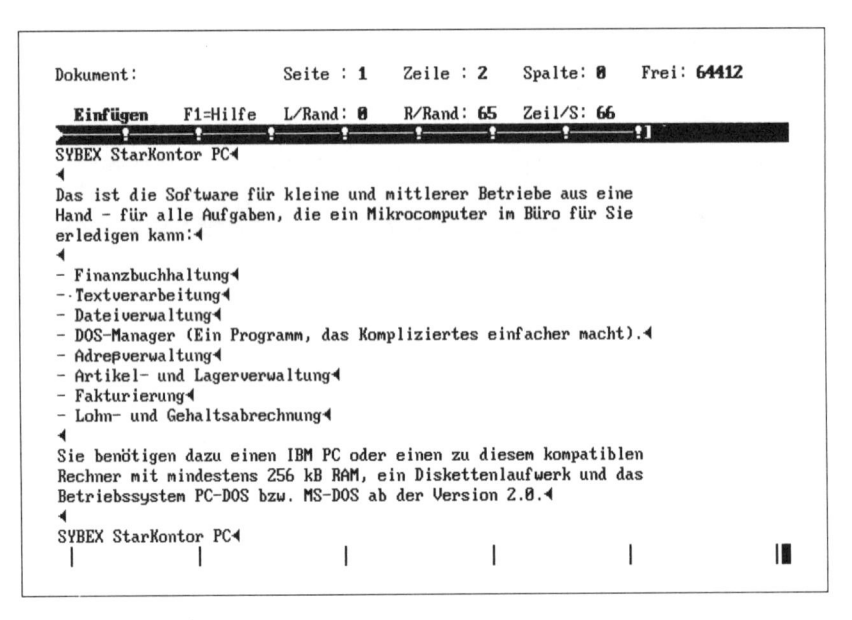

```
Dokument:              Seite : 1    Zeile : 2    Spalte: 0    Frei: 64412
Einfügen    F1=Hilfe   L/Rand: 0    R/Rand: 65   Zeil/S: 66
────────────?───────?───────?───────?───────?───────?]
SYBEX StarKontor PC◄
◄
Das ist die Software für kleine und mittlerer Betriebe aus eine
Hand - für alle Aufgaben, die ein Mikrocomputer im Büro für Sie
erledigen kann:◄
◄
 - Finanzbuchhaltung◄
 --Textverarbeitung◄
 - Dateiverwaltung◄
 - DOS-Manager (Ein Programm, das Kompliziertes einfacher macht).◄
 - Adreßverwaltung◄
 - Artikel- und Lagerverwaltung◄
 - Fakturierung◄
 - Lohn- und Gehaltsabrechnung◄
◄
Sie benötigen dazu einen IBM PC oder einen zu diesem kompatiblen
Rechner mit mindestens 256 kB RAM, ein Diskettenlaufwerk und das
Betriebssystem PC-DOS bzw. MS-DOS ab der Version 2.0.◄
◄
SYBEX StarKontor PC◄
   |         |         |         |         |         |        ▐
```

Abb. 2.20: Beispieltext

Direkt oberhalb des Textbeispiels kann man ein Tabulatorlineal sehen, das die aktiven Tabulatorpositionen zeigt, die mit der Funktionstaste F5 gesetzt oder gelöscht werden können.

Auch in diesem Programm sind zusätzliche Hilfstexte vorhanden, die durch Drücken der Funktionstaste F1 erreicht werden können (Abb. 2.21).

Durch nochmaliges Drücken der Taste F1 wird die zweite Seite der Hilfstafel angezeigt (Abb. 2.22).

Beide Hilfstexte zusammen zeigen die wichtigsten Funktionen, die man unmittelbar durch Betätigen einer Funktionstaste oder durch Drücken einer Tastenkombination auslösen kann. Mit diesen Funktionen, deren Bedeutung sich jederzeit von jedem Punkt der Verarbeitung aus ins Gedächtnis rufen läßt, ist auf komfortable Weise das Bearbeiten von Texten möglich.

Wichtig sind außerdem noch die Blockfunktionen, die nach Markieren eines Textblockanfangs und -endes mit F8 nach vorheriger geeigneter Positionierung ein Verschieben, Kopieren, Speichern und Löschen von Textabschnitten erlauben. Mit Hilfe von Blockfunktionen wird auf einfache Weise ein Arbeiten mit Textbausteinen ermöglicht.

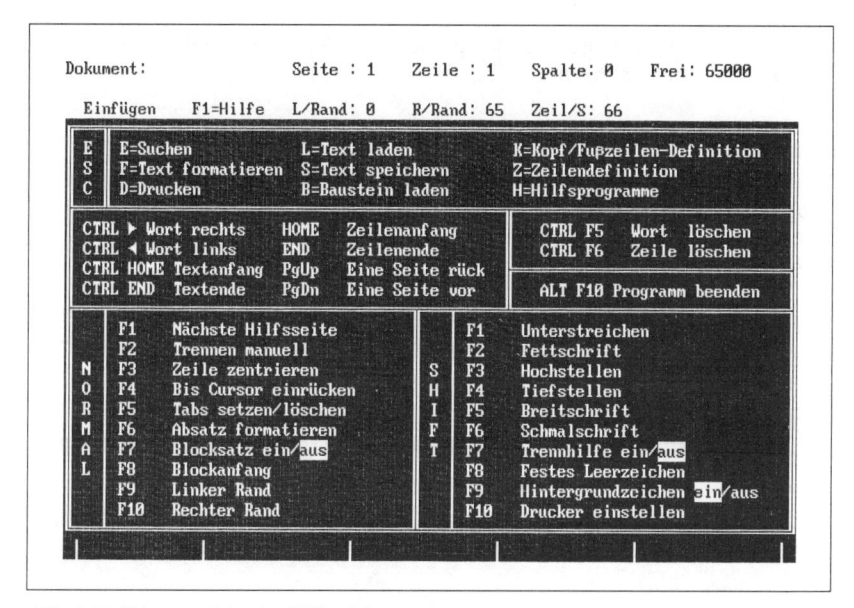

Der Mikrocomputer aus der Sicht des Benutzers 53

```
Dokument:           Seite : 1    Zeile : 1   Spalte: 0   Frei: 65000
   Einfügen     F1=Hilfe    L/Rand: 0    R/Rand: 65   Zeil/S: 66

   E   E=Suchen              L=Text laden      K=Kopf/Fußzeilen-Definition
   S   F=Text formatieren    S=Text speichern  Z=Zeilendefinition
   C   D=Drucken             B=Baustein laden  H=Hilfsprogramme

   CTRL ► Wort rechts   HOME  Zeilenanfang        CTRL F5   Wort  löschen
   CTRL ◄ Wort links    END   Zeilenende          CTRL F6   Zeile löschen
   CTRL HOME Textanfang PgUp  Eine Seite rück
   CTRL END  Textende   PgDn  Eine Seite vor      ALT F10 Programm beenden

        F1   Nächste Hilfsseite          F1   Unterstreichen
        F2   Trennen manuell             F2   Fettschrift
   N    F3   Zeile zentrieren       S    F3   Hochstellen
   O    F4   Bis Cursor einrücken   H    F4   Tiefstellen
   R    F5   Tabs setzen/löschen    I    F5   Breitschrift
   M    F6   Absatz formatieren     F    F6   Schmalschrift
   A    F7   Blocksatz ein/aus      T    F7   Trennhilfe ein/aus
   L    F8   Blockanfang                 F8   Festes Leerzeichen
        F9   Linker Rand                 F9   Hintergrundzeichen ein/aus
        F10  Rechter Rand                F10  Drucker einstellen
```

Abb. 2.21: Die erste Seite der Hilfstafel

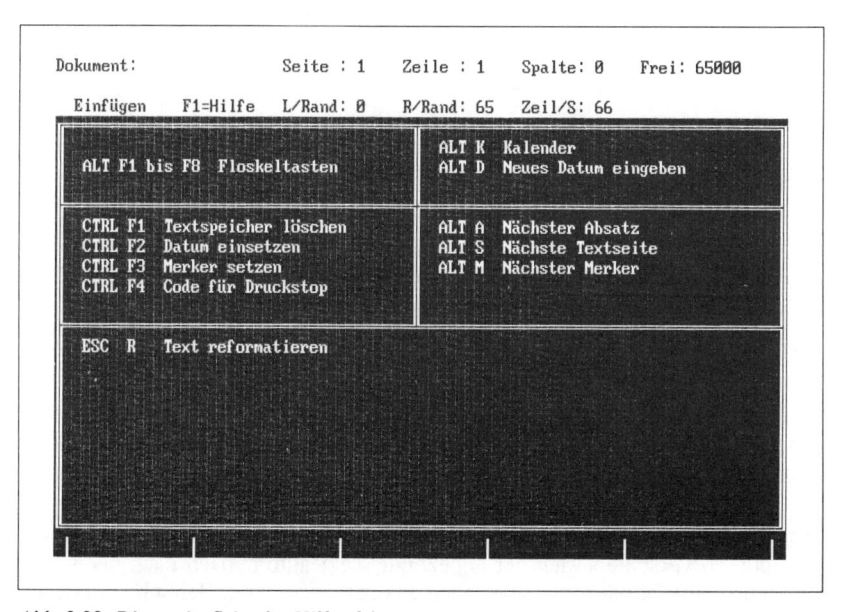

```
Dokument:           Seite : 1    Zeile : 1   Spalte: 0   Frei: 65000
   Einfügen     F1=Hilfe    L/Rand: 0    R/Rand: 65   Zeil/S: 66

   ALT F1 bis F8  Floskeltasten       ALT K   Kalender
                                      ALT D   Neues Datum eingeben

   CTRL F1   Textspeicher löschen     ALT A   Nächster Absatz
   CTRL F2   Datum einsetzen          ALT S   Nächste Textseite
   CTRL F3   Merker setzen            ALT M   Nächster Merker
   CTRL F4   Code für Druckstop

   ESC  R    Text reformatieren
```

Abb. 2.22: Die zweite Seite der Hilfstafel

Wenn man den eingegebenen Beispieltext auf der Platte speichern will, muß man gleichzeitig die Tasten

```
<Esc S> <Return>
```

drücken. In den Textbildschirm wird dann in einem gesonderten Bereich die Frage nach einem Namen für den Text eingeblendet. Wir nennen die Textdatei „Testtext" und drücken die Return-Taste, um den Speichervorgang auszulösen (Abb. 2.23).

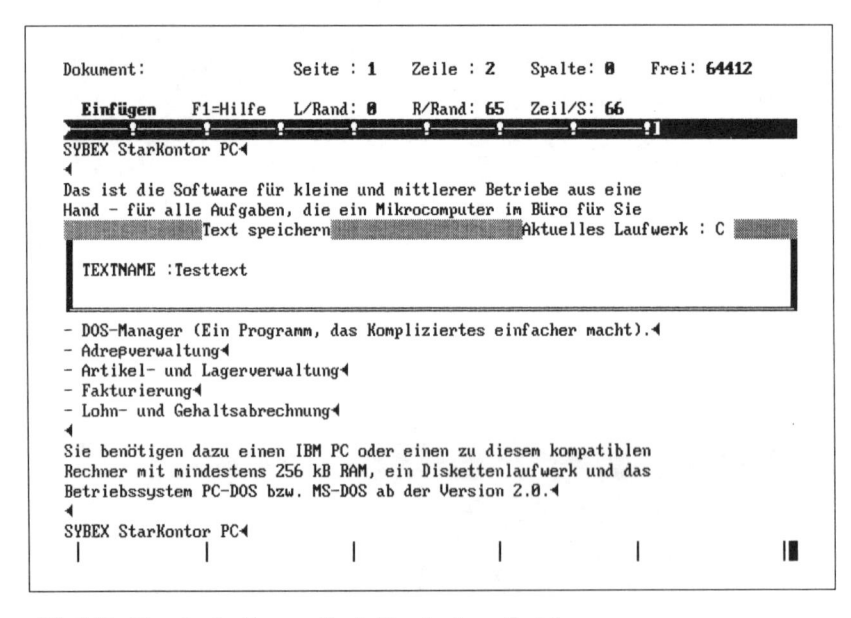

```
Dokument:              Seite : 1    Zeile : 2    Spalte: 0    Frei: 64412

Einfügen      F1=Hilfe    L/Rand: 0    R/Rand: 65    Zeil/S: 66
         ?         ?         ?         ?         ?         ?       ?]
SYBEX StarKontor PC◄
◄
Das ist die Software für kleine und mittlerer Betriebe aus eine
Hand - für alle Aufgaben, die ein Mikrocomputer im Büro für Sie
               Text speichern              Aktuelles Laufwerk : C

 TEXTNAME  :Testtext


- DOS-Manager (Ein Programm, das Kompliziertes einfacher macht).◄
- Adreßverwaltung◄
- Artikel- und Lagerverwaltung◄
- Fakturierung◄
- Lohn- und Gehaltsabrechnung◄
◄
Sie benötigen dazu einen IBM PC oder einen zu diesem kompatiblen
Rechner mit mindestens 256 kB RAM, ein Diskettenlaufwerk und das
Betriebssystem PC-DOS bzw. MS-DOS ab der Version 2.0.◄
◄
SYBEX StarKontor PC◄
   |         |         |         |         |         |        ■
```

Abb. 2.23: Eingabe des Namens für die Textdatei zum Speichern

Den am Bildschirm angezeigten Text kann man natürlich durch einfaches Überschreiben ändern. Auch können Texte wesentlich länger sein als das zur Verfügung stehende Textfeld auf dem Bildschirm.

Wird mit der aktuellen Cursorposition der untere oder obere Bildschirmrand erreicht, so verschiebt sich der angezeigte Text automatisch nach oben oder unten und rutscht oder rollt sozusagen aus dem sichtbaren Bereich heraus, um Platz für nachfolgenden oder vorangehenden Text zu schaffen.

Das Drucken von Texten wird mit

```
<Esc D> <Return>
```

eingeleitet, wobei die Ausgabe auch auf Textteile beschränkt sowie eine Anzahl von Kopien bestimmt werden kann. Eine zusätzliche Funktion gestattet die Ausgabe von Serienbriefen, bei denen die Adressen einer Adreßdatei von StarKontor übernommen werden können.

Der Computer im Labor

Der Einsatz von Mikrocomputern in wissenschaftlich-technischen Anwendungen unterscheidet sich von Büroanwendungen vor allem dadurch, daß die Anwender in diesen Bereichen in der Regel selten auf vorgefertigte Programme zurückgreifen können.

Der Mikrocomputer wird in diesem Bereich für die Überwachung von Meßgeräten und die Steuerung von Geräten sowie für statistische Auswertungen von Experimenten eingesetzt. Für die statistischen Auswertungen gibt es eine Reihe von fertigen Programmen zu kaufen, die jedoch primär für Sozialwissenschaftler konzipiert sind, die empirische Untersuchungen auswerten wollen.

Für den professionellen Einsatz von Mikrocomputern braucht man meistens einen sehr leistungsfähigen Anschluß an den Computer, über den sehr schnell Daten auch von verschiedenen Meßgeräten in den Rechner gelangen können. Ein solcher Eingang ist beispielsweise der IEE488-Bus, der auf einer Entwicklung von Hewlett Packard beruht und als Norm festgelegt wurde. Daher überrascht es nicht, daß sehr viele Mikrocomputer von HP in diesen Anwendungsbereichen zu finden sind. Die Mikrocomputer-Serie 80xx von Commodore ist standardmäßig mit dieser Anschlußmöglichkeit ausgerüstet. Aber auch die Mehrzahl der professionellen Mikrocomputer kann nachträglich mit diesem Eingang ausgestattet werden, was dann aber nicht billig ist.

Zusätzlich zu einem IEE488-Eingang sind meist noch sogenannte *Digital-Analog-Wandler* notwendig, mit denen Meßimpulse, die als gleitende Veränderungen von Stromstärken oder Spannungsänderungen an den Meßgeräten auftreten, in eine für den Computer verarbeitbare Form umgesetzt werden. Fast alle Computer für den Heimgebrauch sind übrigens bereits mit einfachen Digital-Analog-Wandlern ausgerüstet, und zwar enthalten die Anschlüsse für die Steuerknüppel solche Wandler, da die Steuerknüppel bei der Betätigung durch den Benutzer analoge Signale abgeben. Noch klarer wird dieser Zusammenhang bei den an die gleichen Eingänge anschließbaren Drehreglern, die für einige Spiele benötigt werden. Sie stellen praktisch stufenlos regelbare Potentiometer dar, deren Signale aus Spannungsänderungen bestehen.

Dazu wollen wir auf dem Commodore 64 oder 128 einen Versuch machen. Wir schließen am ersten Eingang für Steuerknüppel, der mit „CONTROL PORT 1" bezeichnet ist, ein Drehreglerpaar an und schalten dann den Rechner ein. Nach Erscheinen der Bereitschaftsanzeige

```
READY.
```

tippen wir die folgende Zeile ein:

```
10 PRINT "X= ",PEEK(54297),"Y= ",PEEK(54298):GOTO 10
```

Zum Abschluß drücken wir die Return-Taste. Dann starten wird das Programm mit

```
RUN <Return>
```

Der Bildschirm füllt sich schnell mit zwei Zahlenkolonnen, die Werte zwischen 0 und 255 – entsprechend der Einstellung der Drehregler – enthalten. Wenn man nun die Stellung der Drehreglerknöpfe verändert, ergeben sich auch Veränderungen der Zahlenwerte in beiden Spalten.

Die auch ohne Betätigung der Drehregler auftretenden leichten Schwankungen der Zahlenwerte ergeben sich aus der Ungenauigkeit bei der Digital-Analog-Wandlung. Statt eines Drehreglers kann man natürlich auch andere Geräte, wie beispielsweise ein elektrisches Thermometer, anschließen. Man muß dann allerdings durch zusätzliche Schaltungen sicherstellen, daß die Stromstärken und Spannungspegel im erlaubten Bereich von 0 bis 5 Volt liegen.

Wenn Sie selbst Steuerungs- und Meßsysteme entwickeln wollen, können Sie auf fertig vorbereitete Systeme zurückgreifen, die Ihnen den größten Teil der elektrischen Anschlußprobleme abnehmen. Diese stellen darüber hinaus komfortable Kommandos zur Verfügung, die man über die Tastatur eingeben kann und die ein einfaches Ablesen von eingehenden Signalen und ein Senden von Steueranweisungen ermöglichen. Solche fertigen Lösungen gibt es auch für den Hobby-Einsatz. Eines der bekanntesten Systeme dieser Art wird von dem Spielwarenhersteller Fischertechnik angeboten und ist an viele gängige Mikrocomputer anschließbar.

In Verbindung mit dem Elektronik- und Motorprogramm von Fischertechnik können dann sogar computergesteuerte Robotersysteme aufgebaut werden. Für einige dieser Möglichkeiten gibt es fertige Bausätze.

Der Mikrocomputer in der Produktion

Ähnlich wie der Mikrocomputer im Labor wird er in der Fabrik oder Werkstatt in erster Linie zum Messen und Steuern eingesetzt, allerdings auch in einem etwas weitergehenden Sinn von Erfassen und Beauftragen.

An einem Fließband überprüft der Mikrocomputer mit Hilfe von Lesegeräten, die entweder magnetisch oder auf Papierstreifen auf den Werkstücken fest mitgegebene Teilenummer oder übernimmt Gewichtsmeldungen vom Wiegesystem. Der Meister gibt aber noch zusätzliche Arbeitsgang- oder Werkstückbezogene Informationen, wie z. B. erbrachte Arbeitszeiten, in den Mikrocomputer ein und läßt sich andererseits auftragsbezogene Informationen in Form von Arbeitsplänen und Stücklisten anzeigen.

Bei einer Kfz-Werkstatt kann der Mechaniker auch Diagnosehilfe in Form der Abfrage von gespeicherten Informationen über bekannte Probleme in Anspruch nehmen, und der Kfz-Lehrling kann sich Schritt für Schritt im Dialog mit dem Mikrocomputer sowohl bei der Problemeinkreisung als auch bei der Durchführung der Reparatur anleiten lassen.

Fehlende Ersatzteile kann der Mikrocomputer, wenn nötig, automatisch aus einem Zentrallager anfordern. Das Werkstattlager verwaltet der Mikrocomputer selbst. Ebenso hilft er den Verkäufern bei der Zusammenstellung der Bestellinformationen für einen Neuwagen.

Ein Mikrocomputer, der in dem etwas rauhen Klima der Werkstätten und Fabrikhallen arbeitet, muß natürlich gegen Feuchtigkeit, elektromagnetische Felder und Schmutz gut geschützt werden. Ein stabiles Metallgehäuse ohne direkt in das Innere führende Lüftungsschlitze sowie eine versiegelte Tastatur sind hierfür erforderlich.

In einer Werkstatt und besonders in einer Fabrik kann ein Mikrocomputer allein nicht alle anfallenden Aufgaben bewältigen. Er muß mit anderen Computern vor Ort lokal verbunden werden, um Informationen an weitere Bearbeitungsstellen weiterzugeben oder von diesen zu empfangen. Zusätzlich muß er natürlich mit dem Großcomputer für das Zentrallager und die übergreifende Produktionssteuerung verbunden sein. Die Verbindungsleitungen, die hierfür notwendig sind, müssen Daten rasch und sicher und unbeeinflußt von elektromagnetischen Feldern und Störimpulsen transportieren können.

Der Mikrocomputer im Haushaltsgerät

Haben Sie schon einmal überlegt, wie viele Mikrocomputer bereits in Ihrem Haushalt vorhanden sind? Damit sind die kleinen Systeme gemeint, die in einer sehr kompakten Bauform einen Mikroprozessor, einen Festwertspeicher, einen Arbeitsspeicher und eine Ein-/Ausgabesteuerung auf einem Siliziumplättchen, das auch *Chip* genannt wird, oder auf einer kleinen elektronischen Baugruppe enthalten.

Die Armbanduhr, die Sie tragen, der Taschenrechner auf dem Schreibtisch, die Stereoanlage, der Fernseher, das Videogerät im Wohnzimmer, der Herd, die Spülmaschine und der Mikrowellenherd in der Küche, sehr viele technische Spielzeuge im Kinderzimmer, die Waschmaschine, der Wäschetrockner und die Heizungsanlage im Keller und sogar ihr Auto enthalten alle mit hoher Wahrscheinlichkeit kleine hochspezialisierte Mikrocomputer. Dabei tritt der Mikrocomputer selbst ganz in den Hintergrund, so sehr ist seine Bedienung auf den Verwendungszweck des Gerätes abgestimmt.

Den Käufern einer neuen Generation von Haushaltsgeräten fällt daher die Ablösung der in älteren Modellen noch verwendeten mechanischen Steuerungen nur indirekt durch eine größere Funktionsvielfalt und die elektronische Anzeige von Meldungen auf, aber hoffentlich nicht durch eine kompliziertere Bedienung.

Zusammenfassung

Im Gegensatz zu den Pioniertagen des Mikrocomputer-Zeitalters, als noch die Beschäftigung mit einzelnen Bauteilen im Vordergrund stand und die größte Befriedigung darin bestand, selbständig einen Mikrocomputer zu bauen, ist heute die sogenannte *Hardware*, das eigentliche Gerät, für die meisten Anwender nur noch im Hinblick auf bestimmte Anwendungen interessant. Die Hardware wird heute primär in bezug auf Leistungsmerkmale gesehen, wobei von geringerem Interesse ist, wie diese Leistung zustande kommt.

Mit dem Innenleben des Mikrocomputers beschäftigen sich überwiegend DV-Fachleute, die solche Geräte entwickeln oder Zusatzgeräte herstellen. Es kommt auch vor, daß verschiedene alternative Gerätelösungen für langfristige Planungen sowie für einen volumenmäßig bedeutenden Einsatz verglichen und bewertet werden müssen.

Der Mikrocomputer aus der Sicht des Benutzers 59

Für den normalen Benutzer sind die Anwendungen, die Software von wesentlich größerer Bedeutung. Er muß sich zuerst überlegen, was er eigentlich mit seinem Computer machen will, bevor er sich informiert, mit welchem Computer das möglich ist.

Kapitel 3

Geschichte und Begriffswelt des Mikrocomputers

Einleitung

Wissenschaftliche Berechnungen zur Verwendung in der Astronomie, der Navigation, für geographische Messungen und für Buchführung reichen bis zu Tausenden von Jahren zurück. Der alte chinesische Abakus ist ein Beispiel für die frühen Versuche, einfache Berechnungsaufgaben zu mechanisieren.

Vom Röhrencomputer zum Mikrocomputer

Das erste bedeutende Ereignis auf dem Weg zur Automation von Berechnungen war Pascals mechanische Additionsmaschine (1643, Frankreich). Sie wurde von dem jungen Pascal erfunden, um die Buchhaltung zu erleichtern. Er benutzte drehende Zahnräder, wobei jeder Übergang von „9" auf „0" das nächste links befindliche Zahnrad um einen Schritt weiterdrehte (das entspricht dem Addieren mit Übertrag).

Der weiterer Schritt nach vorn war Babbages Arbeit an seiner „analytischen Maschine" (1820 bis 1834, Großbritannien). Da er weithin als Exzentriker angesehen wurde, konnte Babbage seine Konstruktionen nicht realisieren, aber er hat in der Tat das Modell eines heutigen Computers für allgemeine Zwecke entworfen. Seine Arbeit war seiner Zeit weit voraus und fand vielleicht deswegen kein Verständnis.

1890 begann die Automatisierung mit Holleriths Lochkarten, der das automatische Zählen der Karten folgte. Hollerith führte damit eine Entwicklung weiter, die mit den Spieluhren, frühen Spielautomaten, Orchestrions und den automatischen Webstühlen von Jaquard schon länger das Prinzip einer gespeicherten Anweisungsfolge angewendet hatten. Seine Erfindung entstand als Problemlösung für die amerikanische Volkszählung. In diesem Zusammenhang wurde erstmals die Firma IBM auf dem Feld der Datenverarbeitung tätig. Der Mathematiker Alain Turing entwickelte vor dem zweiten Weltkrieg wichtige theoretische Grundlagen für Rechenautomaten.

Der nächste Schritt war die Einführung des ersten Computers am Ende des zweiten Weltkriegs (1944–1945). Der MARK I wurde von Howard Aiken in Harvard mit Unterstützung durch die IBM entwickelt, während an der Universität von Pennsylvania der erste Elektronenrechner ENIAC durch Eckart und Mauchly mit Unterstützung der U.S.-Armee entwickelt wurde. Der MARK I war ein „Computer der ersten Generation", der elektromechanische Relais benutzte und von 1944 bis 1959 eingesetzt wurde. Parallel dazu wurde in England der Rechner ATLAS fertiggestellt.

Der ENIAC (Electronic Numerical Integrator And Computer) war ein „Computer der zweiten Generation", der noch mehr als 17 000 Vakuumröhren benötigte, von denen jede etwa so groß war wie heute eine handelsübliche Glühbirne. Ferner benutzte der Rechner 10 000 Kondensatoren, 6 500 Widerstände und 7 300 Relais oder Schalter. Er wog 30 000 kg, füllte 85 m^3 und verbrauchte 174 000 Watt, was etwa einem Leistungsbedarf von 87 elektrischen Heizöfchen mit der üblichen Leistung von 2000 Watt entspricht. Dabei konnte mit dem ENIAC nur während etwa 50 Prozent der Betriebszeit aktiv gearbeitet werden, weil in kurzen Zeitabständen Röhren ausfielen. Änderungen der Programmierung benötigten Tage, da sie erneutes Verdrahten und Löten erforderlich machten.

1945 formulierte Neumann endlich das Konzept des Computers mit Programmspeicher, bei dem beides, das Programm und die Daten, in einem Speicher vorhanden sind. Das bedeutete eine wesentliche Erleichterung für die Ausführung der Programme. In Deutschland hatte Konrad Zuse, vom Ausland unbeachtet, schon während der Kriegsjahre mit der Entwicklung seines Rechners Z1, der auf elektromechanischer Basis arbeitete, ebenfalls einen funktionstüchtigen Computer entwickelt.

In den folgenden Jahren wurden einige Computer dieser Art gebaut, bis Ende der fünfziger Jahre die Transistoren marktreif wurden und zur Einleitung der „dritten Computer-Generation" führten.

Geschichte und Begriffswelt des Mikrocomputers 63

Heute sind die für einen Computer benötigten elektronischen Teile in Halbleitertechnik ausgeführt und so klein, daß sie nur noch mit Mikroskopen genauer betrachtet werden können. Diese Entwicklung der „Computer der vierten Generation" begann in einem Gebiet in Kalifornien, das heute als „Silicon Valley" bekannt ist. Im Laufe der sechziger Jahre wurde es möglich, eine ständig steigende Zahl von Transistoren und anderen Komponenten auf einem Siliziumchip zu integrieren, bis dann in den frühen siebziger Jahren mehrere tausend Transistoren auf einem Chip untergebracht werden konnten: Damit begann die Ära der LSI-Technik (Large Scale Integration). Eine so hohe Zahl von Transistoren ermöglichte es, einen einfachen Computer oder jedenfalls seine Zentraleinheit (CPU – engl. Central Processing Unit) auf einem Chip aufzubauen.

Abb. 3.1: Ein Mikroprozessor (80386 von Intel)

Im November 1971 wurde der erste Mikroprozessor 4004 durch Intel, zu diesem Zeitpunkt eine kleine Firma im Silicon Valley, angekündigt. Es dauerte mehr als ein Jahr, bis Intel und andere Halbleiterhersteller merkten, welche revolutionären Möglichkeiten durch dieses neue Bauteil erschlossen werden konnten. In den Folgejahren wurden die meisten führenden Mikroprozessoren im Anschluß daran entwickelt: Intel 8080, Motorola 6800, Zilog Z80 und MOS Technology 6502. Von diesen werden der 6502 und der Z80 noch immer sehr häufig eingesetzt, und zwar vor allem bei etablierten Heimcomputer-Modellen und für Industriesteuerungen. Bei den Mikrocomputern mit hoher Leistungsfähigkeit kommen primär die Prozessoren 80286 und 80386 von Intel und 68000, 68010 und 68020 von Motorola zum Einsatz.

Die Anwendungsgebiete der Mikroprozessoren lagen zunächst im Computer-Bereich, in der industriellen Steuerung oder in der Luftfahrt. Genau wie die ersten Computer wurden sie für „wissenschaftliche" Zwecke und nicht für die eigentliche Datenverarbeitung benutzt. Niemand hatte bis dahin ihre volle Leistungsfähigkeit erkannt.

Das nächste bedeutende Ereignis war die Ankündigung des ALTAIR-Privatcomputers durch MITS im Januar 1975, damals eine kleine Firma in Neu-Mexiko.

Während der folgenden Jahre schossen überall neue Firmen aus dem Boden, die immer neue Modelle auf den Markt brachten. Den entscheidenden Durchbruch bei der Etablierung des Mikrocomputers als Massenartikel auch für Normalverbraucher gelang den Firmen Apple, Commodore und Tandy mit ihren ersten Geräten, die ab 1978 erhältlich waren.

In die gleiche Zeit fiel auch die bahnbrechende Entwicklung des ersten Tabellenkalkulationsprogramms VisiCalc, das in genialer Weise einen Weg für den Einsatz der Mikrocomputer von Apple und Commodore bei vielen Routinerechnungen auch ohne Programmierkenntnisse ermöglichte. Wichtig für die Akzeptanz dieser Maschinen war auch ihre standardmäßige Ausrüstung mit der Programmiersprache BASIC von Microsoft, die gerade Anfängern einen raschen Einstieg in das Erstellen kleinerer Programme bietet.

Der ungeahnte Erfolg des Trios Apple, Commodore und Tandy bewog schließlich auch die auf Großrechner spezialisierte Firma IBM in das Mikrocomputer-Geschäft einzusteigen. Trotz des späten Markteintritts gelang es der IBM, einen bedeutenden Marktanteil bei den kommerziell genutzten Mikrocomputern zu erringen und zusammen mit den Firmen Intel und Microsoft einen Quasistandard für dieses Marktsegment zu prägen. Dieser Standard basiert auf der Prozessorfamilie 8088 bis 80286 von Intel und dem Betriebssystem MS-DOS von Microsoft, zuzüglich bestimmter Eigenheiten des PC (Personal Computer) genannten Rechners von IBM.

Dieser Standard löste seinen Vorläufer, auf dem er teilweise aufbaute, weitgehend ab. Der Vorläufer-Standard war primär durch das Betriebssystem CP/M von Digital Research gekennzeichnet, das auf Rechnern mit den Prozessoren Z80 und 8080 eingesetzt wurde.

Ausschlaggebend für die Etablierung beider Standards war letztendlich die Verfügbarkeit von populären Software-Paketen. Eine herausragende Rolle spielte dabei die Text-Software „WordStar" und das Tabellenkalkulationsprogramm „Lotus 1-2-3" sowie die Dateiverwaltungsprogramme „dBASE II" und „dBASE III".

Die Rolle der Mikrocomputer in der heutigen Computer-Welt

Die Leistungsfähigkeit und Zuverlässigkeit der aktuellen Mikrocomputer-Generation übertrifft die der ersten Großcomputer vor 1950 um ein Vielfaches. Diese komplexen Großgeräte füllten ganze Säle, funktionierten nur sehr unzuverlässig, waren mühsam zu bedienen und kosteten dabei etliche Millionen Mark. Die ersten Computer konnten sich daher nur das Militär, ein paar Regierungsstellen und wenige Großkonzerne leisten. Ihre aus heutiger Sicht mehr als bescheidene Leistung und Rechenkapazität stand immer nur wenigen Mitarbeitern zentral zur Verfügung.

Diese Situation verbesserte sich mit der Einführung von Bildschirmgeräten, über die mehreren Benutzern Computer-Anwendungen verfügbar gemacht werden konnten. Diese Lösung kann man analog zu der Entwicklung während der Dampfmaschinenzeit sehen, als die Kraft einer zentralen Dampfmaschine über viele Transmissionsriemen zu Bearbeitungsgeräten an verschiedenen Arbeitsplätzen umgelenkt wurde. In den heutigen Industriebetrieben dagegen erzeugen überall kleine dezentrale Elektromotoren in den verschiedensten Maschinen die vor Ort benötigte Leistung. Ja selbst in jedem Haushalt finden wir zahlreiche Elektromotoren unterschiedlichster Größenordnung.

Ähnlich hat auch der Mikrocomputer die Computer-Leistung direkt an den einzelnen Arbeitsplatz und auf viele heimische Schreibtische gebracht. Er stellt so etwas wie eine Demokratisierung des Computers dar, da er vielen den Zugang zur Computer-Leistung ermöglicht. Nach wie vor sind allerdings große und immer größere Computer erforderlich und so, wie in einer Werkshalle das Förderband durch den Transport des Werkstücks von Bearbeitungsplatz zu Bearbeitungsplatz erst die optimale Auslastung der dort befindlichen Maschine erreicht, ist der Mikrocomputer in großen und kleinen Unternehmen auf den Austausch von Informationen über Computer-Netzwerke angewiesen.

Diese Tatsache mußten auch die Mitarbeiter der Fachabteilungen in den Unternehmen und Behörden erkennen, die teilweise im Mikrocomputer ein Vehikel zur Emanzipation von der als zu groß empfundenen Abhängigkeit von der zentralen DV-Abteilung gesehen hatten. Sie mußten feststellen, daß sie ohne eine geordnete Bereitstellung und Übertragung von Extrakten aus dem großen Datenbestand des zentralen Großcomputers kaum effizient arbeiten konnten. Sie lernten durch eigene Erfahrungen, wieviel Sorgfalt eine Programmerstellung auch auf einem Mikrocomputer erfordert und welche Probleme die persönliche Verantwortung für die Sicherheit eigener Dateien mit sich bringt.

Geschichte und Begriffswelt des Mikrocomputers 67

In der Schule verfügt die Mehrzahl der Schüler über mehr Computer-Wissen als der durchschnittliche Lehrer. Die hohe Verbreitung der Mikrocomputer hat zu einem deutlichen Rückgang der Angst vor Computern und sogar zu einer positiven Einstellung insgesamt geführt.

„Die Welt hat sich verändert."

Der Mikrocomputer macht auch durch entsprechenden Einsatz am Arbeitsplatz eine bessere Eingliederung von Behinderten möglich und erschließt neue, sozial positive Anwendungsgebiete, wo vorher aus Kostengründen ein Computer-Einsatz nicht in Frage kam.

Er bringt aber auch gerade durch sein enormes Rationalisierungspotential besonders im Bürobereich eine Bedrohung von Arbeitsplätzen mit sich. Wir können es uns als Gesellschaft vom internationalen Wettbewerb her zwar kaum leisten, Rationalisierungsreserven nicht zu nutzen, dürfen dies aber sicherlich nicht einseitig auf dem Rücken eines Teils der Bevölkerung austragen.

Einige wichtige Begriffe der Datenverarbeitung

In elektronischer Form verfügbare Informationen werden als *Daten* bezeichnet. Diese können von Computern verarbeitet und über Leitungen an andere Rechner übermittelt werden. Man spricht deshalb auch von *Datenverarbeitung* und *Datenkommunikation*.

Daten sind in der Regel Angaben zu Vorgängen und Objekten, die in Form von Buchstaben oder Ziffern vorliegen. Daten, die eine unmittelbar zuordenbare Bedeutung als Text, als Bezeichnung oder als Zahl haben, nennt man *kodierte Daten*, da jede zugehörige rechnerinterne Binärdarstellung durch entsprechende Interpretationstabellen wieder entschlüsselbar ist. Daten, die wie ein Bild- oder Sprachmuster ein *digitalisiertes*, d. h. als Folge von Nullen und Einsen gespeichertes Abbild eines Objektes darstellen, werden als *nicht-kodierte Daten* bezeichnet. Ihre Bedeutung kann man nicht Schritt für Schritt anhand einer Interpretationstabelle erschließen, sie können aber ebenfalls vom Computer verarbeitet werden.

Daten, die zur Verarbeitung eingegeben werden, nennt man *Eingabedaten*. Nach erfolgter Verarbeitung beispielsweise auf einem Drucker ausgegebene Daten heißen dementsprechend *Ausgabedaten*. Für die kommerzielle Datenverarbeitung ist noch die Unterscheidung zwischen *Stammdaten*, die über lange Zeit unverändert bleiben, wie z. B. Kundennamen, und beständig aktualisierten Daten, wie z. B. Bestellmengen und Rechnungsbeträge, die sogenannten *Bewegungsdaten*, von Bedeutung.

Damit Daten verarbeitet werden können, muß es zunächst einmal Ein- und Ausgabemöglichkeiten am Computer geben. Hierfür werden in erster Linie *Eingabegeräte* wie die Tastatur und *Ausgabegeräte* wie Bildschirm und Drukker verwendet. Das bedeutet, daß Daten auch innerhalb eines *Mikrocomputer-Systems*, das solche Ein- und Ausgabegeräte umfaßt, intern hin und her bewegt werden müssen. Die Steuerung dieser Vorgänge geschieht durch das „Gehirn" des Mikrocomputers, den *Mikroprozessor*, dem auch die eigentliche Verarbeitung der Daten obliegt. Dieser Mikroprozessor stellt den eigentlichen Kern des Mikrocomputers dar und ist als mikroskopisch kleine Schaltung auf einem Siliziumplättchen realisiert.

Neben dem zentralen Mikroprozessor gibt es weitere spezialisierte Mikroprozessoren zum Beispiel für die Bildschirmsteuerung und Grafikerzeugung, für Töne und Grafik und für die Ein- und Ausgabe von Daten an externe Geräte.

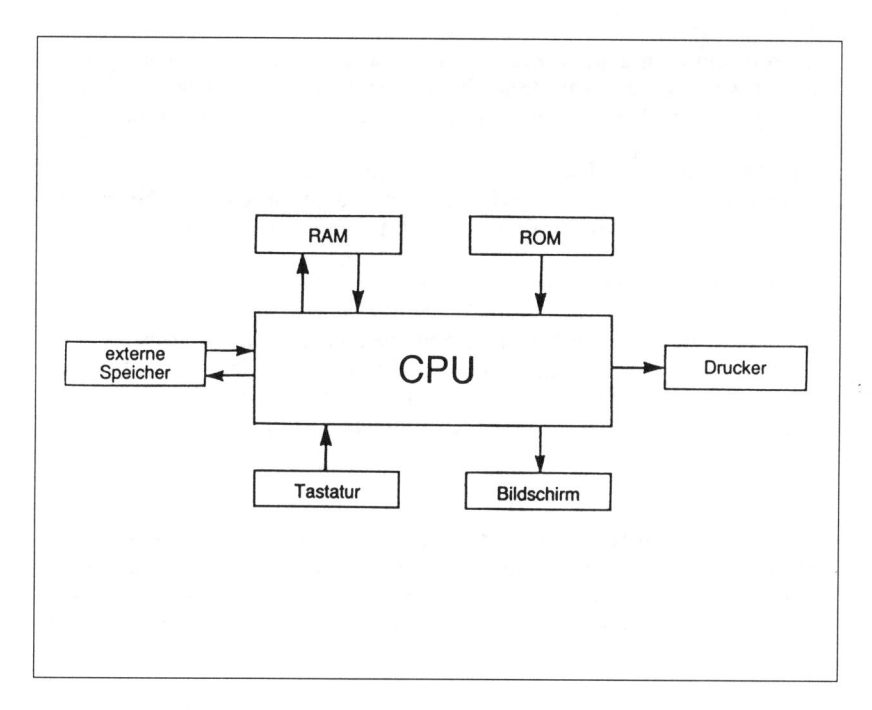

Geschichte und Begriffswelt des Mikrocomputers 69

Abb. 3.2: Die Funktionseinheiten eines Computers

Die Koordination der internen Vorgänge bei der Ausführung von Anweisungen eines Anwendungsprogramms und von Benutzerkommandos führt der Mikroprozessor mit Hilfe eines gesonderten Steuerprogramms durch, dem *Betriebssystem*, das die empfangenen Befehle in eine Vielzahl von entsprechenden Aktionen des Mikroprozessors und Anweisungen anderer Funktionseinheiten umsetzt.

Ein *Befehl* ist eine Folge von Zeichen, die eine Aktion des Mikrocomputer-Systems auslöst. Als Maschinenbefehl wird ein Befehl bezeichnet, den der Mikroprozessor unmittelbar ausführen kann. Ein solcher Maschinenbefehl wird intern durch eine Kette von Nullen und Einsen dargestellt. Anstelle dieser *binären Zeichenkette* verwendet man als externe symbolische Darstellung gern mnemonische Abkürzungen der Maschinenbefehle in Form der sogenannten *Assemblerbefehle*.

Eine bewußte Aneinanderreihung von Befehlen in Form einer Liste zur Realisierung einer oder mehrere Funktionen nennt man *Programm*. Das Betriebssystem ist ein Programm in Maschinensprache, das auch *Objektcode* genannt wird. Es wurde zunächst als Assemblerprogramm erstellt und dann in den Objektcode übersetzt bzw. *umgewandelt*, wie es in der Fachsprache heißt.

Assemblerbefehle werden von einem Programm in Maschinenbefehle übersetzt, das *Übersetzer* genannt wird. Die Menge der durch einen bestimmten Übersetzer interpretierbaren Befehle heißt *Assemblersprache*.

Es gibt auch Computer-Sprachen, bei denen ein Befehl mehreren Assemblerbefehlen entspricht und die eine mehr der Aufgabenstellung angepaßte Formulierung der Programme erlauben. Sie werden als *höhere Programmiersprachen* bezeichnet. Ein Programm oder eine Gruppe von Programmen, die als Ensemble zur Bearbeitung eines Aufgabenbereichs dienen, nennt man *Anwendung*. Der *Benutzer* einer Anwendung heißt deshalb auch *Anwender*, der Ersteller eines Programms *Programmierer*.

Das Betriebssystem spielt ebenso wie ein Übersetzer eine Vermittlerrolle zwischen der externen Welt und der internen des Mikrocomputers. In dieser Eigenschaft nimmt es auch Befehle entgegen. Werden diese vom Benutzer über die Tastatur eingegeben, so spricht man von *Kommandos*, werden sie von einer Anwendung an das Betriebssystems gerichtet, so spricht man davon, daß eine Funktion des Betriebssystems *aufgerufen* wird.

Eine Gruppe von Kommandos, die in dieser Form häufig verwendet werden, kann man analog wie bei den Programmen zu *Prozeduren* zusammenfassen. Den frei wählbaren Namen für diese Prozedur kann man wie ein Kommando verwenden, wobei man dann von einem *Prozeduraufruf* spricht.

Einzelne Funktionseinheiten, die als eigenständige Geräte realisiert sind, wie z. B. Drucker, enthalten meist ebenfalls Mikroprozessoren, die wiederum von ihrem eigenen Betriebssystem gesteuert werden.

Ein moderner Mikrocomputer umfaßt also eine Hierarchie von Funktionseinheiten, die untereinander Meldungen über Beendigung von Aktionen oder aufgetretene Fehler und Daten über spezielle *Datenleitungen* und *Steuerleitungen* austauschen.

Eine Gruppe von Daten- und Steuerleitungen, die mehrere Funktionseinheiten verbindet, nennt man *Bus*. Eine Steckverbindung, über die man zusätzliche Einheiten an einen Bus anschließen kann, wird als *Schnittstelle* bezeichnet.

Damit der Mikroprozessor Daten verarbeiten kann, müssen diese zuvor in den *Arbeitsspeicher* übertragen werden, auf den der Mikrocomputer im Gegensatz zu den *peripheren Speichern*, die auch als *externe* oder *Massenspeicher* bezeichnet werden, direkt zugreifen kann. Massenspeicher sind Schallplatten- oder auch tonbandähnliche Speichermedien, auf denen Daten durch Magnetisierung oder optisch mit Laserstrahlen in großem Umfang dauerhaft aufgezeichnet werden können. Bei den Daten auf Massenspeichern handelt es sich häufig um Eingabedaten für Anwendungen oder auch um Ausgabedaten, die dort abgelegt worden sind. Sie werden ähnlich wie Karteikarten in Karteikästen in besonderen Gruppen angeordnet. Dabei werden Daten, die verschiedene Ausprägungen eines Typs darstellen, also die gleiche *Datenstruktur* haben, und als logisch zusammengehörig betrachtet werden, in einer *Datei* zusammengefaßt, unter der man also eine Gruppierung von Daten auf dem Speichermedium verstehen kann.

Eine Datei kann man also mit einem Karteikasten vergleichen, der Karteikarten zu einem bestimmten Thema enthält, wobei der Inhalt der Karteikarten stets gleich aufgebaut ist. Das Äquivalent zu einer Karteikarte ist ein *Datensatz* in der Datei.

Wenn man die Datensätze einer Datei einzeln, der Reihe nach liest oder verändert und wieder auf den Massenspeicher schreibt, spricht man von einem *sequentiellen Zugriff*. Greift man beim Lesen oder beim Zurückspeichern mit Hilfe eines Ordnungsbegriffs unmittelbar auf einen gewünschten Satz zu, so bezeichnet man dieses Vorgehen als *direkten* oder *wahlfreien Zugriff*. Eine Datei, auf die man nur sequentiell zugreifen kann, heißt dementsprechend *sequentielle Datei*, eine Datei, auf deren Sätze man wahlfrei zugreifen kann, *Direktzugriffsdatei*.

Ausblick

Die stürmische Entwicklung des Mikrocomputers wird weitergehen. In wenigen Jahren wird die gewaltige Leistung heutiger Superrechner in Form von Mikrocomputern vorhanden sein. Dann wird jeder Student Rechenleistung zur Verfügung haben, für die Wissenschaftler heute noch Schlange stehen müssen.

Die für den Laien überwältigend großen Informationsmengen, die sich auf optischen Speicherplatten ablegen lassen, ermöglichen auch dem Privatmann einen schnellen Zugriff auf lexikalische und andere Referenzinformationen quasi auf Tastendruck sowie eine trickfilmartige Animation von Erläuterungen.

Computer-Spiele werden Zeichentrickfilmen mit hervorragender Tonqualität gleichen, in deren Ablauf der Spieler mit seinem gesprochenen Wort eingreifen kann.

Auch die Erfassung von Texten über Spracheingabe rückt in die Nähe des Möglichen.

Insbesondere in den Büros und Verwaltungen wird der Mikrocomputer dazu beitragen, daß wenige Arbeitskräfte eine größere Vielzahl von Aufgaben besser bewältigen können. Das bedeutet, daß auf die dort beschäftigten Menschen ein hoher Qualifizierungsdruck zur Weiterbildung und Umschulung zukommen wird.

Kapitel 4

Aufbau und Funktionen eines Mikrocomputers

Einleitung

Wenn man heute Geräte der modernen Unterhaltungselektronik kauft, denkt man kaum noch über den internen technischen Aufbau nach, der eigentlich die Basis für die kaufentscheidenden funktionalen Möglichkeiten darstellt. Allerdings kennt man Systembezeichnungen wie VHS, System 2000 oder weiß natürlich auch, daß man CD-Platten nicht auf klassischen Abspielgeräten verwenden kann. Manchmal hat man auch Schwierigkeiten, eine neu erworbene Komponente mit den schon länger in Besitz befindlichen Geräten zu verbinden. Aus solchen unangenehmen Erfahrungen lernt man, daß der innere technische Aufbau eines Geräts, die Art der Anschlüsse nach außen und die verwendeten Aufzeichnungsmedien wichtig für die längerfristige Nutzungsfähigkeit der Geräte sind.

Auch bei Mikrocomputern ist daher eine gewisse Informiertheit über technische Gegebenheiten nicht ganz unsinnig. Allerdings gilt auch, daß sich nicht immer das beste technische Produkt mit den meisten und interessantesten Funktionen durchsetzt, sondern darüber hinaus auch die Absatzstrategie und Marktmacht des Anbieters eine gewichtige Rolle spielt.

Man kann aber natürlich trotzdem Produkte nach eigener Wahl auch von kleineren Anbietern erwerben, weil sie besser ausgestattet oder einfach preiswerter sind, vorausgesetzt, sie sind mit den Geräten führender Hersteller verträglich und orientieren sich an allgemein akzeptierten Standards und Normen und gewährleisten eine Erweiterung mit wichtigen Zusatzkomponenten. In diesem Sinne spielt eine gewisse Kenntnis des Systemaufbaus schon eine Rolle.

Architektur

Die drei grundlegenden funktionalen Elemente eines jeden Computer-Systems sind: die Zentraleinheit (CPU – Central Processing Unit), der Speicher und die Ein-/Ausgabe. Diese drei Funktionen und ihre Arbeitsweise wollen wir nun im einzelnen besprechen.

Aufgaben der einzelnen Elemente und Zusammenspiel der Komponenten

Die Zentraleinheit

Die *Zentraleinheit (CPU)* eines Computer-Systems hat die Aufgabe, Befehle zu laden, sie zu entschlüsseln und auszuführen. Sie ist der zentrale Dirigent, der alle anderen Funktionseinheiten eines Mikrocomputers steuert, aber selbst dabei den Vorgaben einer Partitur, und zwar in unserem Fall den Anweisungen eines Programms, exakt Schritt für Schritt folgt. Die Befehle sind im *Speicher* des Systems abgelegt. An einem Beispiel aus der Praxis wollen wir zeigen, wie ein Befehl aus dem Speicher geholt, zur CPU gebracht, entschlüsselt und ausgeführt wird.

Aus praktischen Gründen wollen wir annehmen, daß die CPU aus einem Mikroprozessor-Chip besteht (dieser wird gewöhnlich MPU genannt: Microprocessor Unit). In den meisten Systemen sind außerdem zusätzlich noch ein externer *Quarz*, ein *Taktgeber* und noch andere Komponenten notwendig. In Abbildung 4.1 ist der Mikroprozessor links und der Speicher rechts zu sehen.

Die Anweisungen eines *Programms* werden normalerweise nacheinander ausgeführt. Diese Anweisungen stehen im Speicher. Damit eine Anweisung im Speicher gefunden werden kann, wird in einem internen Register des Mikroprozessors, das *Programmzähler* genannt wird, jeweils die Adresse der nächsten auszuführenden Anweisung gespeichert.

Ein *Register* ist einfach ein kleiner interner Speicher, der besonders schnell ist und ein oder mehrere Wörter an Informationen enthalten kann. In unserem Fall wollen wir annehmen, daß der Programmzähler ein 16-Bit-Register ist. Das bedeutet, daß dieses Register binäre Informationen in Form von Nullen und Einsen mit einer Länge von insgesamt 16 Bits speichern kann. Diese 16

Aufbau und Funktionen eines Mikrocomputers 75

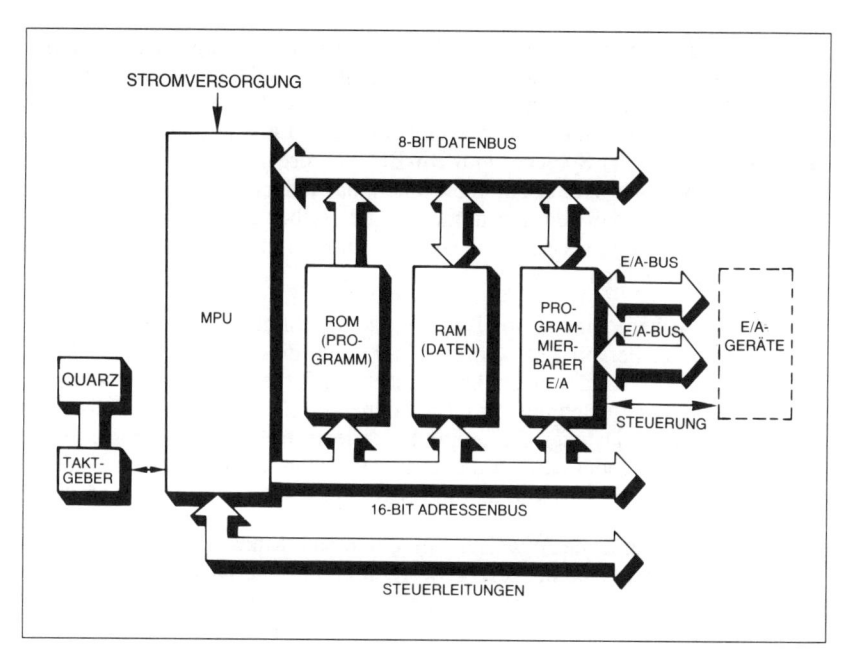

Abb. 4.1: Ein Standard-Mikroprozessor-System

Bits stellen die binäre Adresse der als nächstes auszuführenden Anweisung dar, die aus dem Speicher geholt werden soll. Nun sollte es eigentlich einfach sein, die nächste Anweisung aus dem Speicher zu holen: Der Inhalt des Programmzählers wird wie eine Telefonnummer zur Anwahl eines bestimmten Telefonapparates zur Adressierung einer Stelle des internen Arbeitsspeichers verwendet. Allerdings werden die einzelnen binären Ziffern der Adresse nicht wie die Zahlen der Telefonnummer hintereinander über eine Leitung übertragen, sondern es werden mehrere Leitungen parallel benutzt. Der Mikroprozessor in unserem Beispiel ist mit 16 besonderen Anschlüssen ausgerüstet (Adreßanschlüsse), die die Weitergabe einer Adresse ermöglichen. Auf 16 Leitungen wird diese Adresse zum Speicher-Chip übertragen. Diese 16 Leitungen stellen den *Adreßbus* unseres Systems dar.

Da in einem Speicher normalerweise gelesen und geschrieben werden kann, muß zur Unterscheidung ein *Lesesignal* gesendet werden. Diese Signale werden vom Mikroprozessor erzeugt, und daraufhin liest der Speicher den Inhalt der jeweils angegebenen Adresse. Die Inhalte sind entweder Anweisungen, die als nächstes vom Mikroprozessor ausgeführt werden sollen, oder Daten, die für die Ausführung einer Anweisung benötigt werden. Wenige Nanosekunden werden verstreichen (eine Nanosekunde beträgt 10^{-9} Sekunden), bevor die Daten physikalisch vom Speicher erhältlich sind. Diese kurze Verzögerungszeit wird *Zugriffszeit* des Speichers genannt. In dem Mikrocomputer-System unseres Beispiels ist der Speicher in 8-Bit-Blöcken organisiert. Als Antwort auf eine 16-Bit-Adresse wird er ein Wort holen, das jedoch nur acht Bits lang ist. Beachten Sie bitte, daß kein Zusammenhang zwischen der Anzahl der Bits besteht, die vom Adreßbus geliefert werden, und der Anzahl der Bits, die aus dem Speicher kommen.

Diese Tatsache kann man beispielsweise mit einer Straßenadresse vergleichen. Wenn man einer Person diese Adresse gibt, kann diese dort ein kleines Haus oder ein großes Gebäude finden. Die Tatsache, daß die Adresse kurz oder lang ist, steht in keiner Beziehung zur tatsächlichen Größe des Gebäudes, das dort gefunden wird. Die Datengröße steht in keinerlei Beziehung zur Adresse selbst. Die Adresse bezeichnet einfach die Lage der Daten innerhalb einer Struktur; in unserem Fall ist die Struktur ein Speicher oder (im Vergleich) eine Stadt.

Die acht Bits umfassende Anweisung muß nun zum Mikroprozessor zurückgeleitet werden, so daß sie ausgeführt werden kann. Alle Daten eines Systems passieren normalerweise einen besonderen Bus, den *Datenbus*. Der Speicher ist mit acht Anschlüssen zu den acht Leitungen des Datenbusses ausgestattet. Die Daten werden über den Datenbus zum Mikroprozessor übertragen. Dort werden sie in einem besonderen Register, dem *Befehlsregister* aufgenommen. Dieses Register ist acht Bits groß, was zur Aufnahme der 8-Bit-Anweisungen ausreichend ist. Dieses Register hat die Aufgabe, die jeweils als nächstes auszuführende Anweisung zu speichern. Wenn diese zur Ausführung gelangen soll, werden die acht Bits der Anweisung mit Hilfe eines *Befehlsdecodierers* entschlüsselt, und innerhalb des Mikroprozessors wird automatisch ein geeignetes internes Steuersignal erzeugt, was die Ausführung der Anweisung zur Folge hat.

Der Mechanismus des Holens und Ausführens einer Anweisung sollte nun klar sein. Wie wird die nächste Anweisung geholt? Hier setzt ein anderer spezieller Mechanismus ein: Der Programmzähler ist mit einem *Inkrementierer* (der um 1 weiterzählt) ausgestattet. Dieser Inkrementierer erhöht den Inhalt des Programmzählers jedesmal nach dessen Einsatz um 1. Auf diese Weise wird automatisch die nächstfolgende Adresse aufgerufen, sobald der Inhalt des Programmzählers auf dem Adreßbus deponiert ist.

Natürlich gibt es Beispiele, wo die Ausführung eines Programms nicht in einer Folge ablaufen darf. Dies ist zum Beispiel der Fall, wenn eine Verzweigungs- oder Sprunganweisung eingebaut ist. In diesem Fall wird der Inhalt des Programmzählers ausdrücklich so modifiziert, daß ein Sprung zu einem anderen Speicherplatz erfolgt.

Aufbau und Funktionen eines Mikrocomputers 77

Technisch interessierte Leser mögen sich vielleicht dafür interessieren, wie der Befehl physikalisch innerhalb der CPU ausgeführt wird. Dazu wollen wir eine kurze Beschreibung geben.

Das Holen und Entschlüsseln der Anweisungen wird durch das *Steuerwerk*, ein Element der CPU, ausgeführt. Die Ausführung der Anweisungen obliegt dem Rechenwerk oder der ALU (Arithmetic Logical Unit – arithmetisch-logische Einheit), einem weiteren Bestandteil der CPU, der mit speziellen internen Registern ausgestattet ist. In Abbildung 4.2 ist eine typische ALU zu sehen. Die Rechtecke auf der linken Seite der Abbildung stellen die *Register* dar. Diese sind bei unserem Standard-Mikroprozessor 8 Bits groß. Das V-förmige Symbol auf der rechten Seite der Zeichnung ist die ALU. Die ALU hat die Aufgabe, die arithmetischen und logischen Operationen, die durch die Anweisung

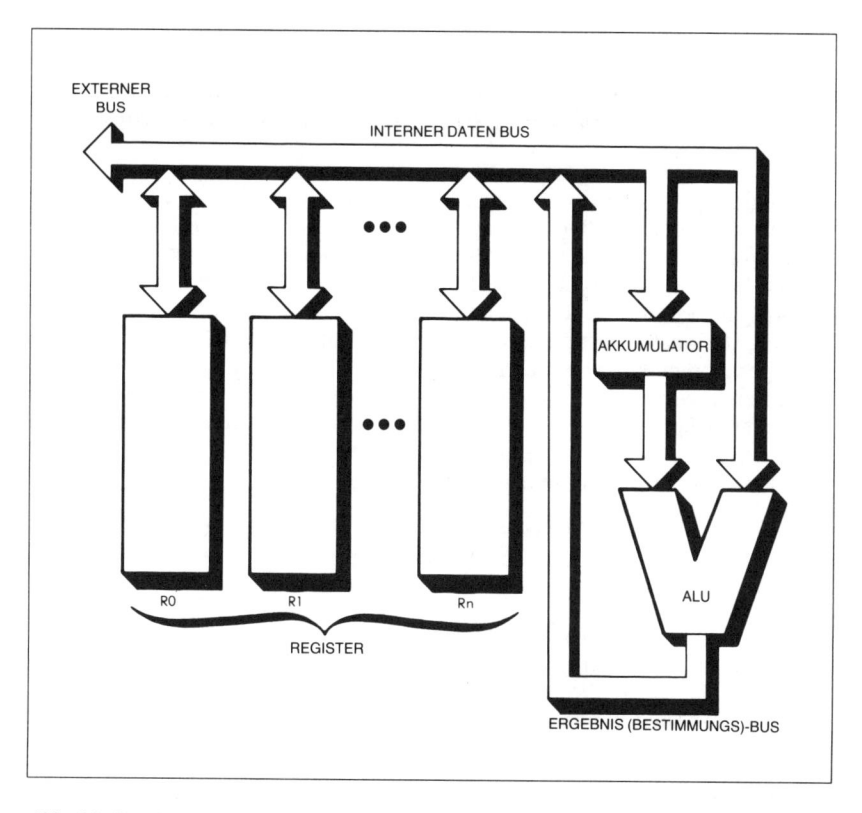

Abb. 4.2: Das Innere eines Mikroprozessors

vorgegeben werden, tatsächlich auszuführen. Dazu ist sie normalerweise zusätzlich mit einer Verschiebefunktion (Shifter) ausgestattet, die das Ergebnis nach rechts oder links verschieben kann, und zwar jeweils um die Position eines oder mehrerer Bits.

Verbunden mit der ALU ist ein besonderes Register, nämlich das *Statusregister*, das die Kennzeichenbits oder englisch die Flags enthält. Diese *Flags* sind besondere Bits, die bestimmte Zustände anzeigen, z. B. wenn sich ein arithmetischer Übertrag ergeben hat, als Ergebnis eine Null oder ein negativer Wert aufgetreten ist oder ähnliches.

Es gibt Befehle, die innerhalb des Programms den Inhalt dieser Kennzeichenbits abfragen können und aufgrund der dabei erhaltenen Informationen beispielsweise eine Verzweigung im Programmlauf herbeiführen können.

Um zu zeigen, wie die CPU arbeitet, wollen wir eine einfache Addition mit den Inhalten zweier interner Register durchführen. Wir wollen annehmen, daß die Register R0 und R1 beide durch besondere Anweisungen mit 8-Bit-Daten geladen wurden. Die Aufgabe besteht nun darin, die Inhalte von R0 und R1 zu addieren und das Ergebnis in R0 abzuspeichern. Dabei soll der Inhalt von R1 unverändert bleiben.

In Abbildung 4.3 können wir sehen, wie der Inhalt von R0 über den internen Datenbus auf den rechten Eingang der ALU übertragen wird. Dann wird der Inhalt von R1 auf demselben internen Datenbus auf den linken Eingang der ALU übermittelt. Die ALU addiert die Werte und befördert das Ergebnis über die Ausgabeleitungen in das Zielregister, in unserem Fall R0. Beim Lesen eines Registerinhalts wird dieser nicht verändert, so daß der Inhalt von R1 durch die Operation nicht beeinträchtigt worden ist. Da die Summe jedoch nach R0 geschrieben wurde, wird R0 am Ende dieser Operation die Summe von zwei Zahlen enthalten; der ursprüngliche Inhalt ist gelöscht worden. Bei der Addition durch die ALU können mehrere Kennzeichenbits gesetzt worden sein (insbesondere Übertrag, Null und Vorzeichen).

Lassen Sie uns hier den Arbeitsvorgang der CPU zusammenfassen: Das Steuerwerk holt eine Anweisung aus dem Speicher, bringt sie in das Befehlsregister, entschlüsselt sie und erzeugt automatisch die richtigen Steuersignale.

Die ALU (das Rechenwerk) hat die Aufgabe, die vorbestimmte Operation auszuführen, entweder durch das interne Register der MPU oder manchmal direkt durch die Daten, die von außerhalb über den Datenbus bereitgestellt werden. Solche Daten können vom Speicher oder von einem Ein-/Ausgabegerät kommen.

Nun wollen wir unser Augenmerk auf den Speicher und die Ein-/Ausgabegeräte richten.

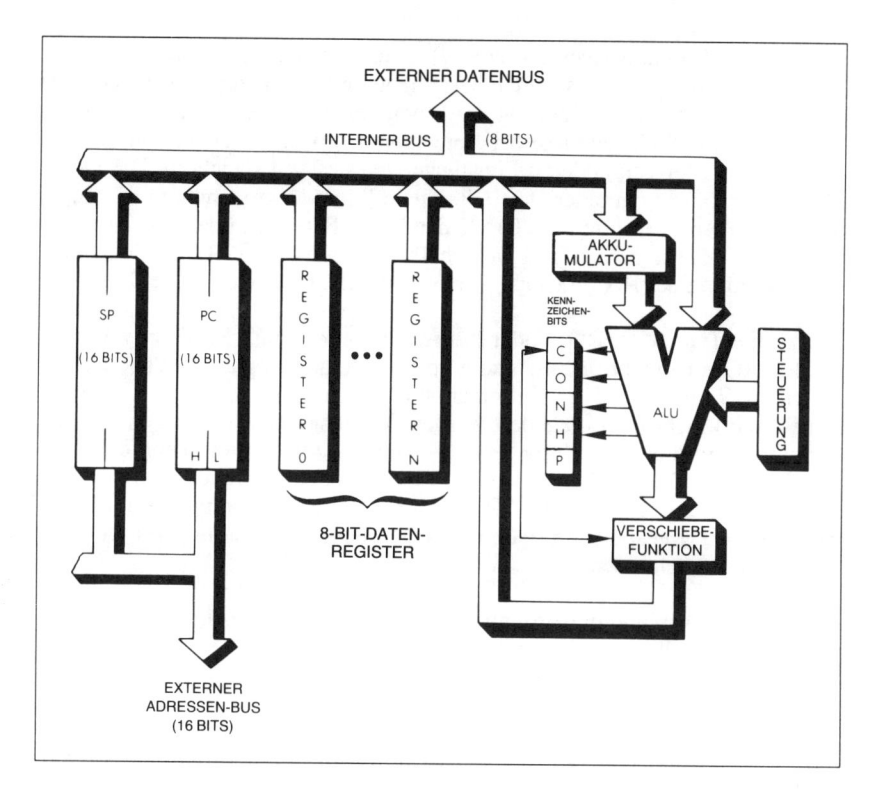

Aufbau und Funktionen eines Mikrocomputers 79

Abb. 4.3: Ein etwas detaillierteres Diagramm läßt die Flags, die Verschiebefunktion und den Programmzähler (PC) erkennen

Der Speicher

Wir haben gesehen, daß das Programm im Speicher aufbewahrt wird. Der Speicher muß aber auch die *Daten* aufnehmen, die der Benutzer eingegeben hat oder die während der Programmausführung erzeugt werden. Wir erinnern uns, daß die MOS-Speicher (Speicher mit integrierten Schaltkreisen) einen bedeutenden Nachteil haben: Schreib-/Lesespeicher, d. h. Speicher, in die auch Informationen geschrieben werden können, speichern diese nicht dauerhaft. Der Inhalt geht verloren, wenn die Stromversorgung ausgeschaltet wird. Aus diesem Grund werden in Mikrocomputer-Systemen zwei Typen von Speichern verwendet: ROM und RAM.

RAM (engl. Random Access Memory) ist ein Speicher mit wahlfreiem Zugriff, der sowohl gelesen als auch beschrieben werden kann. Dieser Speicher wird im System zur Speicherung der Daten benutzt, sonst wäre es der MPU nicht möglich, die Ergebnisse der Berechnungen oder die Daten, die sie von der Tastatur oder von anderen Eingabegeräten liest, zu speichern. Die Länge eines Programms oder einer Datei, die Sie in Ihrem Mikrocomputer festhalten wollen, ist begrenzt durch die Größe des RAM-Bereichs, über den Ihr Gerät verfügt. Im nächsten Abschnitt werden wir sehen, daß zwei Technologien für die Ausführung des RAM benutzt werden: statische und dynamische Speicher.

Der zweite Typ ist der ROM oder *Festwertspeicher* (engl. Read Only Memory). Ein ROM ist nicht flüchtig und wird benutzt, um Programme dauerhaft zu speichern. Wenn einmal eine Information in einem ROM abgelegt ist, kann sie (im Prinzip) nicht mehr geändert werden. Vorausgesetzt, daß ein Programm korrekt ist, wird es ja auch nicht mehr verändert werden und kann daher im ROM bleiben. Dies ist bei den meisten industriellen Anwendungen der Fall. Insbesondere ist das „Monitor"-Programm Ihres Mikrocomputers normalerweise im ROM gespeichert, damit versehentliche Veränderungen durch den Benutzer ausgeschlossen sind.

Die meisten Anwendungsprogramme, die vom Benutzer selbst entwickelt worden sind, sollen jedoch für Veränderungen zugänglich sein. Aus diesem Grund sind alternative Typen von ROMs erhältlich, die PROM oder RPROM genannt werden. Obwohl die Abkürzungen variieren mögen, ist ein PROM ein *programmierbarer Festwertspeicher* (engl. Programmable Read Only Memory). Er benutzt winzige „Schmelzsicherungen" zum Auftrennen interner Verbindungen, was dem Benutzer ermöglicht, Nullen und Einsen in ihm zu deponieren. Dabei wird ein relativ preiswerter *PROM-Programmierer* verwendet.

PROMs sind billig, aber da sie mit Schmelzsicherungen arbeiten, können sie nicht mehr verändert werden, nachdem sie einmal programmiert worden sind. Sie sind daher für unsere Zwecke immer noch nicht voll geeignet. Der Typ, der am häufigsten benutzt wird, ist der RPROM (engl. Reprogrammable PROM) oder EPROM (engl. Erasable PROM). Mit diesem Speichertyp kann der Benutzer einen Chip programmieren, ein Programm ausführen und später den Inhalt löschen und aufs neue programmieren. Dieser Typ wird normalerweise bei jeder dauerhaften Programmentwicklung benutzt (d. h. bei industriellen Anwendungen).

Für viele Anwendungen, die nicht-flüchtige Speicher erfordern, reicht auch eine besondere Form der normalen Schreib-/Lesespeicher aus, die Elemente verwenden, die üblicherweise zum Aufbau des Arbeitsspeichers eingesetzt werden. Hierfür verwendet man RAM-Chips mit CMOS-Technologie. Diese

Aufbau und Funktionen eines Mikrocomputers 81

Speicherbausteine benötigen für die Erhaltung der in ihnen abgelegten Daten nur eine minimale Stromzufuhr. Diese wird von einer Batterie geliefert, die nach dem Ausschalten des Rechners anstelle des Netzstroms die Versorgung übernimmt. Die Zugriffszeit auf CMOS-Speicher ist aber etwas langsamer, und CMOS-Chips sind teurer als normale RAM-Bausteine.

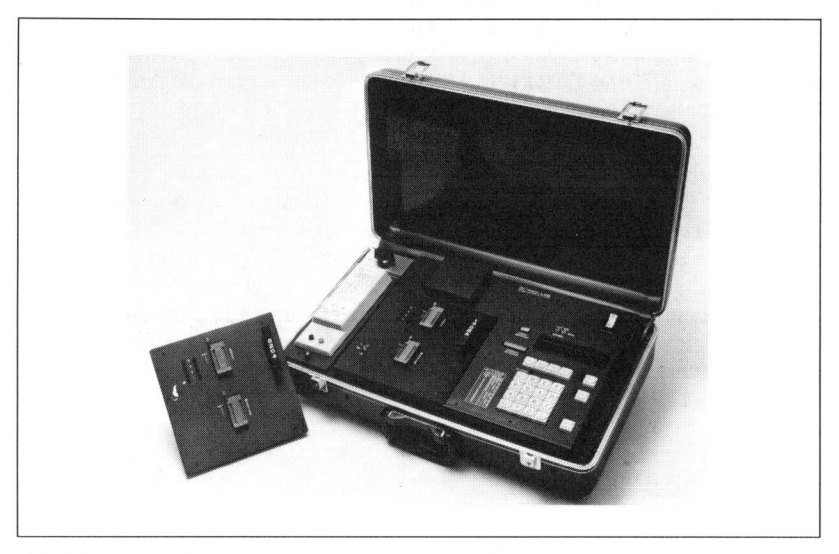

Abb. 4.4: Ein PROM-Programmierer im Aktenkofferformat. Die Sockel dienen dazu, die PROMs aufzunehmen. Das Bit-Muster wird über die hexadezimale Tastatur eingegeben.

Hobbyprogramme und kommerzielle Anwendungen unterscheiden sich jedoch von der industriellen Anwendung. Hierbei muß im Laufe eines ganzen Tages eine Fülle von unterschiedlichen Programmen ausgeführt werden, die sich nacheinander im Speicher des Systems befinden müssen. Aus diesem Grund hat der Anwender in solchen Systemen nichts mit ROMs, PROMs oder EPROMs zu tun. Die Benutzerprogramme befinden sich hier ausschließlich im RAM. Der Benutzer muß sich dessen bewußt sein, daß jedesmal, wenn er den Strom abschaltet, das dort befindliche Programm gelöscht wird.

Daher muß ein jedes dieser Systeme mit einem externen *Massenspeicher* ausgestattet sein, wie z. B. Disketten, auf denen die Programme dauerhaft aufgezeichnet werden können. Jedesmal, wenn der Benutzer ein Programm ausführen will, muß das Programm von der Diskette in das System überspielt werden. Dies ist ein einfacher und schneller Vorgang, der sogar automatisch durchgeführt werden kann, wenn das System ein gutes *Disketten-Betriebssystem* (DOS – engl. Disk Operating System) besitzt. Der Vorgang läuft dann für den Benutzer unsichtbar ab.

Tragbare Computer, die über keinen oder nur einen Massenspeicher mit geringer Kapazität verfügen, haben oft das ganze System-Steuerprogramm und zusätzlich einige Anwendungsprogramme fest im ROM vorliegen. Eine häufig eingesetzte alternative Lösung besteht darin, den kompletten Arbeitsspeicher als batteriegepufferten CMOS-Speicher zu gestalten, so daß die Anwendungen und die aktuellen Daten erhalten bleiben.

Bei Heimcomputer-Systemen ist ebenfalls in der Regel das gesamte Steuerprogramm des Rechners, das sogenannte *Betriebssystem* dauerhaft im ROM gespeichert. Häufig werden auch Anwendungsprogramme auf ROM-Speichern, als *Steckmodule*, angeboten. Diese kleinen Modulkästchen steckt man einfach in einen dafür vorgesehenen Schacht des Rechners, und die Anwendung ist dann nach dem Einschalten des Geräts ohne weiteren Ladevorgang direkt verfügbar. Es gibt auch Module, die man für Drucker verwendet kann, um deren Vorrat an Schriftformen oder die Steuerungsmöglichkeiten zu erweitern.

Die Ein- und Ausgabe

Die typischen Ein- und Ausgabegeräte eines Mikrocomputer-Systems bestehen aus einer *Tastatur* für die Eingabe und aus einer *Bildschirmanzeige* für die Ausgabe. Viele andere Geräte können benutzt werden. Diese Geräte erfordern oder stellen normalerweise parallele 8-Bit-Daten zur Verfügung. Mit anderen Worten, eine typische Tastatur wird über einen Bus acht Bits übertragen, die dem Code des Zeichens entsprechen, dessen Taste gedrückt worden ist. Genauso wird das Zeichen, wenn es zur Bildschirmanzeige gesendet wird, in acht Bits *parallel* gesendet.

Es gibt auch Ein- und Ausgabegeräte, die ein *serielles Kommunikationsschema* bevorzugen. Denken Sie beispielsweise an den klassischen Fernschreiber mit schreibmaschinenähnlicher Tastatur und Druckmechanismus. Wenn eine Taste gedrückt wird, wird eine Folge von 11 Bits zum Fernschreiber gesendet. Das erste Bit wird „Startbit" genannt. Ihm folgen acht „Datenbits", die das Zeichen verschlüsseln. Die Nachricht wird von zwei „Stoppbits" beendet. Wie gewöhnlich beinhalten acht Bits die Information, die dem Mikrocomputer das Zeichen darstellen. Aber hier werden sie seriell, d. h. eines nach dem anderen übermittelt.

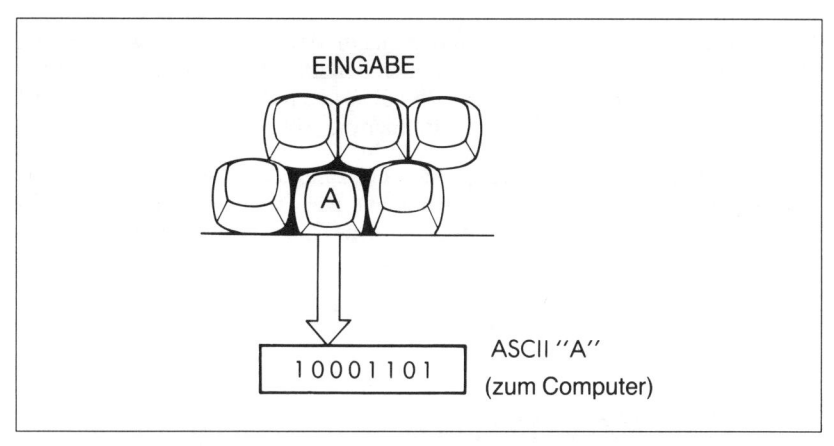

Aufbau und Funktionen eines Mikrocomputers 83

Abb. 4.5: Durch das Drücken einer Taste der Tastatur wird ein 8-Bit-Code erzeugt, der parallel gesendet wird

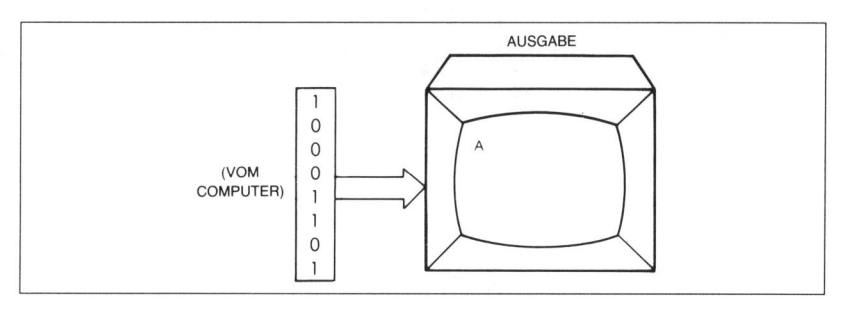

Abb. 4.6: Der binäre Code für A wird zum Bildschirm gesendet

Wir wollen das Ganze noch einmal zusammenfassen. Es gibt *parallel* und *seriell* arbeitende Ein- und Ausgabegeräte. Deshalb gibt es auch zwei Arten von Schnittstellen-Chips, über die sie einfach mit dem Datenbus des Mikrocomputers verbunden werden können. Zusätzlich verlangen einige komplexere Ein- und Ausgabegeräte noch eine umfassendere Schnittstellenlogik. Sie benötigen eine *Schnittstellenkarte*. Auch kann es manchmal erforderlich sein, daß ein 8-Bit-Code, der vom Mikrocomputer-System zum Gerät gesendet wird, nicht nur einfach als Daten, sondern als Befehl interpretiert wird. In diesem Fall muß ein *Befehlsdecodierer* bereitgestellt werden; man benötigt eine Steuerkarte (Controller). Eine solche Steuerkarte empfängt 8-Bit-Befehle, entschlüsselt sie und übersetzt sie in eine Folge von Schritten, die den vorbestimmten Befehl ausführen. *Steuerkarten* sind im allgemeinen für intelligente Datensichtgeräte und Festplatten- oder Diskettenlaufwerke erforderlich.

Die beiden grundlegenden Chips, die in einem Mikrocomputer-System für die Bereitstellung von parallelen und seriellen Schnittstellen benutzt werden, heißen UART und PIO. Im Fall einer PIO differieren die Abkürzungen je nach Hersteller. Der Einfachheit halber wird hier die Abkürzung PIO benutzt.

UART bedeutet „universeller, asynchroner Empfänger/Sender" (engl. Universal Asynchronous Receiver Transmitter). Die Details seiner Arbeitsweise brauchen uns hier nicht zu interessieren. Ein Diagramm des UART wird in Abbildung 4.7 gezeigt.

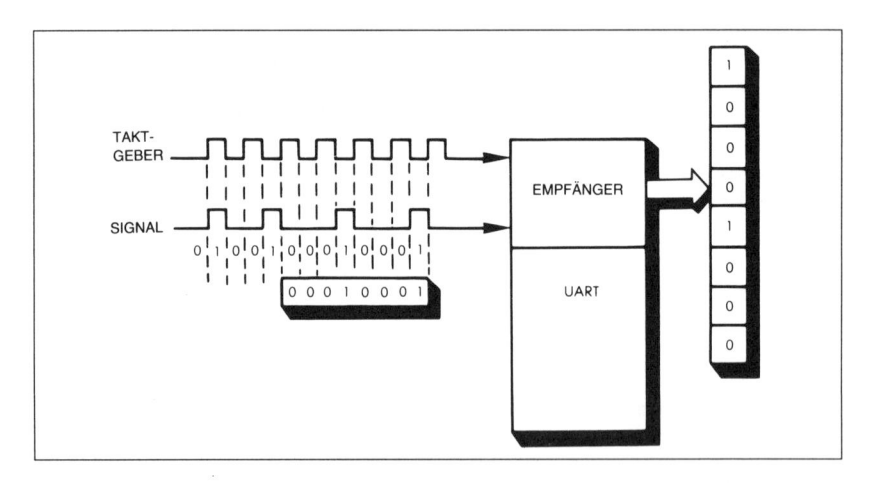

Abb. 4.7: Der UART wandelt Daten von seriell in parallel und von parallel in seriell um

Die Aufgabe des UART ist es, parallel in seriell und seriell in parallel umzuwandeln. Ein UART nimmt eine acht Bits umfassende Paralleleingabe an und wandelt sie in eine Folge von acht Bits (und mehr) auf einer seriellen Leitung um. Er kann zugleich serielle Eingabesignale empfangen und in parallele 8-Bit-Ausgabesignale umwandeln. Die parallele 8-Bit-Eingabe und -Ausgabe ist normalerweise mit dem bidirektionalen Datenbus des Mikroprozessors verbunden. Die serielle Eingabe und Ausgabe des UART ist mit besonderen Geräten verbunden. PIO bedeutet „programmierbares Parallel-Ein-/Ausgabegerät" (engl. Parallel Programmable Input-Output). Es ist mit dem Datenbus des Mikroprozessors verbunden und erzeugt zwei oder mehr E/A-Kanäle (E/A bedeutet Ein-/Ausgabe). Ein *Kanal*, oder nach dem Englischen *Port*, ist schlicht eine 8-Bit-Verbindung mit der Außenwelt. Aus einer einzigen 8-Bit-Verbindung mit dem Datenbus erzeugt der PIO zwei oder mehr Verbindungen mit der Außenwelt. Zusätzlich sorgt er für einen internen *Puffer*, d. h. jeder E/A-Kanal ist mit einem 8-Bit-Register ausgestattet, das eine Pufferfunktion übernimmt. Zusätzlich ist ein PIO programmierbar und kann E/A-Steuerprotokolle verwalten, was auch Quittungsbetrieb oder nach dem Englischen *Handshaking* genannt wird.

Es reicht zu wissen, daß PIO und UART universelle Chips sind, die auf den meisten Mikrocomputer-Karten verwendet werden, um eine einfache Schnittstelle entweder zum seriellen oder zum parallelen Anschluß von Geräten bereitzustellen. Auch hier kann zusätzliche Logik erforderlich sein, wenn sich die benötigte Funktion nicht nur darauf beschränken soll, Zeichen zu übermitteln, sondern auch die Übermittlung von Befehlen oder Statusinformationen verlangt wird: Derartige Informationen müssen durch eine eigene Steuerkarte entschlüsselt werden. In einem derartigen Fall ist zusätzlich eine Steuerkarte erforderlich.

Alle wichtigen Chips eines Mikrocomputer-Systems sind nun beschrieben worden. Darüber hinaus gibt es noch Chips mit besonderen Funktionen, wie z. B. den „Disketten-Controller", Steuerbausteine für die Speicherverwaltung oder den „Video-Controller", die Gerätesteuerungsfunktionen übernehmen.

Diese Controller kann man als spezielle Version einer CPU oder sogar als untergeordnete Mikroprozessoren auffassen. Sie sind im Gegensatz dazu allerdings nur für spezielle Aufgabenstellungen konzipiert und nicht so universell einsetzbar wie die CPU. Ihre Aktionen werden zwar von der CPU angestoßen und überwacht, sie können jedoch ihnen zugewiesene Aufgaben parallel zur CPU eigenständig bearbeiten.

Die Stromversorgung

Die Stromversorgung hat die Aufgabe, die Schaltungen mit geregelten, stabilen Spannungen zu versorgen. Sie ist ein wichtiges Element, auch von der Zuverlässigkeit des ganzen Systems her gesehen. Ihre Leistungsfähigkeit ist auch ein Faktor, der die Ausbaufähigkeit des Gesamtsystems bestimmt.

Die vier Funktionselemente einer Stromversorgung sind in Abbildung 4.8 wiedergegeben.

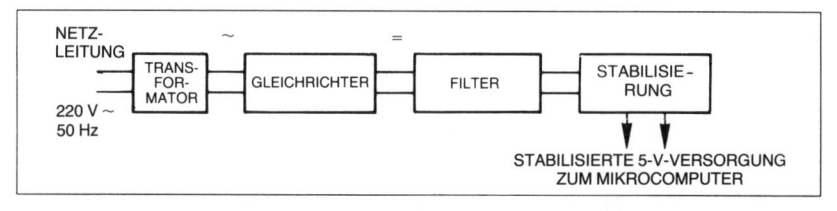

Abb. 4.8: Die vier Elemente einer Stromversorgung

Das Betriebssystem

Funktion

Das Betriebssystem ist eine wesentliche Komponente eines Mikrocomputer-Systems. Es regelt die Zusammenarbeit aller Funktionseinheiten und bestimmt die Reaktion des Mikroprozessors auf Anforderungen von Anwenderprogrammen, Anweisungen des Benutzers und auf Ereignisse oder Meldungen der anderen Systemkomponenten. Das Betriebssystem kontrolliert und steuert nicht nur die einzelnen Bestandteile des Mikrocomputers, sondern verwaltet auch die Dateien und den Zugriff auf die Daten. Falls mehrere Aufgaben gleichzeitig durch den Mikrocomputer zu bearbeiten sind, regelt das Betriebssystem die Reihenfolge und stellt sicher, daß keine Konflikte auftreten.

Merkmale

Die Eigenschaften des Betriebssystems determinieren in hohem Maße die Charakteristik des gesamten Mikrocomputer-Systems. Eine Reihe von Mikrocomputern kann mit verschiedenen Betriebssystemen arbeiten, wobei sich die Leistung und andere Merkmale des betreffenden Geräts wesentlich ändern können. Die Unterschiede können folgender Art sein:

- Ein Betriebssystem unterstützt auf demselben Computer wesentlich größere Dateien als ein anderes Betriebssystem, das für denselben Rechner erhältlich ist.

- Eine Anwendung kann auf demselben Computer unter verschiedenen Betriebssystemen unterschiedlich schnell ablaufen.

- Ein Mikrocomputer kann mit einem Betriebssystem nur immer eine Anwendung zu einem Zeitpunkt abwickeln, während er mit einem alternativen Betriebssystem mehrere Anwendungen gleichzeitig bearbeiten kann, was man dann als *Multitasking* bezeichnet.

- Es gibt für denselben Computer Betriebssysteme, die ihn mehr für Industriesteuerungen geeignet machen, und solche, die seine Eignung mehr auf den kommerziellen Einsatz ausrichten.

- Benutzer, die für bestimmte Anwendungen den Arbeitsspeicher vergrößern wollen, stellen unter Umständen fest, daß dies nur nach einem Wechsel des Betriebssystems möglich ist.

- Manche Anwendungsprogramme erfordern ein bestimmtes Betriebssystem, und zwar oft unabhängig vom verwendeten Mikrocomputer.

Unabhängig von ihrer eigenen Qualität sind manche Betriebssysteme deshalb so populär, weil es eine besonders große Auswahl von Anwendungsprogrammen für sie gibt. Andere werden vor allem deswegen bevorzugt – und mit ihnen die Computer, auf denen sie eingesetzt werden können –, weil sie so einfach und sicher zu bedienen sind.

Viele Unternehmen achten bei der Auswahl von Betriebssystemen darauf, daß diese auf möglichst vielen Rechnermodellen laufen, damit die Abhängigkeit von einem einzigen Hersteller nicht zu groß ist.

Schutz vor unberechtigter Benutzung oder unerlaubtem Zugriff auf vertrauliche Daten sowie Gewährleistung einer hohen Ausfallsicherheit und Integrität der Daten ist für viele Anwender bei der Wahl des Betriebssystems ein wichtiges Entscheidungskriterium.

Die vielfältigen Anforderungen an ein Betriebssystem können nur bewältigt werden, wenn bei seiner Entwicklung und seinem Design konsequent hohe Maßstäbe angelegt werden und ein vernünftiger Kompromiß zwischen widersprüchlichen Anforderungen gefunden werden kann.

Aufbau

Ein modernes Betriebssystem sollte einen strikten schichtweisen Aufbau haben. Damit ist gemeint, daß, ausgehend von wenigen sehr elementaren Funktionen in der inneren, also untersten Schicht, die jeweils höhere Schicht komplexere und mächtigere Funktionen durch ausschließliche Nutzung der unmittelbar darunterliegenden Schicht zur Verfügung stellt.

Nur die innerste Schicht, der eigentliche Betriebssystemkern, greift auf Funktionen des Mikrocomputers im Sinne von Hardware-Funktionen zu.

Portabilität

Wenn gewährleistet ist, daß Anwendungen nicht direkt auf Hardware-Funktionen oder unter Betriebssystem-Schichten zugreifen dürfen, wird damit auch erreicht, daß Anwendungen ohne größere Probleme auf anderer Hardware eingesetzt werden können, d. h. auf Mikrocomputer-Systemen mit anderer Ausstattung oder sogar auf anderen Mikrocomputern. Man spricht in diesem Zusammenhang von *Portabilität* der Anwendungen.

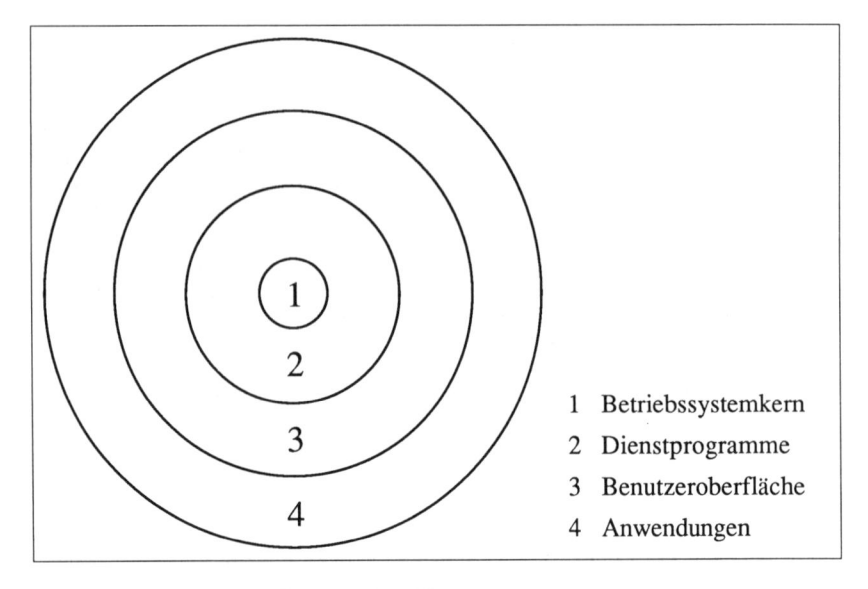

1 Betriebssystemkern
2 Dienstprogramme
3 Benutzeroberfläche
4 Anwendungen

Abb. 4.9: Schichtweiser Aufbau eines Betriebssystems

Betriebssysteme mit einem „zwiebelschalenartigen" Aufbau sind selbst in „zwiebelhohem Maße portabel, da im wesentlichen nur ihr Kern, d. h. die unterste Schicht, an das andere Mikrocomputer-Modell angepaßt werden muß. Wenn sie außerdem selbst nicht in Maschinensprache oder Assembler, also sehr Hardware-nah, sondern in einer höheren Programmiersprache erstellt worden sind, erhöht sich ihre Portabilität noch wesentlich. Sie lassen sich dann sehr rasch auf neue Rechnermodelle übertragen.

Das liegt nicht nur im Interesse des Betriebssystem-Herstellers, sondern es profitieren vor allem die Benutzer davon, da hiermit ein großes Stück Zukunftssicherheit, Wahlfreiheit zwischen verschiedenen Mikrocomputer-Anbietern und vor allem Schutz der bereits in Form von Anwendungen vorliegenden Investitionen verbunden ist.

Anpassung

Trotz der wünschenswerten Portabilität sollte ein Betriebssystem natürlich die Besonderheiten eines Mikrocomputers voll ausschöpfen können. Dies gilt insbesondere für das nachträgliche Hinzufügen von neuen Funktionseinheiten oder Austausch gegen leistungsfähigere. Eine solche Anpassung des Betriebssystems durch den Anwender muß in einfacher Weise durch ein Verändern oder Ergänzen einiger Parameter vorgenommen werden können. Eine Anpassung muß auch in der Form möglich sein, daß das Gesamtsystem Mikrocomputer plus Betriebssystem optimal auf ein Anwendungsspektrum abgestimmt werden kann. Diese Verbesserungen können eine möglichst schnelle Verarbeitung, die Gewährleistung eines stabilen Betriebs oder eine gute Ausnutzung der Betriebsmittel sein.

Die Dienstprogramme

Für viele Betriebssysteme und Mikrocomputer gibt es zusätzlich zum Betriebssystem noch Hilfsprogramme, die nicht Teil des Betriebssystems sind, aber oft sehr Hardware-nahe Funktionen ausüben. Solche Dienstprogramme sind für die Betreibung eines Mikrocomputer-Systems nicht unbedingt notwendig; sie können aber dem Anwender viele Aufgaben erleichtern.

Dienstprogramme werden häufig genauso wie direkt wirkende Kommandos des Betriebssystems aufgerufen oder bestehen hauptsächlich aus einer Prozedur, die Betriebssystem-Kommandos verwendet.

Ein großer Teil der Hilfsprogramme, die auch von anderen Anbietern als dem Betriebssystem-Hersteller oder dem Mikrocomputer-Produzenten angeboten werden, beschäftigt sich mit Plattenoperationen. Sehr bekannt sind zum Beispiel die Norton Utilities, die für Computer mit dem Betriebssystem MS-DOS angeboten werden.

Mit solchen Dienstprogrammen können u. a. versehentlich gelöschte Dateien oder durch Fehlfunktionen nicht mehr einwandfrei lesbare Dateien wiederhergestellt werden. Sie gestatten auch die optimale Verteilung von Daten und Dateien auf der Platte, wodurch ein schneller Zugriff möglich wird oder freier Speicherplatz gewonnen werden kann.

Oft werden auch Dienstprogramme eingesetzt, weil der Benutzer bestimmte Dateien auf der Festplatte wegen einer zu großen Anzahl von Dateien oder einer ungeschickten Gestaltung der Plattenverzeichnisse nicht mehr wiederfindet. In einem solchen Fall ermöglicht ein gutes Hilfsprogramm das schnelle Durchblättern von Verzeichnissen, wobei auf Tastendruck Datei-Inhalte angezeigt werden. Darüber hinaus wird eine Hilfestellung bei einer vom Benutzer als notwendig erachteten Neustrukturierung von Inhaltsverzeichnissen gegeben. Für den ganz ratlosen Benutzer, der den Namen einer Datei, in der er vor längerer Zeit wichtige Informationen abgelegt hat, nicht mehr weiß und dem wegen der Vielzahl der Dateien auf seiner Platte ein Hineinsehen zu aufwendig erscheint, gibt es ebenfalls Rettung in der Not.

Mit der Unterstützung von Programmen wie Zyndex kann man einen Satz oder eine Zeichenkombination, von der man mit Sicherheit weiß, daß sie in der zu suchenden Datei vorkommen muß, angeben. Blitzschnell durchsucht ein solches Hilfsprogramm die gesamte Platte und führt dann die Namen aller Dateien an, in denen das Suchkriterium gefunden wurde.

Bei den Commodore-Computern C64/128 sind sogenannte Schnell-Ladeprogramme sehr populär, da sie einen erheblichen Zeitgewinn beim Laden von Anwendungen von der Diskette in den Arbeitsspeicher ermöglichen, ein Vorgang, der sonst üblicherweise bei diesen Geräten relativ langsam vor sich geht.

Sehr beliebt sind auch Dienstprogramme, die für ein Betriebssystem, das von seiner Konzeption her eigentlich nur eine Anwendung gleichzeitig bearbeiten kann, die überlappende Ausführung von verschiedenen Funktionen für den Benutzer gestattet.

Eine klassische Domäne für Dienstprogramme ist das Sichern von Dateien, die sich auf einer Festplatte befinden. Gerade hier empfiehlt es sich besonders, von Zeit zu Zeit Kopien auf einem anderen Speichermedium, wie z. B. auf Disketten, anzulegen, da der Ausfall einer Festplatte mit riesigen Datenverlusten einhergehen kann. Selbstverständlich sind hierfür auch Betriebssystem-Kommandos vorhanden, die aber oft nur eine rudimentäre Basisfunktion bereitstellen oder deren Verwendung für große Mengen von Dateien oder strukturiertes teilweises Sichern nach bestimmten Kriterien – z. B. sollen nur Dateien mit Änderungen seit der letzten Sicherung gespeichert werden – einfach zu unhandlich oder zu zeitaufwendig ist.

Eine besondere Rolle kommt den kommerziellen Kopierprogrammen zu, die ebenfalls weit über den Funktionsumfang der normalen Kopierkommandos des Betriebssystems zum Duplizieren von Dateien hinausgehen. Viele kommerzielle Anwendungen, die vom Anbieter mit einem besonderen Kopierschutz gesichert sind, um unerlaubtes Weitergeben zu verhindern, lassen sich mit den einfachen Kopierkommandos nicht duplizieren. Hier hat sich ein regelrechter Wettbewerb zwischen den Entwicklern von Kopierschutzverfahren und den Anbietern von Kopierprogrammen, die diesen Schutz durchbrechen wollen, entfacht.

Auf seiten der Benutzer muß man natürlich zwischen einem begründeten Bedürfnis, legitime Sicherungskopien von teuer erworbener Software zu erstellen, und der illegalen Praxis, Raubkopien untereinander zu tauschen, unterscheiden. Abgesehen davon arbeiten die kommerziellen Kopierprogramme oft bedeutend schneller als die entsprechenden Funktionen des Betriebssystems und verfügen darüber hinaus über zusätzliche interessante Möglichkeiten.

Für einige Anwendungen ist der Einsatz von Verschlüsselungsprogrammen sinnvoll, die ein Lesen vertraulicher Daten durch Unbefugte verhindern sollen. Von Interesse sind für viele Benutzer auch Komprimierungsroutinen, die eine verdichtete Speicherung von Informationen und damit einen Platzgewinn bewirken.

Ein klassisches Beispiel für ein Dienstprogramm ist übrigens das Sortierprogramm, das die Datensätze einer Datei nach frei wählbaren Kriterien neu anordnet.

Ferner gibt es Hilfsprogramme für Ein- und Ausgabegeräte wie Drucker und Bildschirm, die den Betrieb von Anwendungen mit bestimmten Gerätetypen ermöglichen, mit denen diese sonst nicht verträglich sind.

In die Gruppe der Dienstprogramme fallen auch die Hilfsmittel, die zu einer professionellen Erstellung von Programmen gehören. Dazu zählen Übersetzer (Compiler), Bildschirmmasken-Generatoren und Linker genannte Hilfsprogramme, die eine Verknüpfung von verschiedenen Programmen ermöglichen.

Die verfügbaren Dienstprogramme runden sozusagen das Betriebssystem ab und erhöhen dessen Gebrauchswert beträchtlich. Das ist einer der Gründe, warum manche Betriebssysteme bei ihren Benutzern so populär sind. UNIX beispielsweise wird bereits mit einer sehr großen Anzahl von Dienstprogrammen ausgeliefert.

Das Anwendungsprogramm

Dem Anwendungsprogramm fällt die Aufgabe zu, den generell einsetzbaren Mikrocomputer auf eine bestimmte Aufgabenstellung auszurichten und ihn für eine bestimmte Zeitdauer zu einer Spezialmaschine, wie z. B. einem Textautomaten oder zu einem Vokabeltrainer, zu machen.

Ohne Anwendungen, die den Normalbenutzer bei der Bewältigung von Aufgabenstellungen unterstützen, kann ein Mikrocomputer rasch zu einem vergessenen Spielzeug werden, das in der Ecke verstaubt. Das zeigen die Erfahrungen aus der Anfangszeit der Mikrocomputer-Ära, als viele in der ersten Begeisterung gekauften Geräte nutzlos herumstanden, weil ihre Besitzer entdecken mußten, daß es praktisch kaum fertige Anwendungen gab und sie selbst noch nicht in der Lage waren, wirklich sinnvolle Anwendungen zu schreiben.

Die Situation änderte sich schlagartig, als ein paar gute Programme auf den Markt kamen und den Benutzer nachhaltig bei seinen wichtigsten Tätigkeiten unterstützten. Plötzlich konnten mit dem Textverarbeitungsprogramm WordStar Texte schneller und besser als auf der Schreibmaschine produziert werden, mit dem Tabellenkalkulationsprogramm VisiCalc wurde der Computer in ein elektronisches Rechenblatt verwandelt, und mit dem Datenbankprogramm dBASE funktionierte der Computer wie ein elektronischer Karteikasten.

Eine Anwendung spiegelt in strukturierter Weise immer einen Teil der realen Umwelt in Form von Daten, ihren Beziehungen und den sie verändernden Prozessen wieder. Das kann in relativ abstrakter Form geschehen wie beispielsweise bei betriebswirtschaftlichen Anwendungen, die reale Geschäftsvorgänge verwalten und dokumentieren helfen. In einer plastischeren, noch realitätsnäheren Form kann man jedoch diesen Abbildungs- und Modellcharakter von Anwendungen bei Spielprogrammen erfahren.

Betrachtet man beispielsweise eines der beliebten Flugsimulations-Programme auf einem Computer wie dem Amiga oder dem Atari ST, so kann man beinahe der Illusion erliegen, sich im Cockpit eines Flugzeugs zu befinden. Die Tastatur verwandelt sich unter unseren Händen in Steuerhebel, die eine der vielen Funktionen eines Flugzeugs kontrollieren. Die Interaktion des Spielers mit dem Computer kommt der eines Piloten mit seinem Flugzeug verblüffend nahe. Alle Auswirkungen von Steuerungen, Flugzeugzuständen und Wetter auf das Flugverhalten werden verblüffend realistisch nachgebildet. Auf Mikrocomputern ist allerdings noch nicht die Perfektion erreichbar, die die ebenfalls computergesteuerten Flugsimulatoren bieten, welche von den Fluggesellschaften für das Training ihrer Piloten eingesetzt werden.

Idealerweise sollte eine Anwendung an der Oberfläche, also dort, wo sie sich dem Benutzer präsentiert, auch in der Sprache den Begriffen und Anweisungen der Fachsprache des Anwenders angepaßt sein. Ein Buchhalter denkt in Konten, Buchungen und Salden und wäre irritiert, wenn er sich mit DV-Begriffen herumschlagen müßte, um eine Anweisung an das Buchhaltungsprogramm zu geben. Darüber hinaus erwartet er natürlich, daß das Programm intern genauso ordnungsgemäß wie ein gewissenhafter Buchhalter arbeitet und seine Arbeitsweise den strengen Prüfungen von Kontrollinstanzen standhält.

Da die Leistungsfähigkeit der Mikrocomputer zwar beachtlich, aber nicht unbegrenzt ist, muß der Anwendungsprogrammierer bei der Gestaltung der Anwendung auch auf eine datentechnisch effiziente Lösung achten, obwohl er in erster Linie den Anforderungen der Benutzer und des Sachgebiets Rechnung tragen muß. Er darf daher möglichst keine Kompromisse eingehen, die die Verarbeitungslogik, wie sie sich dem Anwender extern darstellt, für diesen in sachfremder Weise den Computer-Erfordernissen anpassen.

Je leistungsfähiger allerdings die Mikrocomputer werden und je mehr optimierende Möglichkeiten automatisch durch Betriebssystem, Übersetzer und Dateiverwaltung etc. vorgenommen werden, desto mehr kann sich auch der Programmentwickler auf einen reinen Anwenderstandpunkt stellen und muß immer weniger über die Interna des Rechners wissen. Die System- und Dienstprogramme schirmen ihn dann ebenfalls zunehmend von der wachsenden Komplexität ab, die mit einer steigenden Leistungsfähigkeit des Systems einhergeht, erschließen ihm aber dennoch das volle Leistungspotential des Mikrocomputers.

Die Benutzeroberfläche

Der Begriff *Benutzeroberfläche* wird zwar primär im Bereich der EDV angewendet, läßt sich aber zur Veranschaulichung recht gut auf andere Bereiche übertragen.

Eine moderne Waschmaschine verfügt beipielsweise über mehrere Programme zum Waschen verschiedener Gewebearten und Verschmutzungsgrade. Die Wahl des richtigen Programms kann mehr oder weniger komfortabel über einen oder mehrere Schalter und Tasten erfolgen. Zusätzlich muß man Waschpulver und Spülmittel in verschiedene Kammern einfüllen. Der Betriebszustand der Waschmaschine und der Fortschritt des Waschvorgangs kann über verschiedene Lämpchen und Anzeigen kontrolliert werden. Die Summe aller dieser Interaktionsmöglichkeiten und Informationen könnte man als die „Benutzeroberfläche" der Waschmaschine bezeichnen.

Die Benutzeroberfläche von Mikrocomputer-Systemen stellt für die Hersteller von Soft- und Hardware ein größeres Problem dar, da das System anders als bei der Waschmaschine nicht nur für ein so schmales und von vornherein fest umrissenes Aufgabenspektrum benutzt wird.

Für die Ausprägung der Benutzerschnittstelle beim Mikrocomputer ist nicht nur die Art der Ein- und Ausgabegeräte, sondern auch ihre Nutzung im Zusammenspiel mit der Software von Bedeutung. Unter Ein- und Ausgabegeräten verstehen wir in diesem Zusammenhang die folgenden Systemteile:

- Tastatur mit Funktionstasten, Cursor-Steuerungsfeld und abgesetzter Ziffernblock
- Grafiktablett, Joystick und Maus
- Spracheingabe und berührungssensitiver Bildschirm

- Funktionstasten und Schalter der Geräte sowie deren Anzeigemöglichkeiten
- Bildschirm mit blinkenden, invertierten, hell leuchtenden farbigen Texten
- Anzeigelämpchen, Flüssigkristall-Anzeigefelder auf Tastatur, Bildschirm und anderen Geräten
- Ausgabe von Meldungen auf Papier
- Tonsignale und Sprachausgabe

An die Benutzeroberfläche werden eine Reihe von Anforderungen gestellt, die teilweise zueinander in Konflikt stehen können:

- Sie muß möglichst schnell zu erlernen und einfach zu handhaben sein.
- Sie soll für Anfänger und nur gelegentliche Benutzer eine gute Benutzerführung über nicht zu überladene, aber selbsterklärende Auswahlmenüs geben.
- Sie sollte in sich konsistent sein, was die Belegung von Funktionstasten, die Wahl von Bezeichnungen und Anzeigearten betrifft.
- Sie soll dem Experten ohne allzu viele Umschweife die volle Systemleistung erschließen.
- Sie soll die jeweilige Anwendung optimal unter voller Ausschöpfung aller Systemeigenschaften unterstützen.
- Sie soll keine übermäßigen Anforderungen an das System stellen, damit sie noch auf kleineren, kostengünstigeren Geräten einsetzbar ist.
- Sie soll durch den Benutzer anpaßbar sein.
- Sie soll den Benutzer vor Fehlbedienungen warnen, stets vollen Überblick über den Systemzustand und den Status der Anwendungsbearbeitung gewährleisten und auf Benutzeranforderung hin Erläuterungen zur Bedienungsmöglichkeiten und Fehlermeldungen bereitstellen.
- Sie soll die überlappende, gleichzeitige Bearbeitung verschiedener Aufgaben effizient unterstützen.

Systeme mit schlechter Benutzeroberfläche werden vom Benutzer nach den ersten Frustrationen nur sehr ungern verwendet, und das vorhandene Leistungspotential kann deshalb auch bei an sich sehr leistungsfähigen Computern oft nur teilweise erschlossen werden. Besonders Anfänger sollten hierauf bei der Auswahl ihres Systems achten.

Aufbau und Funktionen eines Mikrocomputers 95

Wie kann nun eine geeignete Benutzeroberfläche aussehen? Sie bedient sich eines einheitlichen Bildschirmaufbaus mit festen Bereichen für

- Systemmeldungen
- Benutzertext/Kommando-Eingaben
- Anzeige der möglichen nächsten Schritte mit Rückkehrmöglichkeit zu den letzten Arbeitsschritten und direkte Rückkehr zum Systemgrundzustand
- Kopfzeile mit Name der Anwendung, Bezeichnung des Auswahlbildschirms, Uhrzeit, System- und Anwendungsstatus
- Fuß-/oder Kopfleiste mit über Funktionstasten oder Maus absetzbaren Kommandos

Das Menü mit den möglichen Auswahlpunkten für den nächsten Verarbeitungsschritt sollte nach Möglichkeit nicht mehr als 10 Punkte umfassen. Eine grafische Repräsentation des Menüpunktes durch ein Bildsymbol, in der Fachsprache *Icon* genannt, wird von vielen Benutzern bevorzugt. Zusätzlich sollte aber unter dem jeweiligen Bild noch ein entsprechendes Stichwort stehen. Hilfreich ist es auf jeden Fall, wenn bei der Positionierung des Cursors auf einem bestimmten Auswahlpunkt im Feld mit den Systemmeldungen noch ein kurzer erläuternder Text erscheint.

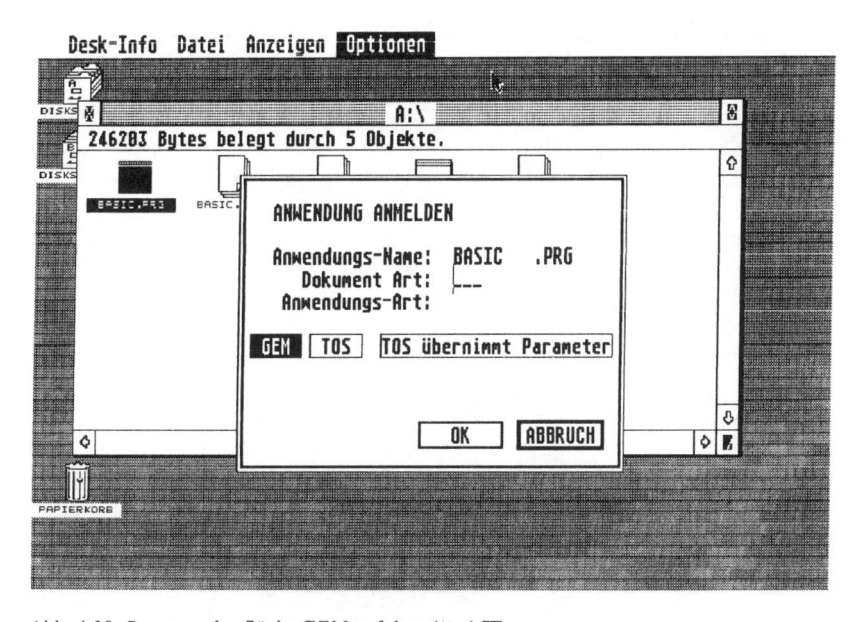

Abb. 4.10: Benutzeroberfläche GEM auf dem Atari ST

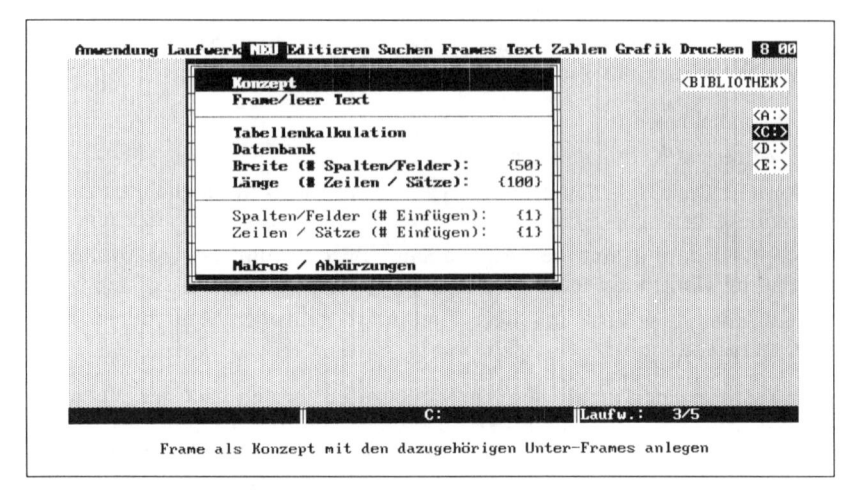

Abb. 4.11: *Auswahl von Funktionen aus Menüs und Untermenüs in der Anwendung Framework II*

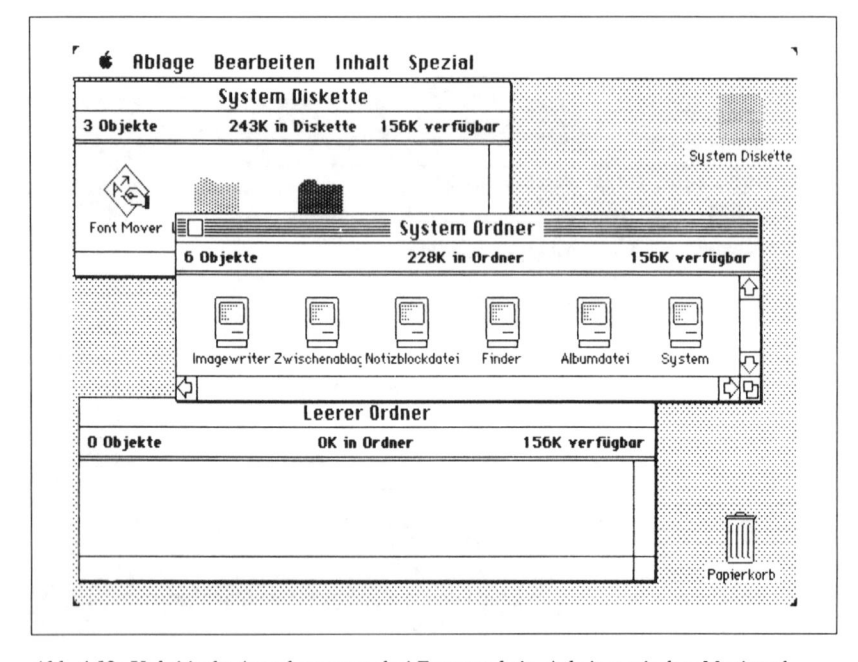

Abb. 4.12: *Unkritische Anordnung von drei Fenstern beim Arbeiten mit dem Macintosh*

Zusätzlich sollten auf jeden Fall über die Funktionstaste F1 umfassendere Informationen über das aktuelle Bildschirm-Menü oder Bildschirm-Arbeitsfeld und in einem weiteren Schritt über die gesamte Anwendung zur Verfügung stehen.

Wichtig für Anfänger ist noch das Vorhandensein einer Undo- oder Rücknahme-Funktion, mit der die jeweils zuletzt getätigte Aktion im Falle von Fehlbedienungen rückgängig gemacht werden kann.

In der Regel reicht eine hierarchisch geordnete Folge von Auswahlbildschirmen in Form von Menüs und Untermenüs aus, um eine Anwendung in übersichtlicher Weise zu gliedern. Bei sehr komplexen Anwendungen oder bei der Notwendigkeit, zwischen verschiedenen Anwendungsteilen oder verschiedenen Anwendungen häufig hin und her zu wechseln, ist die Nutzung der sogenannten *Fenstertechnik* sinnvoll.

Im Grunde besteht die Fenstertechnik in einer intelligenten Nutzung der physikalischen Anzeigefläche des Bildschirms mittels einer Aufteilung in voneinander abgegrenzte Teilbereiche, die logisch wie eigenständige Bildschirme behandelt werden.

Ein- und Ausgaben beziehen sich dann nicht mehr auf die gesamte Fläche des Bildschirms, sondern nur auf einen Teilbereich, nämlich das Fenster, das in der Anwendung gerade aktiv ist.

Die Bezeichnung Fenster rührt daher, daß der am Bildschirm sichtbare Teilbereich nur einen Ausschnitt des gesamten logischen Bildschirmbereichs darstellt, auf den sich die Ein- und Ausgabe einer Anwendung bezieht. Dieses Konzept eines sichtbaren Ausschnitts, der nur einen Teil eines wesentlich größeren zweidimensionalen Feldes anzeigt, wurde auf Mikrocomputern schon sehr früh bei Tabellenkalkulationsprogrammen wie dem bahnbrechenden VisiCalc entwickelt. Auch viele Malprogramme bedienen sich schon lange dieses Prinzips, um die Erstellung von Bildern zu ermöglichen, die in ihrer Ausdehnung und Auflösung weit über den verfügbaren Bildschirm hinausreichen.

Bei den modernen Realisierungen der Fenstertechnik kann der Benutzer die Größe und Lage einzelner Fenster auf dem Bildschirm sowie die Lage des gezeigten Teilausschnitts über dem logischen Bildschirm frei wählen und verändern. Häufig ist ein zerstörungsfreies, teilweises Überlagern einzelner Fenster übereinander möglich. Das bedeutet, daß der Inhalt eines verdeckten Fensters unverändert wieder zum Vorschein kommt, wenn die darüberliegenden Fenster entfernt werden. Zusätzliche Fenster können jederzeit geöffnet und bestehende geschlossen werden.

```
        A         M         N         O         P
  1              JAHRESGEHAELTER
  2               JAN BIS DEZ
  3      ===================================
  4              DEZ   SUMMEN   BONUS   SUMGEH
  5              ===   ======   =====   ======
  6   MAIER      9.40   58.68    1.00    15.93
  7   WAGNER     5.59   35.81    0.25    14.04
  8   KURZ      10.16   49.53    0.25    14.73
  9   LANG       1.02   39.37    0.25    14.22
 10   WEBER      5.08   91.46    1.50    18.07
 11   SCHULZE   12.95  143.76    3.00    22.19
 12   MAHLER     6.10   84.90    1.50    17.75
 13   LENHARD    4.06  152.27    3.50    23.11
 14   STURM      7.62   99.36    1.50    18.47
 15   JUNG       8.89  102.37    2.25    19.37
 16
 17
 18             GRUNDG.   12.00
 19             PROV       0.05
 20             ===============
 21             BONUS TABELLE
 22             -------------
 23                       0.00    0.25
 24                      50.00    1.00
 25                      75.00    1.50
 26                     100.00    2.25
 27                     125.00    3.00
 28                     150.00    3.50
```

Abb. 4.13: Ausschnitt aus einer VisiCalc-Tabelle; nicht sichtbar sind die Spalten B bis L, also die Gehälter der Monate Januar bis November

Durch die Fenstertechnik wird im Grunde eine sehr starke Annäherung an die Arbeitsweise auf einem Schreibtisch erreicht, auf dem sich mehrere in Bearbeitung befindliche Unterlagen und Akten befinden. Man kann neue hinzunehmen, andere wieder in die Schublade legen oder die Unterlagen umschichten.

Im Zusammenspiel mit dem Betriebssystem eröffnet die Fenstertechnik darüber hinaus die Möglichkeit, mehrere Dinge gleichzeitig zu bearbeiten. Zwar kann der Mikrocomputer-Anwender selbst wie am Schreibtisch zu einem Zeitpunkt immer nur eine Aufgabe aktiv bearbeiten, er kann dabei aber gleichzeitig die in anderen Fenstern ablaufenden Vorgänge, wie z. B. Sortierung, Suchvorgänge oder Berechnungen, bequem überwachen, ohne seine aktuelle Arbeitssituation zu verlassen.

Zusammenfassung

In diesem Kapitel sind die wichtigsten Funktionselemente eines Mikrocomputer-Systems beschrieben worden und wie sie zusammenarbeiten. Außerdem ist der Unterschied zwischen Steuer-, Dienst- und Anwendungsprogramme dargelegt worden.

Wir haben gesehen, daß die Benutzerschnittstelle das wesentliche Element ist, mit dem der Anwender zu tun hat.

Nun sind wir bereit, das System zu benutzen, was heißt, entweder ein Programm zu schreiben oder ein Programm in den Speicher eines Systems zu laden, das die geforderten Funktionen ausführen wird. Im folgenden wollen wir daher alles untersuchen, was Programmieren beinhaltet.

„Ich habe keinen Programmfehler gemacht!"

Kapitel 5

Programmierung von Mikrocomputern

Einleitung

Die Programmierung von Mikrocomputern geschieht auf mehreren Ebenen, mit denen der gewöhnliche Benutzer aber selten etwas zu tun hat.

Damit überhaupt erst einmal einige elementare Maschinenfunktionen angesprochen werden können, muß zunächst ein Betriebssystem geschrieben werden. Die nächste Stufe ist die Entwicklung von Compilern, Interpretern, Datenbanksystemen und Tabellenkalkulationsprogrammen, die auf der Basis des Betriebssystems realisiert werden. Beide Bereiche gehören zu einer Software-Erstellung, die extrem hohe Fachkenntnisse erfordert.

In dem folgenden Kapitel werden wir uns auf die Programmierung von Anwendungsprogrammen beschränken, die auf den beiden gerade beschriebenen Software-Schichten aufsetzt. Bei der Anwendungsprogrammierung steht natürlich in einem Einsteigerbuch wie dem vorliegenden weniger die professionelle Programmierung, sondern vielmehr die Programmierung aus der Sicht des Benutzers im Vordergrund.

Grundlegende Begriffe

Ein *Programm* stellt eine Folge von Befehlen oder *Anweisungen* für den Computer dar, mit denen ein bestimmtes Problem gelöst werden kann. Auf dem Gebiet der kommerziellen Anwendung wird dies elektronische Datenverarbeitung oder abgekürzt EDV genannt. In diesem Anwendungsbereich besteht die Hauptaufgabe eines Programms darin, elektronische Aufzeichnungen zu bearbeiten, die die sogenannten *Daten* enthalten, die ähnlich wie Karteikarten in einer Computer-Version des Karteikastens der Datei in geordneter Form aufbewahrt werden.

Im Bereich industrieller Anwendungen dienen Programme dazu, Produktionsprozesse zu überwachen, zu steuern und Materialien zu bewirtschaften.

Im Bereich der privaten Computer-Anwendung ist das Anwendungsspektrum wesentlich vielfältiger. Sie können mit entsprechenden Programmen Spiele spielen, das Alarmsystem eines Hauses steuern oder vielleicht schriftliche Texte bearbeiten.

Im Idealfall wäre es wünschenswert, dem Computer die Anweisungen in einfachem Englisch bzw. Deutsch zu geben. Es gibt bereits Ansätze in dieser Richtung, und zwar können manche Systeme bei schriftlichen Eingaben in einer der natürlichen Sprache sehr angenäherten Form programmiert werden. Über spezielle Zusatzeinrichtungen kann der Rechner sogar handschriftliche Aufzeichnungen verstehen. Mit dem gesprochenen Wort tut sich der Computer etwas schwerer. Zwar sind bei Computern für den persönlichen Gebrauch sowohl Sprachausgabe und sogar Spracherkennung verfügbar, allerdings ist der verwendete Wortschatz noch deutlich eingeschränkt. In der Regel muß der Computer für die Spracheingabe eine Trainingsphase durchlaufen, bis er die Worte des Sprechers mit Ausnahme von dessen Verstimmung sicher versteht.

Die Sprachausgabe ist bei manchen Computern, wie z. B. dem Amiga von Commodore, in der Grundausstattung schon in elementarer Form vorhanden. Durch entsprechende Erweiterung des Computers mit Zusatzbauteilen kann fast jeder Rechner mit einer Sprachausgabe ausgestattet werden, die allerdings häufig einen enttäuschenden Sprachumfang aufweist.

Die *Programmiersprachen* sind im Prinzip nichts anderes als Werkzeuge, die die Kommunikation des Benutzers mit dem Computer unterstützen. Mit den Sprachelementen einer Programmiersprache ist es möglich, dem Computer umfangreiche Arbeitsabläufe zu beschreiben und zur Ausführung zu übergeben.

Dabei kann man dem Rechner auch vorgeben, wie er in Abhängigkeit von Zwischenergebnissen den Arbeitsablauf variieren soll. Weiterhin ist es möglich, eine flexible Gestaltung der Arbeitsschritte über vom Benutzer vorzugebende Initialwerte, durch Rückfragen beim Benutzer während der Bearbeitung oder abhängig von im Rechner bereits vorliegenden schon anderweitig erarbeiteten Informationen zu erzielen.

Programmierung von Mikrocomputern

Im Grunde genommen besteht jedoch die einzige „Sprache", die jeder Computer tatsächlich versteht, aus einer Folge von Nullen und Einsen, d. h. die Befehle werden im binären System ausgedrückt. Zahlen in unserem Sinn gibt es für den Prozessor natürlich nicht, vielmehr werden die binären Werte durch elektrische Spannungspegel oder Magnetisierungszustände dargestellt.

Wenn ein Problem einmal definiert ist, kann man seine Lösung durch einen Algorithmus beschreiben. Ein Algorithmus ist einfach eine Aufstellung aller zur Lösung eines Problems notwendigen Schritte. Als Beispiel wird hier ein einfacher Algorithmus zur Verkehrssteuerung an einer Kreuzung wiedergegeben:

- Stelle Grün ein (Richtung A).
- Warte zwei Minuten.
- Stelle Grün ab (Richtung A).
- Stelle Gelb ein (Richtung A).
- Warte 15 Sekunden.
- Stelle Gelb ab (Richtung A).
- Stelle Rot ein (Richtung A).
- Stelle Gelb ein (Richtung B).
- Warte 15 Sekunden.
- Stelle Rot und Gelb ab (Richtung B).
- Stelle Grün ein (Richtung B).
- Warte drei Minuten.
- Stelle Grün ab (Richtung B).
- Stelle Gelb ein (Richtung B).
- Warte 15 Sekunden.
- Stelle Gelb ab (Richtung B).
- Stelle Rot ein (Richtung B).
- Stelle Gelb ein (Richtung A).
- Warte 15 Sekunden.
- Stelle Rot und Gelb ab (Richtung A).
- Gehe zum ersten Schritt zurück.

Der hier beschriebene Algorithmus, die Lösung eines bestimmten Problems, ist zugleich ein Beispiel für eine sogenannte „feste Endlosschleife". Eine „Schleife" ist es deshalb, weil die Ausführung nach dem letzten Schritt wieder mit dem ersten Schritt von neuem beginnt. Bei einer Schleife geht die Steuerung zyklisch von der letzten zur ersten Anweisung der Schleife. Da die Schleifenausführung niemals endet, außer wenn eine von außen kommende Unterbrechung erfolgt, sprechen wir hier von einer „Endlosschleife".

Außerdem handelt es sich hierbei um eine „feste" Schleife, wie sie durch eine fixe mechanische oder elektronische Schaltung realisiert werden könnte, da sie jedesmal unverändert den gleichen Ablauf zeigt. Der Einsatz eines Mikrocomputers gestattet es, einen verbesserten Algorithmus zu verwenden, der für dynamischere Reaktionen (z. B. während verschiedener Tageszeiten oder an unterschiedlichen Tagen der Woche) an der Kreuzung sorgt.

Im folgenden sehen Sie ein weiteres Beispiel für einen Alltagsalgorithmus, den Drei-Minuten-Ei-Algorithmus.

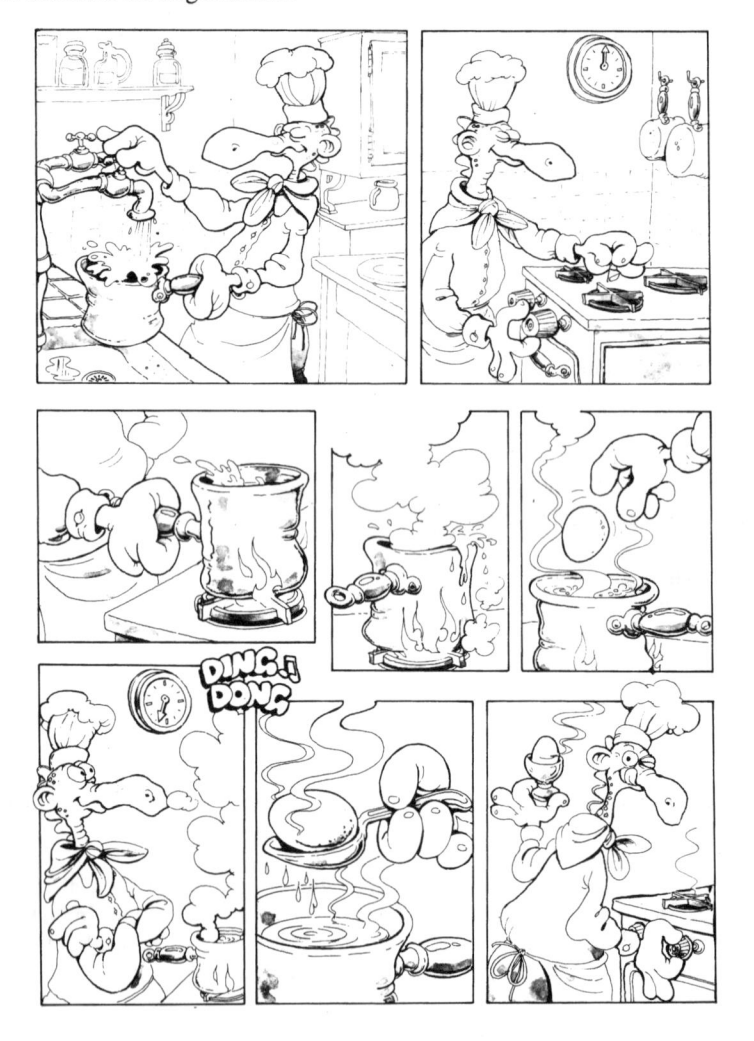

Programmierung von Mikrocomputern 105

Die Umsetzung eines Algorithmus in eine Computer-Sprache nennt man *Programmieren*. Programmieren kann auf zwei grundsätzliche Arten geschehen: *prozedural* oder *deskriptiv*. Die Realisierung eines Algorithmus in einer Computer-Sprache nennt man prozedurales Programmieren. Wenn man hingegen genau definiert, welche Art von Information aus einer großen Fülle von Informationen herausgefiltert werden soll, dem Computer aber nur die Auswahlkriterien mitteilt, ihm jedoch nicht Schritt für Schritt vorgibt, wie er diese Informationen finden soll, dann handelt es sich um eine deskriptive Form der Programmierung.

Es gibt Programmiersprachen, die eine deskriptive Programmierung bei der Bewältigung komplexer Aufgabenstellungen unterstützen und die nicht nur eine Abfrage von im Computer gespeicherten Fakten durchführen. Mit diesen Sprachen beschreibt man ein Problem, z. B. die medizinische Diagnose eines Patienten, und teilt dem Computer die Regeln mit, die bei dem jeweiligen Wissensgebiet auf derartige Probleme anzuwenden sind. Im Zusammenspiel mit dem Programmsystem kreist der Computer dann die Lösung systematisch ein und stellt dazu dem Benutzer entsprechende Fragen.

Bei prozeduralen Sprachen unterscheidet man primär *maschinenorientierte* und *höhere* Programmiersprachen. Während die höheren Programmiersprachen bei der Formulierung der Bearbeitungsschritte eine sehr problemnahe Strukturierung erlauben, gehen die maschinennahen Sprachen stärker auf die interne Arbeitsweise des Computers ein.

Das Programmieren in *Maschinensprache*, wie auch der Name schon andeutet, läuft darauf hinaus, daß Anweisungen angegeben werden, die der Computer sofort und ohne weiteres ausführen kann. Da es aber mühsam und fehleranfällig ist, ein Programm unmittelbar binär einzugeben (d. h. Nullen und Einsen zu benutzen), wird eine symbolische Darstellung der Anweisungen verwendet.

Dabei hat man den Befehlen Buchstabenkürzel zugeordnet, die in der Fachsprache *Mnemonics* heißen. Der Befehl LDA bedeutet zum Beispiel LoaD Accumulator (lade den Akkumulator), BNE bedeutet Branch if Not Equal to zero (verzweige, wenn ungleich Null). Nach manchen Befehlen sind ferner Angaben erforderlich, wo die zu verarbeitenden Daten im Speicher stehen. Zum Beispiel bedeutet

```
ADD   R0,R1
```

„Addiere die Inhalte der Register R0 und R1, und übertrage das Ergebnis in R0." Es können anstatt der Register auch direkte Adressen von Speicherstellen in Form von Zahlen angegeben werden:

```
LDA    #81
STA    1024
LDA    #7
STA    55296
RTS
```

Diese Darstellung wird *Assemblersprache* genannt. Die Assemblerbefehle müssen aber noch in Zahlenwerte umgewandelt werden, damit der Computer sie verstehen kann.

Wenn man diese sogenannte Assemblierung von Hand vornehmen würde, wäre das sicher ein langwieriger und fehlerträchtiger Prozeß. Für jeden Rechner werden daher zahlreiche Assemblerprogramme auf dem Markt angeboten, das sind Programme, die diese Umwandlung für den Programmierer übernehmen. Nach dem Assemblieren würde unser kleines Beispielprogramm dann wie folgt aussehen:

```
169 081          LDA  #81
141 000 004      STA  1024
169 007          LDA  #7
141 000 216      STA  55296
096              RTS
```

Dieser *Objektcode* – links in dezimaler Schreibweise dargestellt – , neben dem rechts die Assemblerbefehle stehen, ist das eigentliche Maschinenprogramm, wie es vom Assembler zu Dokumentationszwecken auf Papier oder auf dem Bildschirm ausgegeben wird.

Der Assembler ist also einfach ein automatisches Übersetzungsprogramm, das ein in Assemblersprache geschriebenes Programm aufnimmt und für den Mikroprozessor in den Maschinencode übersetzt. Dabei wird das Programm, in diesem Fall auch Quelltext genannt, vom Programmierer über die Tastatur eingetippt. Wenn es jedoch zuvor schon einmal auf einem Massenspeicher, wie z. B. einer Diskette gespeichert worden ist, kann es auch von dort wieder in den Arbeitsspeicher des Systems geladen werden, wo es ausgeführt oder übersetzt werden kann.

Die andere vorhin bereits erwähnte Möglichkeit besteht darin, das Programm in einer *höheren Programmiersprache* zu schreiben. Eine höhere Programmiersprache ist eine Sprache, die mehr einer natürlichen Sprache (in der Regel dem Englischen) ähnelt und daher leichter zur Programmierung zu benutzen ist. Aussagen und Anweisungen in einer höheren Programmiersprache sind viel leichter verständlich, unterliegen aber dennoch einer strengen *Syntax* (also Regeln), damit Mehrdeutigkeiten ausgeschlossen sind. Es gibt heute eine große Anzahl von höheren Programmiersprachen, die wir im einzelnen in Kapitel 7 beschreiben werden.

Im kommerziellen und privaten Gebrauch von Mikrocomputern ist dabei eine höhere Programmiersprache wegen ihrer leichten Erlernbarkeit besonders weit verbreitet, und zwar BASIC (Beginners All Purpose Symbolic Instruction Code). Unseren ersten Programmierversuch im späteren Verlauf dieses Kapitels wollen wir deshalb in BASIC ausführen. Die Programmiersprache BASIC ist ein sogenannter *Interpretierer*, oder auch nach dem Englischen *Interpreter* genannt. Für industrielle oder Steuerungszwecke ist eine andere Sprache weit verbreitet. Sie heißt PL/M (Programming Language for Microprocessors). Ein wichtiger Unterschied zu BASIC besteht darin, daß PL/M ein *Kompilierer* oder auch *Compiler* ist. Wir wollen diese Begriffe noch etwas genauer untersuchen.

Ein Interpreter ist ein besonderes Programm, das zur Interpretation und Ausführung der höheren Programmiersprache, wie z. B. BASIC nötig ist. Natürlich müssen die BASIC-Anweisungen auch wieder in eine binäre Form umgewandelt werden, weil dies die einzige Sprache ist, die der Mikrocomputer ausführen kann. Dabei sind zwei Vorgehensweisen möglich.

Entweder wird jede Anweisung der Reihe nach in den Maschinencode übersetzt und ausgeführt, wobei ein Objektcode entsteht, der dann getrennt ausgeführt werden kann, oder jede Zeile des in einer höheren Programmiersprache geschriebenen Programms wird übersetzt und sofort ausgeführt, bevor die nächste Zeile betrachtet wird. Wenn jede Zeile sofort übersetzt und ausgeführt wird, handelt es sich um ein Interpretierer-Programm (Interpreter). Wenn das ganze Programm erst in den Objektcode übersetzt wird, um später ausgeführt zu werden, dann haben wir es mit einem Übersetzer (Compiler) zu tun.

Der Vorteil eines Interpreters liegt in der Tatsache, daß jede Zeile nach dem Eintippen sofort ausgeführt werden kann. Ganze Programmzeilen können beliebig geändert werden, ohne daß dies zu einer Verzögerung im Programmablauf führt. Dadurch kann beispielsweise ein Programm in der Erstellungsphase zügig ausgetestet werden. Der bedeutendste Nachteil beim Arbeiten mit einem Interpreter ist die langsamere Ausführungsgeschwindigkeit. Sie müssen bedenken, daß beispielsweise bei der Ausführung einer Schleife die in ihr enthaltenen Anweisungen bei jedem Durchlauf erneut übersetzt werden müssen, was natürlich sehr uneffektiv ist.

Ein Compiler übersetzt zunächst das ganze Programm in Maschinencode, was einige Zeit in Anspruch nehmen kann. Danach kann erst die Ausführung beginnen, die dann allerdings wesentlich schneller als bei einem Interpreter abläuft. Will man jedoch nur eine Zeile im Programm ändern, so muß in der Regel das gesamte Programm neu kompiliert werden, was einen beträchtlichen Zeitverlust darstellt.

Aus diesen Gründen ist es günstig, Interpreter für die Phase der Programmentwicklung einzusetzen, da sie eine *direkte Interaktion* mit dem System gestatten. Man bezeichnet Interpreter daher als interaktiv: Eine Anweisung kann ausgeführt, geändert und sofort wieder ausgeführt werden. Diese Tatsache ist sehr wichtig. Um die Nachteile von Interpretern zu beheben, sind von verschiedenen Programmiersprachen auch *Compiler-Versionen* erhältlich. Ist ein Programm erst einmal fehlerfrei erstellt und ohne weitere Änderungen ausführungsbereit, dann kann mit einem solchen Compiler das Quellprogramm in eine Maschinencode-Darstellung übersetzt werden und auf diese Weise eine schnellere Ausführungsgeschwindigkeit erreicht werden.

Es ist allerdings zu bemerken, daß für viele Anwendungsbereiche die Ausführungsgeschwindigkeit, die mit einem reinen Interpreter erreicht wird, vollkommen ausreicht, wenn das Programm nicht allzu umfangreich ist. Für Steuerungsaufgaben ist das allerdings nicht zutreffend, da derartige Aufgabenstellungen teilweise zeitkritische Aktionsfolgen mit sich bringen.

Beispielsweise kann es vorkommen, daß innerhalb einer sehr kleinen Zeitspanne eine hohe Anzahl von Meßwerten in den Rechner übernommen werden muß, oder ein Programm soll auf eine kritische Situation innerhalb einer garantierten Antwortzeit reagieren, und zwar unabhängig davon, welche Aktion der Rechner gerade ausführt. Solche Anwendungen werden meist mit einem Compiler-Programm oder direkt in Assembler gelöst.

Programmiersprachen

Die Programmiersprache ist der Vermittler zwischen dem Anwender und dem Computer. Über die Programmiersprache erhält das Gerät die Anweisungen, was es tun soll. In vielen Computern ist eine Sprache, meistens BASIC, schon fest im Speicher vorhanden und kann sofort benutzt werden. In anderen muß sie erst geladen werden. Dabei gibt es eine große Anzahl von unterschiedlichen Sprachen, die jede ihren Vorteil für bestimmte Anwendungsbereiche bietet. Viele von ihnen kann man auch in den Rechnern verwenden, die BASIC bereits als festen Bestandteil enthalten.

Alle Mikrocomputer verfügen aber als Minimalausstattung über eine Kommandosprache, mit der dem Computer elementare Anweisungen gegeben werden können.

Fertige Programme

Häufig werden Sie jedoch Programme verwenden, die bereits fertig sind. Von diesen gibt es eine Fülle auf dem Markt mit den unterschiedlichsten Funktionen. Spiel- und Lernprogramme, Programme für Textverarbeitung, Lagerverwaltung, Buchhaltung und viele andere werden angeboten. Dabei werden Sie bemerken, daß bei keinem Programm die Information fehlt, für welchen Rechner es gebraucht werden kann. Da die Programme nämlich nicht ohne weiteres von einem auf einen anderen Computer übertragen werden können, ist es wichtig, auf diese Angaben zu achten.

Naturgemäß richtet sich das Hauptangebot der Programme nach dem jeweiligen Rechnertyp. Für Heimcomputer werden neben Spiel- und Lernprogrammen auch Textverarbeitungsprogramme und andere kleinere Anwendungsprogramme angeboten, die für den privaten Gebrauch eines Rechners nützlich sein können. Im Geschäftsbereich überwiegen dann die großen Dateiverwaltungs- und Kommunikationsprogramme, Textverarbeitungen mit Wörterbüchern (Datadictionary), Kalkulationsprogramme für Tabellen und professionelle Grafikprogramme, oft alle gemeinsam in einem integrierten Programmpaket zusammengefaßt.

Die Sprache, in der solche gekaufte Software erstellt wurde, braucht Sie nur zu interessieren, wenn Sie diese Programme verändern und ergänzen wollen, falls dies überhaupt möglich ist. Dann werden Sie vielleicht feststellen, daß von den Entwicklern bei professionell erstellter Software überwiegend die Sprachen C und Pascal sowie teilweise noch Assembler und C verwendet werden.

Die Programmeingabe

Wir wollen anhand eines Beispiels veranschaulichen, was bei einer Programmeingabe alles im Computer abläuft. Dabei gehen wir von Microsoft-BASIC für den Commodore C128 aus, das mit dem BASIC für PCs und ATs weitgehend übereinstimmt und eine für Anfänger typische Sprache ist.

Bei der Eingabe eines Programms wird jedes Zeichen, das Sie über die Tastatur eintippen, zunächst in einem Zwischenspeicher, dem Tastaturpuffer, abgelegt. Solange keine Programme oder Befehle abgearbeitet werden, befindet sich Ihr Rechner immer im Eingabemodus. Das heißt, er wartet auf die Eingabe von Zeichen und zeigt sofort nach Betätigen einer Taste eine Reaktion.

Jeder erkannte Tastenanschlag führt nämlich außer zur Ablage im Tastaturpuffer auch zum Abspeichern im Bildschirmspeicher. Das Zeichen erscheint also unmittelbar nach Drücken der Taste auf dem Bildschirm, da der Inhalt des Bildschirmspeichers sozusagen identisch mit der Bildschirmanzeige ist. Alle eingegebenen Zeichen werden im Tastaturpuffer aneinandergereiht, bis die Eingabe mit Return abgeschlossen wird.

Das Betriebssystem übergibt die Eingaben gleichzeitig an den BASIC-Eingabepuffer. An dieser Stelle wollen wir einmal betrachten, wie der BASIC-Interpreter die weitere Verarbeitung aufnimmt.

Der BASIC-Interpreter überprüft nun, ob es sich bei der durch Drücken von <Return> abgeschlossenen Eingabe um eine durch eine führende Programmzeilennummer erkenntliche Programmzeile oder aber um einen Direktbefehl handelt. Unabhängig davon werden zunächst alle erkannten Befehlswörter in zweistellige Abkürzungen umgesetzt, die *Token* genannt werden.

Bei einer Programmzeile findet der Interpreter zuerst die Zeilennummer. Er wandelt diese in eine interne Darstellung um und fügt sie dann in die Abfolge der bereits im Speicher befindlichen Programmzeilen ein. Der BASIC-Interpreter überprüft Programmzeilen bei der Eingabe nicht auf Fehler im Hinblick auf die Regeln für die Formulierung von BASIC-Programmen. Diese erkennt er erst, wenn er das Programm ausführen soll.

Die Programmausführung

Vorbereitung

Die Mehrzahl der Computer-Benutzer verwendet bei seiner Arbeit in der Regel mehr als nur ein Programm. Bei einem Programmwechsel oder im Grundzustand unmittelbar nach dem Einschalten muß dieses Programm erst einmal geladen werden, da beim Ausschalten des Gerätes alle Programme und Daten im Rechner verlorengehen. Andererseits verfügen nicht alle Computer über die Möglichkeit, mehr als ein Anwendungsprogramm gleichzeitig bereitzuhalten oder sogar gleichzeitig quasi parallel auszuführen. Oft gibt es auch Beschränkungen aufgrund des begrenzten internen Arbeitsspeichers und des Platzbedarfs der Anwendungsprogramme.

Zusätzlich zum eigentlichen Anwendungsprogramm muß im Rechner noch die System-Software enthalten sein, die mindestens aus dem Betriebssystem besteht (siehe auch Kapitel 9).

Initialisierung

Bevor das Anwendungsprogramm für Sie zum Einsatz bereit ist, laufen im Rechner nach dem Start zunächst einige Initialisierungsvorgänge ab. Ein gutes Anwendungsprogramm prüft zuerst, ob alle voreingestellten Systemkomponenten, die es für den Ablauf braucht, aktiviert worden sind und ob bestehende Voreinstellungen eventuell geändert werden müssen.

Wenn das Programm besonders benutzerfreundlich programmiert wurde, versucht es, die Arbeitssituation wieder aufzunehmen, mit der es beim letzten Mal beendet wurde. Ein Textverarbeitungsprogramm liest also das Dokument ein, das zuletzt in Bearbeitung war und zeigt genau den zuletzt editierten Abschnitt an.

Neben solchen für den Benutzer nachvollziehbar ablaufenden Vorbereitungsaktivitäten muß das Anwendungsprogramm noch eine Reihe weiterer Maßnahmen treffen, auf die wir hier jedoch nicht näher eingehen wollen.

Programmablauf

Alle Computer-Programme haben, unabhängig davon, in welcher Sprache und für welchen Anwendungszweck sie erstellt wurden, folgende Gemeinsamkeiten:

- Sie verarbeiten Informationen.

- Sie erfüllen bestimmte Aufgaben.

- Sie enden oder werden gestoppt, wenn sie diese Aufgaben erfüllt haben.

Der Ablauf eines Programms kann in der Regel durch den Anwender beeinflußt werden. Hierbei gibt es zwei Grundtypen für die Steuerung des Programmablaufs. Die am häufigsten verwendete ist die *interaktive Steuerung*. Dabei ist das Anwendungsprogramm so programmiert, daß es bei allen zu fällenden Entscheidungen einen Dialog mit dem Benutzer durchführt. Dieser muß beispielsweise in einer schlichten Form des Dialogs auf Fragen am Bildschirm die Antwort „ja" oder „nein" über die Tastatur eintippen. Dadurch hat der Benutzer einen sehr guten Überblick über die aktuellen Aktivitäten, insbesondere, wenn ihm auch Zwischenergebnisse angezeigt werden. Nachteilig ist diese Arbeitsweise, wenn der gesamte Arbeitsablauf bereits im Detail festliegt und der Anwender keine Zeit hat, während der gesamten Programmlaufzeit vor dem Computer zu sitzen.

Für diesen Fall ist die sogenannte *Stapelverarbeitung* vorteilhafter, da hierbei dem Programm alle später erforderlichen Steuerinformationen gesamthaft übergeben werden. Dann kann der Rechner das Programm zügig abwickeln, ohne auf Benutzereingaben warten zu müssen, und der Anwender verliert während des Programmlaufs nicht unnötig Zeit. Diese Vorgehensweise ist natürlich besonders sinnvoll, wenn umfangreiche Berechnungen durchgeführt oder große Datenmengen verarbeitet werden sollen. Der Nachteil dabei ist allerdings, daß Fehler bei der Parametereingabe oder andere auftretende Probleme vom Benutzer erst nach dem Programmlauf erkannt werden.

Kommerzielle Programme bieten häufig eine Wahlmöglichkeit bezüglich der Ablaufsteuerung. Bestimmte Aufgabenstellungen legen auch eine bestimmte Art der Verarbeitung nahe. Die Sortierung einer großen Datenmenge nach mehreren Kriterien führt man zweckmäßigerweise als Stapellauf durch. Bei der Bearbeitung von Text ist sicher eine interaktive Arbeitsweise angebracht. Das Erstellen von Serienbriefen, bei denen nur die Adresse und die Anrede zu ändern ist, wird am effizientesten über die Stapelverarbeitung abgewickelt. Das Austesten von Sortierkriterien führt man am besten interaktiv mit einer kleinen Testdatei Schritt für Schritt durch, bis man sicher ist, das gewünschte Ergebnis zu erzielen, bevor man größere Sortierläufe dann wieder als Stapelverarbeitung vornimmt.

Aufgabe des BASIC-Interpreters beim Programmtest

Wir wollen nun unser Beispiel aus dem vorangegangen Abschnitt über die Programmeingabe wieder aufgreifen und betrachten, was ein BASIC-Interpreter konkret bei der Programmausführung macht. Wir haben also unser Programm eingetippt und können es nun über verschiedene Befehle in Gang setzen:

    RUN   startet das Programm von Beginn an.

    GOTO Zeilennummer   startet das Programm von der angegebenen Zeilennummer an. Dabei werden bereits vorhandene Variablenwerte nicht gelöscht.

Findet nun der Interpreter bei der Analyse der Eingaben in seinem Eingabepuffer die Schlüsselwörter RUN oder GOTO, so prüft er, ob eventuell noch die Angabe einer Zeilennummer folgt (Beispiel: GOTO 10). Er holt sich dann entweder ab dieser Zeilennummer oder bei ihrem Fehlen die verschlüsselten Programmzeilen des im Speicher befindlichen Programms von Anfang an statt weiterer Zeichen aus dem Tastaturpuffer.

Programmierung von Mikrocomputern   113

Der BASIC-Interpreter legt die Zeilennummer der gerade in den BASIC-Eingabepuffer eingelesenen Programmzeile an einer besonderen Stelle im Arbeitsspeicher ab. Er prüft außerdem ständig, ob nicht etwa die RUN/STOP-Taste ausgelöst wurde, was einen sofortigen Abbruch der Programmausführung zur Folge hat.

Solange das nicht geschehen ist, analysiert der Interpreter unser bereits tokenisiertes Programm. Wenn er ein Token findet, das ein gültiges BASIC-Schlüsselwort repräsentiert, so prüft er zuerst, ob es sich um ein primäres Schlüsselwort handelt.

Außer primären gibt es im BASIC-Wortschatz noch sekundäre Schlüsselwörter, die stets nur im Zusammenhang mit bestimmten primären Schlüsselwörtern zulässig sind und außerdem nur hinter diesen als weiteres Wort auftreten dürfen.

Betrachten wir einmal das folgende Programmsegment:

```
100 INPUT "GEBEN SIE EINE ZAHL EIN";A
110 IF A>0 THEN BEGIN
120 :         B=SQR(A)
130 :         PRINT "DIE WURZEL VON";A;"IST";B
140 :         GOTO 180
150 :      BEND
160 PRINT "DIE ZAHL MUSS GROESSER ALS 0 SEIN"
170 GOTO 100
180 END
```

Außer in der Zeile 110 steht in jeder Programmzeile nur ein BASIC-Schlüsselwort, nämlich INPUT, SQR, PRINT, GOTO, BEND, PRINT, GOTO und END in dieser Reihenfolge. In Zeile 110 stehen drei Schlüsselwörter:

```
110 IF A>0 THEN BEGIN
```

und zwar IF, THEN und BEGIN. Dabei ist IF ein primäres Schlüsselwort, das obligatorisch THEN nach sich zieht. IF darf nicht ohne THEN verwendet werden und THEN nicht ohne IF.

Dann folgt nach THEN ein Anweisungsblock, der durch das Schlüsselwort BEGIN eingeleitet wird. Dieser Block wird zu guter Letzt durch das Schlüsselwort in Zeile 150 beendet:

```
150 :      BEND
```

BEND muß immer nach BEGIN folgen. Zwischen IF und THEN und zwischen BEGIN und BEND können noch weitere BASIC-Befehle oder sogar Gruppen von BASIC-Befehlen auftreten. So ist es in unserem Beispiel, das zur bedingten Ausführung von Anweisungen dient, die zwischen BEGIN und BEND aufgeführt werden, zwingend erforderlich, zwischen den Schlüsselwörtern IF und THEN noch die Bedingung anzugeben, bei deren Erfüllung die Anweisungsgruppe nach BEGIN aufgeführt werden soll:

```
IF Bedingung THEN BEGIN Anweisungsgruppe BEND
```

Die Bedingung muß natürlich ebenfalls entsprechend den Regeln von BASIC formuliert sein. Das heißt, die Bedingung muß von dem Interpreter als ein zulässiger Ausdruck akzeptiert werden. Der Interpreter prüft also, nachdem er beispielsweise das Schlüsselwort IF erkannt hat, ob anschließend eine BASIC-Variable folgt. Diese könnte durch irgendeine beliebige Folge von Zeichen aus dem Alphabet spezifiziert sein.

Wenn der Variablenname für gültig befunden wurde, wird der Ausdruck weiter überprüft. Es darf sich jetzt an diese Variable einer der in BASIC erlaubten Vergleichsoperatoren, wie zum Beispiel das Gleichheitszeichen, anschließen. Auch logische und arithmetische Operatoren können in einem Ausdruck vorkommen.

Der Interpreter prüft also, ob der Programmierer diesen Ausdruck korrekt formuliert hat. Es ist beispielsweise wie auch in der Mathematik nicht erlaubt, Äpfel und Birnen zusammenzuzählen. Deshalb reagiert der BASIC-Interpreter genau wie ein Mathematiklehrer ungehalten mit einer Fehlermeldung, wenn man etwa versucht, Zeichen und eine Zahl zu addieren:

```
PRINT "Zehn" + 10
```

Hat der Interpreter den Ausdruck nun als richtig akzeptiert, dann prüft er weiter, ob der Ausdruck wahr ist, oder anders ausgedrückt, ob die Bedingung für die Ausführung der Anweisungsgruppe erfüllt ist. Ist sie nämlich nicht erfüllt, so beschäftigt er sich gar nicht erst mit den auf THEN folgenden Anweisungen, sondern sucht in der Zeile unmittelbar hinter BEND nach Anweisungen, die in dem Fall ausgeführt werden sollen, wenn die Bedingung nicht erfüllt ist. Dann fährt er mit der normalen, Zeile für Zeile voranschreitenden Programmausführung fort.

Die Anweisungen zwischen BEGIN und BEND werden nur dann ausgeführt, wenn die Bedingung hinter IF erfüllt war. So prüft der Interpreter Zeile für Zeile, ob die BASIC-Sprachregeln eingehalten wurden. Falscher Gebrauch führt immer zu einer Fehlermeldung, meist mit der Bezeichnung

```
?SYNTAX ERROR
```
(syntaktischer Fehler)

Im BASIC 7.0 des Commodore 128 zeigt der Interpreter nach der Eingabe von

```
HELP
```

sogar die fehlerhafte Zeile zur Sofortkorrektur an, zumindest gibt er Fehlermeldungen in Klartext, wenn auch in Englisch, aus.

Programmanpassung und -nutzung

Die Art und Weise, wie ein Programm von einem Benutzer eingesetzt wird, kann sehr unterschiedlich sein, was natürlich auch vom Programmtyp abhängt. Ein Tabellenkalkulationsprogramm bietet sicher mehr Einsatzmöglichkeiten als ein Buchhaltungsprogramm.

Fast alle Programme lassen sich jedoch in einem gewissen Umfang an die Erfordernisse eines Betriebs anpassen. Meist kann man wählen, ob man beispielsweise mit einfacher oder doppelter Buchführung arbeiten will oder man kann seine Kontenpläne individuell festlegen, d. h. der Anwender richtet sich sein Programm so ein, wie er es für die geplante Nutzung benötigt.

Nutzungsvorbereitung

Bei der Anpassung kann es so weit gehen, daß man Programmteile mit unnötigen Funktionen löscht, um Platz zu sparen. Eine solche Bereinigung sollte man aber nie auf der gekauften Originaldiskette durchführen. Vielmehr speichert man die angepaßte Programmversion auf einer Arbeitsdiskette, die man für die regelmäßige Programmnutzung verwendet, oder man kopiert die Arbeitskopie des Programms auf die Festplatte, falls man eine besitzt.

Analog sollte man mit den Dateien verfahren, die eine vom Benutzer eingerichtete Anwendung benötigt.

Einrichten von Verzeichnissen

Es werden nur die Dateien auf der Arbeitsdiskette oder Festplatte abgelegt, die wirklich benötigt werden. Bei der Festplatte sollte man sowohl für die Programme der Anwendung als auch für die Dateien eigene Unterverzeichnisse anlegen.

Nehmen wir einmal an, auf Ihrem Rechner läuft MS-DOS 3.3 und es gibt schon ein Unterverzeichnis mit dem Namen ANWENDUNGEN. (Normalerweise können Datei- und Verzeichnisnamen nur acht Zeichen lang sein; wir wollen in unserem Beispiel aber nicht davon ausgehen.)

Nach dem Einschalten des Rechners ist zunächst das Haupt- oder Wurzelverzeichnis verfügbar, engl. root directory. Unser spezielles Unterverzeichnis rufen wir nach Erscheinen der Bereitschaftsanzeige mit dem Befehl cd (call directory) auf:

```
C>cd anwendungen
```

Den Inhalt des Unterverzeichnisses ANWENDUNGEN können wir mit dem Befehl

```
C>dir
```

anzeigen lassen. Es könnte so aussehen:

```
TEXAS_PGM       <DIR>     1-03-88    11:30p
TEXAS_TXT       <DIR>     1-03-88    11:34p
MULTIPLAN_PGM   <DIR>     1-12-87     9:10a
MULTIPLAN_DATA  <DIR>     1-12-87     9:17a
DBASE_P_PGM     <DIR>     1-05-89    10:55a
DBASE_P_PRO     <DIR>     1-05-89    11:15a
DBASE_P_DAT     <DIR>     1-05-89    11:21a

MS-DOS 3.3    7 Dateien    20143904 Bytes frei
```

Wie Sie beispielsweise bei dBASE III PLUS sehen, haben wir auf dieser Stufe des Inhaltsverzeichnisses drei weitere Unterverzeichnisse: ein PGM-Verzeichnis für das Originalprogramm, ein PRO-Verzeichnis für die von uns erstellten dBASE-Prozeduren und ein DAT-Verzeichnis mit den dBASE-Datenbanken, die unsere Daten enthalten.

Wir wollen jetzt für unsere Finanzbuchhaltung FIBU zwei weitere Unterverzeichnisse anlegen und geben dafür die folgenden Befehle ein:

```
MKDIR FIBU_PGM
MKDIR FIBU_DAT
```

Das erste Verzeichnis soll die Programme aufnehmen und das zweite die Daten.

Programmierung von Mikrocomputern 117

Vorbereiten der Datensicherung

Fabrikneue Disketten müssen stets formatiert werden, da sie im Grundzustand keine Daten aufnehmen können. Wir werden also zunächst unsere Arbeitsdisketten, die wir zum Sichern von Daten benutzen wollen, formatieren. Dazu legen wir eine leere Diskette in das Laufwerk A ein und schalten von Laufwerk C auf A um:

```
C>a:
```

Das Laufwerk A meldet sich, und wir geben den Formatierungsbefehl ein:

```
A>format a: /4 /v
```

Im folgenden fragt das System noch einmal nach, ob man wirklich sicher ist, daß man eine Diskette formatieren möchte. Wenn man die Frage bejaht, wird nach einem Namen für die Diskette gefragt. Diese Vorsichtsmaßregeln sind notwendig, da das Formatieren den gesamten Inhalt einer bereits beschriebenen Diskette zerstört.

Wir wiederholen den Vorgang zweimal, so daß wir zum Schluß drei formatierte Disketten

```
FIBU_DATEN1
FIBU_DATEN2
FIBU_DATEN3
```

haben. Diese drei Disketten wollen wir zum Sichern der Finanzbuchhaltungs-Daten von unserer Festplatte verwenden.

Durchführung der Datensicherung

Nach jedem Buchungslauf kopieren wir unsere veränderten Buchhaltungsdaten aus FIBU_DAT auf jeweils eine der drei Disketten, wobei wir diese zyklisch verwenden: zuerst FIBU_DATEN1, beim nächsten Mal FIBU_DATEN2 und dann FIBU_DATEN3. Schließlich beginnt der Zyklus mit FIBU_DATEN1 wieder von vorn, wobei die alten Daten auf dieser Arbeitsdiskette zuvor gelöscht werden.

Auf diese Weise sind immer die beiden letzten Zustände unserer Buchhaltungsdaten gesichert, so daß wir neben dem Papierausdruck des Buchungsjournals, den wir zusätzlich vornehmen, ausreichende Informationen haben, um nach einer Störung wieder einen korrekten Zustand herzustellen.

Realisierung einer eigenen Verarbeitungslogik

Eine anwendungsspezifische Standard-Software, wie z. B. ein Tabellenkalkulationsprogramm wie Multiplan, stellt in engerem Sinn keine Anwendung dar. Sie kann vielmehr als Träger verschiedener, häufig wechselnder Anwendungen dienen, die individuell entworfen sind, aber darüber hinaus auch sehr rasch an veränderte Aufgabenstellungen und zusätzliche Anforderungen angepaßt werden können.

Hierbei wird die eigentliche Anwendung zunächst einmal in Form eines Rechenschemas mit Formeln und verknüpfenden Operationen über mehrere Spalten und Zeilen erstellt. Es kann sich beispielsweise um eine Verkaufsstatistik handeln, die nach Monaten, Verkaufsbezirken und Produktgruppen aufgeschlüsselt ist. In diesem Fall haben wir es mit verschieden gearteten Summenformeln zu tun. Wollen wir zusätzlich noch die Erlöse ausweisen, so müssen noch die Preise pro Produkt gesondert aufgeführt werden, damit sie schneller und übersichtlicher geändert werden können. In einer weiteren Formel werden dann die Summenfelder mit den Preisfaktoren multipliziert, damit wir eine Erlösübersicht erhalten.

Auf diese Weise haben wir eine Tabellenkalkulationsanwendung erstellt, in die der Verkaufsleiter nur noch monatlich die neuen Verkaufsdaten eintragen muß, um wieder eine aktuelle Verkaufsstatistik zu erhalten. Zuvor muß er natürlich überprüfen, ob die Preistabelle noch stimmt und diese gegebenenfalls durch eine neue Tabelle ergänzen.

Die Einführung von Rabattstaffeln oder eine Erhöhung der Verkäuferprovisionen würde ebenfalls eine Veränderung des Rechenschemas bewirken. Eine Tabellenkalkulationsanwendung ändert sich typischerweise fortlaufend, sie „lebt", wie man im DV-Jargon sagt.

Die Erstellung eines Kalkulationsschemas kann als eine besondere Form einer *deskriptiven* Programmierung aufgefaßt werden, die unmittelbar durch den Anwender vorgenommen werden kann.

Auch bei einer solchen Anwendung ist es ratsam, regelmäßig Duplikate des Rechenschemas und der Tabellendaten auf einer Sicherungsdiskette abzuspeichern.

Programmierung von Mikrocomputern

Informationsdarstellung

Wie wir bereits erwähnt haben, werden Informationen im Rechner mit Hilfe elektrischer Impulse dargestellt. Der jeweilige Zustand elektronischer Schaltkreise läßt sich entweder durch eine „1" (An – Strom fließt) oder durch eine „0" (Aus – Strom fließt nicht) charakterisieren. Aus diesem Grund erfolgt die Darstellung und Verarbeitung von Informationen in allen Systemen in binärer Form. Das binäre System stellt alle Zahlen als eine Folge von Nullen und Einsen dar. Aus praktischen Erwägungen speichert und verarbeitet ein 8-Bit-Mikroprozessor immer Einheiten von 8-Bit-langen Informationen auf einmal. Acht Bits werden auch ein *Byte* genannt.

Alle *Daten* und *Befehle* werden normalerweise in einem oder mehreren Bytes verschlüsselt. Buchstaben werden allgemein üblich in einem Byte dargestellt. Da acht Bits insgesamt 2^8 Kombinationen erlauben, lassen sich also 256 verschiedene Zeichen darstellen. Die Zuordnung dieser Bitkombinationen zu den jeweiligen Zeichen kann man der sogenannten *ASCII-Codetabelle* entnehmen (Abb. 5.1). Die Abkürzung ASCII bedeutet American Standard for Information Interchange.

Manche ASCII-Codes stellen keine druckbaren Zeichen dar, sondern sind Steuerzeichen, die bestimmte Aktionen bewirken, wie z. B. Tabulatorsprung oder Zeilenvorschub. Die Bedeutung dieser Tasten ist aus Abbildung 5.2 zu ersehen.

Die Darstellung großer ganzer Zahlen erfordert zwei oder mehrere Bytes. Zwei Bytes, also 16 Bits, ermöglichen dann bis zu 65536 Kombinationen. Dies ist in den meisten Fällen noch nicht genug, so daß drei Bytes oder mehr für die Darstellung von ganzen Zahlen benutzt werden müssen.

Dezimalzahlen werden in einer besonderen Weise als *Gleitkomma-Darstellung* gespeichert. Als Beispiel wollen wir die binäre Darstellung der ganzen Zahlen von 0 bis 7 anführen. Um acht mögliche Kombinationen darzustellen, sind drei Bits notwendig.

Ganze Zahlen	Binäre Darstellung
0	000
1	001
2	010
3	011
4	100
5	101
6	110
7	111

				b_7	0	0	0	0	0	0	0	0
				b_6	0	0	0	0	1	1	1	1
				b_5	0	0	1	1	0	0	1	1
				b_4	0	1	0	1	0	1	0	1
b_3	b_2	b_1	b_0		0	1	2	3	4	5	6	7
0	0	0	0	0 NUL 0/0	DEL 10/16	SP 20/32	0 30/48	@ 40/64	P 50/80	, 60/96	p 70/112
0	0	0	1	1 SOH 1/!	DC1 11/17	! 21/33	1 31/49	A 41/65	Q 51/81	a 61/97	q 71/113
0	0	1	0	2 STX 2/2	DC2 12/18	" 22/34	2 32/50	B 42/66	R 52/82	b 62/98	r 72/114
0	0	1	1	3 ETX 3/3	DC3 13/19	# 23/35	3 33/51	C 43/67	S 53/83	c 63/99	s 73/115
0	1	0	0	4 EOT 4/4	DC4 14/20	$ 24/36	4 34/52	D 44/68	T 54/84	d 64/100	t 74/116
0	1	0	1	5 ENQ 5/5	NAC 15/21	% 25/37	5 35/53	E 45/67	U 55/85	e 65/101	u 75/117
0	1	1	0	6 ACK 6/6	SYN 16/22	& 26/38	6 36/54	F 46/68	V 56/86	f 66/102	v 76/118
0	1	1	1	7 BEL 7/7	ETB 17/23	' 27/39	7 37/55	G 47/67	W 57/87	g 67/103	w 77/119
1	0	0	0	8 BS 8/8	CAN 18/24	(28/40	8 38/56	H 48/68	X 58/88	h 68/104	x 78/120
1	0	0	1	9 HT 9/9	EM 19/25	) 29/41	9 39/57	I 49/69	Y 59/89	i 69/105	y 79/121
1	0	1	0	A LF A/10	SUB 1A/26	* 2A/42	: 3A/58	J 4A/70	Z 5A/90	j 6A/106	z 7A/122
1	0	1	1	B VT B/11	ESC 1B/27	+ 2B/43	; 3B/59	K 4B/71	[5B/91	k 6B/107	{ 7B/123
1	1	0	0	C FF C/12	FS 1C/28	, 2C/44	< 3C/60	L 4C/72	\ 5C/92	l 6C/108		7C/124
1	1	0	1	D CR D/13	GS 1D/29	- 2D/45	= 3D/61	M 4D/73	] 5D/93	m 6D/109	} 7D/125
1	1	1	0	E SO E/14	RS 1E/30	. 2E/46	> 3E/62	N 4E/74	5E/94	n 6E/110	- 7E/126
1	1	1	1	F SI F/15	US 1F/31	/ 2F/47	? 3F/63	O 4F/75	← 5F/95	o 6F/111	DEL 7F/127

Erläuterung: ASCII-Code BEL 7 Hexadezimalcode / 7 Dezimalcode

Abb. 5.1: Zeichen des US-ASCII-Codes in dezimaler, hexadezimaler und binärer Verschlüsselung

Die Programmentwicklung

Um ein Problem mit Hilfe des Computers zu lösen, muß man sich zunächst ein genaues Bild von dem Problem machen und einen genauen Anforderungskata-

Programmierung von Mikrocomputern 121

ACK	Acknowledge – Bestätigung (des Empfangs)
BEL	Bell – akustisches Signal
BS	Backspace – Rücktaste
CAN	Cancel – Auslassung, ungültig
CR	Carriage Return – Wagenrücklauf
DC1	Direct Control 1 – Direktsteuerung 1
DC2	Direct Control 2 – Direktsteuerung 2
DC3	Direct Control 3 – Direktsteuerung 3
DC4	Direct Control 4 – Direktsteuerung 4
DEL	Delete – Löschen
DLE	Data Link Escape – Abbruch Datenübertragung
EM	End of Medium – Ende der Aufzeichnung
ENQ	Enquiry – Abfrage, Stationsanforderung
EOT	End of Transmission – Ende der Übertragung
ESC	Escape – Rücksprung, Codeumschaltung
ETB	End of Transmission Block – Ende des Übertragungsblocks
ETX	End of Text – Textende
FF	Form Feed – Seitenvorschub
FS	File Separator – Trennsymbol zwischen Dateien
GS	Group Separator – Trennsymbol zwischen Datengruppen
HT	Horizontal Tab – Waagerechter Tabulator
LF	Line Feed – Zeilenvorschub
NAK	Negative Acknowledge – Bestätigung Rückmeldung
NUL	Null – Null
RS	Record Separator – Trennsymbol zwischen Datensätzen
SI	Shift In – Rückschaltung
SO	Shift Out – Dauerumschaltung
SOH	Start of Heading – Start der Satzbeschreibung
SP	Space – Leerzeichen
STX	Start of Text – Textanfang
SUB	Substitute – Ersetzung
SYN	Synchronous idle – Synchronisierungszeichen
US	Unit Separator – Trennsymbol zwischen logischen Einheiten
VT	Vertical Tab – Senkrechter Tabulator

Abb. 5.2: Abkürzungen der ASCII-Codetabelle

log erstellen. Man kann damit anfangen, eine Verarbeitungsvorschrift in allgemeiner Form zu formulieren, z. B. in *Pseudocode*. Unabhängig von jeglicher Programmiersprache wird so eine Verarbeitungsvorschrift festgelegt.

Dazu wollen wir ein Beispiel betrachten. Es soll ein Programm geschrieben werden, das eine Zufallszahl zwischen 1 und 100 erzeugt, die in maximal sieben Versuchen vom Benutzer erraten werden kann. Im Pseudocode könnte das Problem folgendermaßen ausgedrückt werden:

Erzeuge Zufallszahl;
wiederhole siebenmal:
   Einlesen einer Zahl;
   prüfen, ob Zahl gleich Zufallszahl ist;
     wenn ja, dann positive Meldung und Ende;
   andernfalls prüfen, ob Zahl größer als Zufallszahl ist;
     wenn ja, Meldung „Zahl zu groß";
     andernfalls Meldung „Zahl zu klein";
Wiederholungsende
Negative Meldung
Programmende

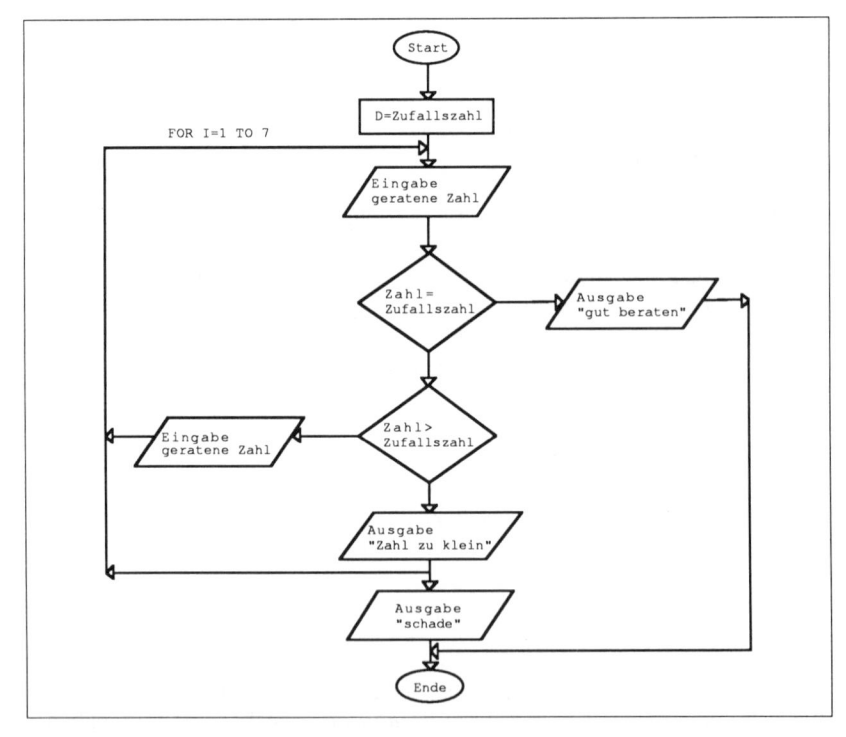

Abb. 5.3: Programmablaufplan (PAP) oder Flußdiagramm

Programmierung von Mikrocomputern 123

Dieser Pseudocode wird natürlich von einem Rechner so nicht verstanden. Er ist aber trotzdem sehr nützlich, weil der Programmierer gezwungen wird, das zu lösende Problem genau zu formulieren. Außerdem ist Pseudocode rechner- und sprachenunabhängig. Er kann im nachhinein in jede beliebige Programmiersprache umgesetzt werden.

Schematischer und in der Logik besser durchschaubar ist die Darstellung des Problems in einem *Fluß-* oder *Ablaufdiagramm*. Unsere kleine Aufgabe sähe damit aus, wie in Abbildung 5.3 gezeigt.

Die im Programmablaufplan, kurz auch PAP genannt, verwendeten Sinnbilder sind genormt und können mit Hilfe spezieller Schablonen ganz einfach gezeichnet werden.

Eine andere Art zur Darstellung einer Programmlogik stellt das *Blockdiagramm* dar. Man nennt es auch Strukturdiagramm, Struktogramm oder nach seinem Erfinder Nassi-Shneiderman-Diagramm. Unsere Aufgabe sieht, mit dem Struktogramm dargestellt, wie in Abbildung 5.4 aus.

Wenn man auf diese Weise eine Programmstruktur festgelegt hat, kann man mit der Programmierung beginnen.

Bei einem kleinen Programm kann man gleich damit beginnen, es über die Tastatur in den Arbeitsspeicher des Systems (RAM) einzutippen. Während der Eingabephase werden fast immer Fehler gemacht. Aus diesem Grund ist es nicht nur bequem, sondern praktisch unerläßlich, eine einfache Möglichkeit zu haben, Korrekturen vorzunehmen, den Text zu ändern, Einfügungen und Streichungen zu machen oder bestimmte Textgruppen zu suchen.

Diese Funktion erfüllt der *Editor*, ein Standardprogramm jedes Computer-Systems, das die Aufgabe hat, die Eingabe von Daten und Programmen zu erleichtern. Damit der Editor nicht versehentlich vom Benutzer geändert wird, befindet er sich normalerweise im ROM.

Grob kann man zwei verschiedene Arten von Editoren unterscheiden: den bildschirmorientierten (fullscreen) und den zeilenorientierten Editor. Bei Systemen, die mit dem ersten ausgestattet sind, ist es möglich, frei auf dem ganzen Bildschirm Änderungen oder Korrekturen vorzunehmen, während beim zeilenorientierten Editor gleichzeitig immer nur eine Zeile für Korrekturen aufgerufen werden kann.

Nachdem das Programm eingetippt worden ist und die Tippfehler beseitigt worden sind, kann man das Programm laufenlassen. Vorher sollte man es aber

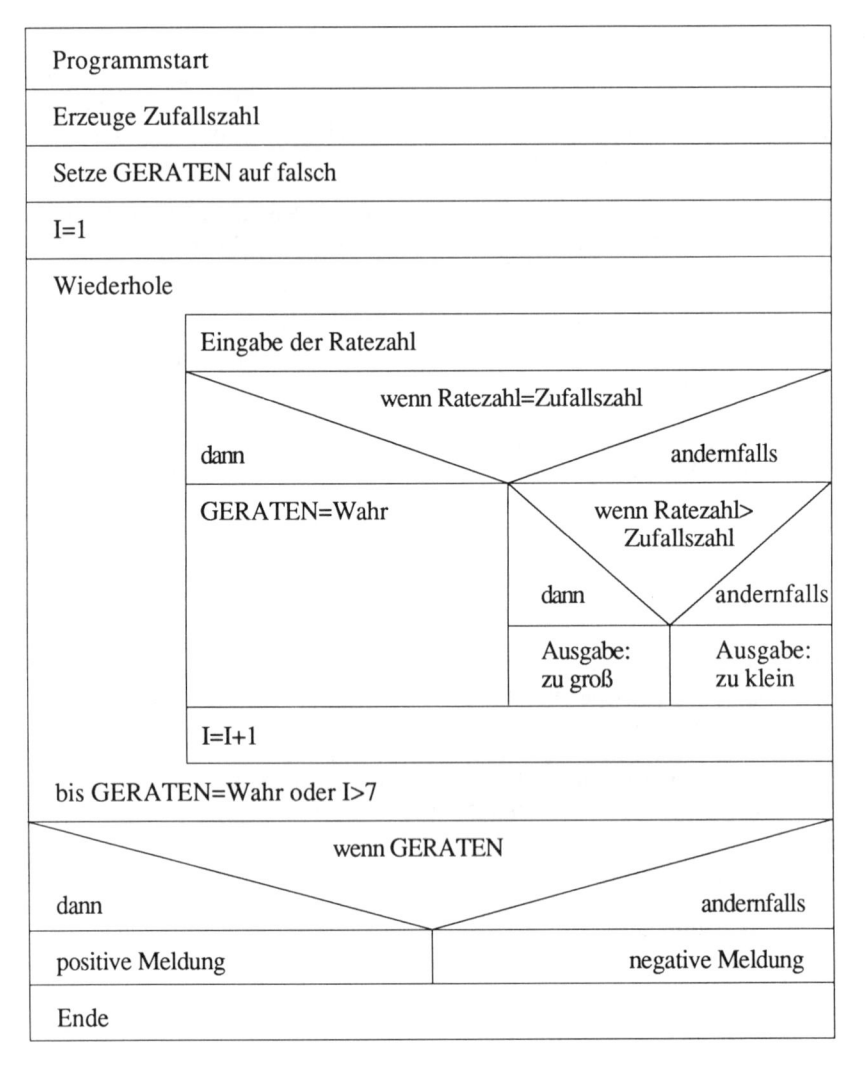

Programmstart				
Erzeuge Zufallszahl				
Setze GERATEN auf falsch				
I=1				
Wiederhole				
	Eingabe der Ratezahl			
	wenn Ratezahl=Zufallszahl			
	dann	andernfalls		
	GERATEN=Wahr	wenn Ratezahl> Zufallszahl		
		dann	andernfalls	
		Ausgabe: zu groß	Ausgabe: zu klein	
	I=I+1			
bis GERATEN=Wahr oder I>7				
wenn GERATEN				
dann		andernfalls		
positive Meldung		negative Meldung		
Ende				

Abb. 5.4: Blockdiagramm oder Struktogramm

auf jeden Fall auf einem dauerhaften Datenträger speichern, z. B. auf einer Diskette, da die meisten Programme beim ersten Mal nicht korrekt arbeiten und ein Fehler in der Programmlogik dazu führen kann, daß Teile oder das ganze Programm verlorengehen.

Die Fehler, die Ihnen bei der Programmerstellung als erste begegnen werden, sind die SYNTAX-Fehler. Dabei gibt die Meldung

```
?SYNTAX ERROR IN Zeilennummer
```

genau an, in welcher Zeile sich der Tippfehler befindet. Diese Art von Fehlern läßt sich also relativ leicht finden und beheben. Schwieriger ist es bei Fehlern in der Programmlogik. Hierfür gibt jedoch eine ganze Reihe von Hilfsmitteln, die beim Austesten eines Programms eingesetzt werden können.

Beispielsweise kann man ein Fehlersuchprogramm (engl. Debugger) zu Hilfe nehmen. Ein solches Programm bietet Möglichkeiten wie das automatische Anhalten einer Programmausführung an ausgewählten Stellen (Haltepunkten), das Überprüfen des Inhalts von Registern und Variablen sowie das Speichern oder Ändern von Werten.

Bevor der Benutzer also das Programm laufen läßt, wird er zu diesem Zweck Haltepunkte setzen: Das sind einfach Adressen, an denen das Fehlersuchprogramm automatisch die Programmausführung stoppen soll. Das Programm wird dann unter der Kontrolle des Fehlersuchprogramms ausgeführt. Jedesmal, wenn ein Haltepunkt erreicht ist, wird das Fehlersuchprogramm die Ausführung des Programms stoppen. Der Benutzer kann dann die Register und den Speicher prüfen und sich vergewissern, ob die Zwischenergebnisse korrekt sind. Wenn dies der Fall ist, kann so das Programmsegment, das den Fehler verursacht hat, eingegrenzt werden.

Professionelle Programmierung

Falls Sie einmal ein größeres Programm entwickeln müssen, dann sollten Sie sich die Vorgehensweise professioneller Programmierer zu eigen machen. Zergliedern Sie die Aufgabenstellung so, daß viele kleine, in sich abgeschlossene Funktionskomplexe entstehen. Wenn Sie es geschickt anfangen, werden Sie feststellen, daß Sie diese Funktionsgruppen mehrfach verwenden können. Programmieren Sie jede Funktionseinheit getrennt, und testen Sie sie einzeln gründlich aus. Dann fügen Sie die einzelnen Programmteile zusammen und führen einen Gesamttest durch.

Diese Art der Programmierung, bei der schrittweise aus elementaren Programmteilen komplexere Systembestandteile bis zur kompletten Anwendungslösung aufgebaut werden, nennt man auch *BOTTOM-UP*-Programmierung (Abb. 5.5).

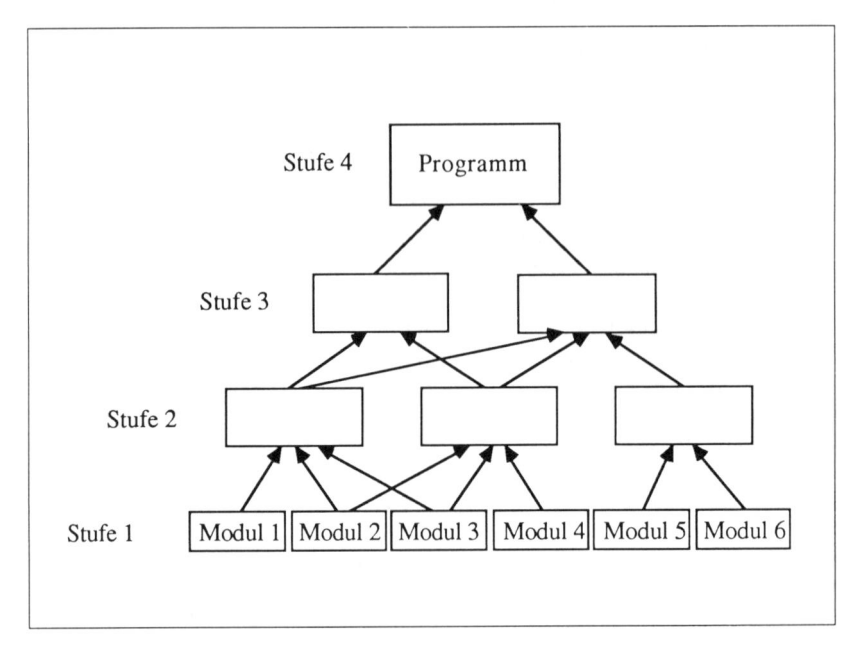

```
                    Stufe 4    [Programm]

            Stufe 3    [    ]        [    ]

    Stufe 2    [    ]      [    ]        [    ]

Stufe 1   [Modul 1][Modul 2][Modul 3][Modul 4][Modul 5][Modul 6]
```

Abb. 5.5: Schematische Darstellung der BOTTOM-UP-Programmierung

Es ist auch die umgekehrte Vorgehensweise denkbar: ein schrittweises Aufgliedern der gesamten Aufgabenstellung in Teilaufgaben, also eine Entwicklung vom Groben zum Feinen, was man auch mit *TOP-DOWN*-Programmierung bezeichnet (Abb. 5.6).

Neben der inhaltlichen Gliederung legen professionelle Programmierer auch großen Wert auf eine systematische Aufteilung der gesamten Anwendungserstellung in einzelne aufeinanderfolgende Teilabschnitte. Bevor sich ein solcher Profi überhaupt an den Mikrocomputer setzt, analysiert er in einem ersten Schritt den IST-Zustand sämtlicher Anforderungen und stellt neben Kosten/Nutzenerwägungen auch Überlegungen an, ob sich das Vorhaben auf einem Mikrocomputer überhaupt realisieren läßt. Dann entwickelt er in einer weiteren Phase ein Konzept, das noch einmal eingehend mit allen Beteiligten abgestimmt wird.

Bevor er nun mit der eigentlichen Programmierung beginnt, schreibt er schon recht detailliert auf, wie er sich die Realisierung vorstellt. Schließlich gibt er die fertiggestellte Anwendung nicht eher aus der Hand, bis er jedes einzelne Programm und die gesamte Anwendung unter Hinzuziehen der künftigen Benutzer gründlich ausgetestet hat.

Programmierung von Mikrocomputern 127

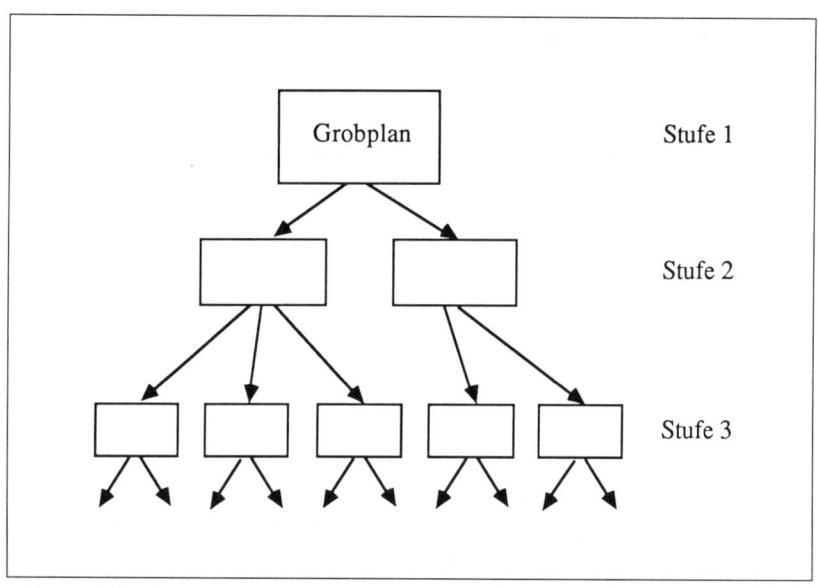

Abb. 5.6: Schematische Darstellung der TOP DOWN-Programmierung

Sicher braucht nicht jeder seine Programme derart systematisch zu entwikkeln. Es ist aber doch wichtig zu wissen, wie ein guter Programmierer ein größeres Projekt angeht. Wenn man beispielsweise einen Programmierauftrag an jemanden vergeben möchte, weiß man aufgrund dessen, ob man es mit einem kompetenten und seriösen Partner zu tun hat und worauf man achten muß.

Für eine effiziente Programmerstellung ist auch eine Reihe von Software-Werkzeugen, die sogenannten *Tools*, notwendig, auf die ein professioneller Programmierer nur ungern verzichtet. Für Sie als potentiellen Auftaggeber ist es natürlich auch wichtig zu wissen, ob Ihr Auftragnehmer noch mit Hammer und Meißel an die Programmerstellung geht. Sie sollten jedenfalls immer zuerst überprüfen, ob Sie nicht Standard-Software zur Lösung Ihrer DV-Probleme verwenden können. Falls das nicht möglich ist, sollten Sie bei der Vergabe eines Programmierauftrags zumindest die folgenden Punkte als Auftragsbestandteil vorgeben:

- ein Grobkonzept
- einen Realisierungszeitplan
- einen Kostenrahmen
- eine möglichst genaue Spezifizierung der zukünftigen Anwendungsfunktionen und des Leistungsverhaltens
- die zu verwendende Träger-Software (wie Datenbanksystem, Compiler, Kommunikationsprogramm oder integriertes Software-Paket)

Erster Versuch

Wir wollen als Beispiel ein einfaches Programm in BASIC schreiben, das auch von den Lesern, die noch keinen Rechner besitzen, nachvollzogen werden kann.

Dazu nehmen wir an, daß Sie Ihren Rechner eingeschaltet und, falls nötig, BASIC geladen haben. Auf dem Bildschirm ist jetzt das Bereitschaftszeichen zu sehen, das je nach Rechnertyp beispielsweise Ready oder OK lauten kann. Wir erteilen dem Rechner nun unseren ersten BASIC-Befehl, der aus zwei Teilen besteht, einem BASIC-Schlüsselwort und einer Mitteilung, die in Anführungszeichen eingeschlossen ist:

```
PRINT "HALLO"
```

Danach passiert zunächst nichts. Damit der Rechner einen Befehl erkennt und ausführt, muß man eine besondere Taste drücken, die sogenannte Eingabetaste. Bei manchen Rechnern ist sie mit Return beschriftet, bei anderen mit Enter, oder sie wird durch einen großen abgeknickten Pfeil gekennzeichnet. Nun reagiert der Computer mit der Meldung:

```
HALLO
```

Auf diese Weise kann man den Rechner im Direktmodus sofort dazu veranlassen, Befehle auszuführen. Umfangreichere Aktionen führt man jedoch im Programmmodus aus. Dabei muß jede Zeile mit einer Zeilennummer anfangen, die in der Regel zwischen 0 und 64000 liegen darf:

```
10 PRINT "HALLO" <Eingabetaste>
20 PRINT "WIE GEHT ES?" <Eingabetaste>
30 END <Eingabetaste>
```

Obwohl wir hinter jeder Zeile die Eingabetaste gedrückt haben, was durch die Angabe in spitzen Klammern symbolisiert sein soll, erscheint dieses Mal keine Ausgabe. Das liegt daran, daß ein Programm erst zu arbeiten beginnt, wenn es mit dem Befehl RUN gestartet wird. Wenn Sie jetzt also

```
RUN<Eingabetaste>
```

drücken, dann erscheint die Anzeige:

```
HALLO
WIE GEHT ES?
```

Programmierung von Mikrocomputern

Das Programm wird also Zeile für Zeile abgearbeitet. Nach dem Eintippen befindet es sich im sogenannten Arbeitsspeicher des Rechners. Es kann beliebig oft ausgeführt, erweitert oder verändert werden. Zeilen, die nachträglich eingefügt werden sollen, brauchen nur eine geeignete Zeilennummer aufzuweisen. Der Rechner ordnet sie entsprechend ein. Einzelne Zeilen können durch Eingabe ihrer Zeilennummer und anschließendem Drücken der Eingabetaste wieder gelöscht werden.

Das Programm bleibt so lange im Rechnerspeicher stehen, bis wir den Computer ausschalten oder den Speicher mit dem Befehl

```
NEW<Eingabetaste>
```

für ein neues Programm frei machen. Dann ist es allerdings für immer verloren, wenn es nicht zuvor auf einen Datenträger dauerhaft gespeichert wurde.

Wir wollen nun ein weiteres Programm betrachten, in dem der Computer mit Zahlen rechnen soll, was ihm natürlich keine Probleme bereitet. Er kann addieren, subtrahieren, multiplizieren, dividieren, potenzieren u. v. m. Das Programm dazu könnte folgendermaßen aussehen:

```
10 PRINT "8 plus  4 =";8+4
20 PRINT "8 minus 4 =";8-4
30 PRINT "8 mal   4 =";8*4
40 PRINT "8 durch 4 =";8/4
50 PRINT "8 hoch  4 =";8^4
60 END
```

Die Ergebnisse hätten wir natürlich zur Not auch im Kopf errechnen können. Nach dem Text, der in Anführungszeichen steht und der die Rechenaufgabe auf dem Bildschirm präsentieren soll, folgt ein Semikolon. Dieses bewirkt, daß der PRINT-Befehl mit seiner Ausgabe in derselben Zeile unmittelbar hinter dem Text fortfahren soll. Ein Komma anstelle des Semikolons würde einen Tabulatorsprung veranlassen. Hinter dem Semikolon wird die eingentliche Rechenaufgabe gelöst.

Das gerade besprochene Programm ist sehr starr und unflexibel, da es nur die fünf fest programmierten Aufgaben lösen kann. Wir könnten vielleicht auf die Idee kommen, daß wir lieber ein Programm hätten, das mit verschiedenen Zahlen, die wir ihm von Fall zu Fall vorgeben, rechnen soll.

Zur Lösung dieses Problems bietet sich in BASIC neben anderen der Befehl INPUT an, der vom Anwender eine Eingabe erwartet. Wir wollen nun ein Programm schreiben, das zwei Zahlen einliest und diese miteinander multipliziert. Wir löschen das alte Programm mit NEW und fangen die Numerierung zur Abwechslung einmal mit 200 an:

```
200 INPUT A,B
210 PRINT "ERSTE ZAHL:";A
220 PRINT "ZWEITE ZAHL:";B
230 PRINT A;"*";B;"=";A*B
240 END
```

Nach dem Programmstart erscheint auf dem Bildschirm eine Eingabeaufforderung in Form eines Fragezeichens, woraufhin zwei Zahlen, durch ein Komma getrennt, eingegeben werden müssen, die in den beiden Variablen A und B gespeichert werden (Zeile 200). Im weiteren Verlauf des Programms werden die Variablenwerte zunächst einzeln ausgegeben (Zeilen 210 und 220) und dann als Produkt (Zeile 230).

Eine Weiterentwicklung dieses kleinen Multiplikationsprogramms könnte der Einbau einer sogenannten *Schleife* sein, die es uns ermöglicht, die gleichen Anweisungen immer wieder, so oft, wie wir es wünschen, zu durchlaufen. Wir geben dafür zwei weitere Programmzeilen ein:

```
190 FOR I=1 TO 10
```

und

```
235 NEXT I
```

In diesem Zusammenhang spricht man von der Variablen I als von einer *Lauf-* oder *Zählvariablen*, die in unserem Beispiel nacheinander die Werte 1 bis 10 annimmt. Alle Anweisungen zwischen der FOR-Anweisung und dem zugehörigen NEXT werden so oft wiederholt ausgeführt, bis I die Grenze, in diesem Fall 10, überschritten hat. Dann fährt das Programm mit der Bearbeitung der Zeile fort, die auf das NEXT folgt.

Eine Schleife kann sehr nützlich sein, wenn man z. B. in einem Programm zunächst sehr viele Eingabewerte einlesen möchte, die erst später verarbeitet werden sollen. Dabei könnte man natürlich jedem Eingabewert eine Variable mit einem anderen Namen zuordnen: A, B, C, D usw. Praktischer ist es aber, hierfür indizierte Variablen zu verwenden:

```
100 DIM A(20)
110 FOR I=1 TO 20
120   INPUT "GEBEN SIE EINEN WERT EIN";A(I)
130 NEXT I
```

In der mit 20 dimensionierten Variablen A (Zeile 100) haben nun 20 Werte Platz, die über die Namen A(1), A(2), A(3), ..., A(20) angesprochen werden können. So können die eingegebenen Werte beispielsweise verdoppelt und dann wieder ausgegeben werden:

```
140 FOR I=1 TO 20
150     PRINT 2*A(I)
160 NEXT I
170 END
```

Die dimensionierte Variable A(I) in unserem Beispiel, auch *Feldvariable* genannt, ist eine eindimensionale Variable, die man sich auch als eine Liste mit I Elementen vorstellen kann. Darüber hinaus gibt es noch mehrdimensionale Felder. Ein zweidimensionales Feld, z. B. B(I,J), kann man sich als eine Tabelle von I Spalten und J Zeilen vorstellen. Felder mit drei Dimensionen kann man sich noch räumlich vorstellen, aber bei vier oder mehr Dimensionen hört die Vorstellungskraft auf.

Wir haben vorhin erwähnt, daß es außer dem Befehl INPUT für das Einlesen von Daten noch andere Befehle gibt. Ein anderer, der allerdings ganz anders arbeitet als der INPUT-Befehl, ist READ. Mit READ können Daten gelesen werden, die sich im Programm selbst in DATA-Zeilen befinden:

```
100 DIM A(20)
110 FOR I=1 TO 20
120     READ A(I)
130 NEXT I
500 DATA 1,2,3,4,5,6,7,8,9,10
510 DATA 11,12,13,14,15,16,17,18,19,20
```

Dabei ist es gleichgültig, in welcher Zeile die DATA-Werte stehen. Das Programm sucht immer den ersten und liest dann einen nach dem anderen. Die READ/DATA-Konstruktion bietet eine simple Möglichkeit, wenn man ein Programm zusammen mit seinen Daten abspeichern will, denn der Wunsch, ein Programm dauerhaft auf einem Datenträger abzulegen, wird sicher schnell bei Ihnen wachsen.

In der Regel werden Sie dafür eine Diskette verwenden. Bei ganz kleinen billigen Rechnern kann es vielleicht noch eine Kassette sein, bei großen professionelleren Geräten ist es sicher eine Festplatte. Demnach unterschiedlich und auch abhängig vom verwendeten Rechner kann der Befehl zum Abspeichern eines Programms etwa folgendermaßen lauten:

```
SAVE"Programmname"
```
oder
```
DSAVE"Programmname"
```

Entsprechend laden kann man ein abgelegtes Programm mit dem Befehl

```
LOAD"Programmname"
```
oder
```
DLOAD"Programmname"
```

Dabei muß man beachten, daß eine neue Diskette in jedem Fall zunächst formatiert sein muß, was wieder von Rechner zu Rechner mit unterschiedlichen Befehlen durchgeführt wird. Dafür und für weitere Einzelheiten müssen Sie Ihr jeweiliges Handbuch zu Rate ziehen.

Zusammenfassung

Mit Programmen kann man dem Mikrocomputer vorgeben, was er zu tun hat. Bei der Erfassung und Übersetzung von Programmen wird der Benutzer unterstützt. Bei der Ausführung von Benutzerprogrammen spielt ein besonderes Programm, das Betriebssystem, den Vermittler gegenüber Anforderungen an den Computer. Der Computer ist also primär eine programmgesteuerte Maschine. Die Entwicklung von Programmen erfordert daher ein sehr systematisches Vorgehen, da der Benutzer die Reaktion der Maschine in allen Situationen genau vorherbestimmen muß.

Kapitel 6

Die Computer-Sprache

Einleitung

Höhere Programmiersprachen sind erfunden worden, um das Schreiben von Computer-Programmen zu erleichtern. Diese Sprachen sind aus Ausdrücken zusammengesetzt, die dem Englischen entnommen sind und bestimmte Folgen von Computer-Operationen bezeichnen.

Um Mehrdeutigkeiten zu vermeiden, folgen alle Programmiersprachen einer strengen *Syntax*. Diese ist natürlich für jede Sprache anders. Ebenso gibt es Unterschiede zwischen den Bestandteilen der einzelnen Sprachen. Beispielsweise verfügen manche über Befehle zur Grafik- oder Tonerzeugung, andere wieder nicht.

Aus diesem Grund schwankt der jeweilige Sprachumfang (das ist die Anzahl der *reservierten Schlüsselwörter*) je nach Sprache beträchtlich. Die Anzahl kann in der Größenordnung von etwa 50 bis 200 Wörtern liegen.

Reserviert heißen diese Befehlswörter, weil eine gleichartige Buchstabenkombination vom Anwender nicht frei für eigene Zwecke, z. B. für Variablennamen, verwendet werden darf. In manchen Sprachen ist es noch nicht einmal gestattet, ein reserviertes Wort als Teil für einen Variablennamen zu verwenden. Dann wäre beispielsweise die Abfrage

```
IF OTTO=12 THEN PRINT "Er darf ins Kino gehen"
```

nicht gestattet, weil die Variable OTTO das Schlüsselwort TO enthält.

Elemente von Computer-Sprachen

Wir wollen nun im einzelnen betrachten, welche Arten von Schlüsselwörtern es geben kann und welche Aufgaben sie erfüllen. Dabei werden wir als Beispiel jeweils eine Auswahl von reservierten Wörtern betrachten. Diese sind nicht allein aus einer bestimmten Programmiersprache gewählt, sondern sollen nur das Spektrum der Möglichkeiten aufzeigen.

Manche der vorgestellten Beispielwörter sind nur im Direktmodus anzuwenden, andere nur im Programmmodus und wieder andere in beiden. Einige der Schlüsselwörter, die sogenannten *Funktionen*, verlangen gewisse Parameter, d. h. nähere Angaben, meist Werte, die in Klammern nach dem Wort folgen müssen, und es gibt auch Schlüsselwörter, die sekundäre oder sogar tertiäre Schlüsselwörter nach sich ziehen müssen. Auf diese ganzen programmtechnischen Einzelheiten werden wir bei unserer Betrachtung nicht eingehen.

Befehle und Funktionen allgemeiner Art

Es gibt immer einige Schlüsselwörter im Befehlsvorrat einer Sprache, die sich nicht eindeutig einem Aufgabenbereich zuordnen lassen, da sie mehr von allgemeinem Nutzen sind. Dazu gehören beispielsweise:

END – schließt ein Programm ab

FRE – zeigt den noch verfügbaren Speicherplatz des Systems an

REM – leitet einen Kommentar ein, der nur informativen Charakter für den Benutzer hat und während der Programmausführung ignoriert wird

NEW – löscht den Arbeitsspeicher für ein neues Programm

Datum, Uhrzeit und andere Konstanten

Bei manchen Systemen lassen sich Datum und Uhrzeit einstellen und abfragen. Die Konstanten, deren Werte ebenfalls erfragt und beispielsweise in Berechnungen weiterverwendet werden können, werden vom System geliefert.

DATE – liefert das aktuelle Tagesdatum

TIME – liefert die aktuelle Uhrzeit

Die Computer-Sprache 135

Listen- und Tabellenverarbeitung

Ein mächtiges Leistungspotential jeder Programmiersprache liegt auf dem Gebiet der Listen- und Tabellenverarbeitung. Hier können große Datenmengen mit wenigen Befehlen fortlaufend verarbeitet werden, indem sie in Listen (eindimensional) oder Tabellen (zwei- oder mehrdimensional) über Indizes angesprochen werden.

DIM   – legt die Dimensionen, also z. B. die Anzahl der Zeilen und Spalten bei einer zweidimensionalen Tabelle, fest

READ   – liest die Elemente einer Liste, die mit DATA beginnt

DATA   – leitet eine Liste ein, deren Elemente mit READ gelesen werden können

RESTORE   – setzt den Zeiger, der auf das nächste zu lesende Element in der DATA-Liste zeigt, auf den Anfang oder je nach Parameter auf einen anderen Punkt zurück

Tastatureingaben/Bildschirmausgaben

Ohne die Schlüsselwörter dieses Bereichs wäre überhaupt keine Kommunikation mit dem System möglich.

INKEY   – liest ein Zeichen von der Tastatur

PRINT   – gibt alles, was nach PRINT näher spezifiziert ist – Texte, Werte, Vorschübe – auf dem Bildschirm aus

Text- und Druckformatierung

Die Formatierung von Texten für den Bildschirm oder den Drucker kann je nach System mehr oder weniger aufwendig gestaltet werden. Zusätzlich werden Ausgabe-Attribute wie intensiv oder matt, Farbe, invertiert, schreibgeschützt oder blinkend für die Layout-Gestaltung bereitgestellt.

LOCATE   – positioniert den Cursor auf eine zu spezifizierende Stelle auf dem Bildschirm

POINTSIZE   – stellt die Schriftgröße ein

Logische und arithmetische Operationen

Mit logischen (oder booleschen) Operatoren kann man zwei (oder mehr) Relationen verknüpfen und erhält den Wert „wahr" oder „falsch", der den weiteren Ablauf der Programmausführung beeinflussen kann. In fast jeder Sprache kann man die folgenden logischen Operatoren finden:

NOT — logische Verneinung (*Komplement*)

AND — logische UND-Verknüpfung (*Konjunktion*)

OR — logische ODER-Verknüpfung (*Disjunktion*)

XOR — exklusive ODER-Verknüpfung (*Antivalenz*)

Zudem gibt es in jeder Sprache meist eine Fülle von arithmetischen Funktionen, die für alle möglichen Berechnungen eingesetzt werden können. Dazu gehören trigonometrische Funktionen:

SIN(X) — liefert den Sinus von X

COS(X) — liefert den Kosinus von X

Weiter gibt es eine Vielzahl von Umwandlungs- und Rundungsfunktionen:

ABS(X) — liefert den Absolutbetrag von X

ROUND(X,r) — rundet die Zahl X auf r Stellen

DEG(X) — wandelt den Winkel X in Grad um Fast immer stehen die transzendenten Funktionen zur Verfügung:

EXP(X) — berechnet den Exponentialwert von X

LOG(X) — berechnet den natürlichen Logarithmus von X

Zudem kann der Anwender alle anderen Funktionen, die er benötigt und die von der Programmiersprache nicht bereitgestellt werden, selbst definieren und zu beliebiger Zeit aufrufen:

DEF FN — definiert eine benutzereigene Funktion

Die Computer-Sprache 137

Verzweigungen und Schleifen

Nichts macht ein Programm so variabel wie der Einsatz von Verzweigungen und so effektiv wie die Verwendung von Schleifen. In einer Schleife kann eine Folge von Anweisungen so oft wiederholt werden, bis eine Bedingung erreicht ist. Dabei gibt es unterschiedliche Arten der Schleifenkonstruktion und der Definition einer Abbruchbedingung. Die einfachste ist ein Zähler, der schrittweise erhöht wird und bei Erreichen eines bestimmten Wertes die Schleife beendet.

GOTO	– führt einen unbedingten Sprung aus
IF...THEN...ELSE	– stellen Bedingungen auf, die den weiteren Ablauf des Programms beeinflussen
GOSUB	– ruft ein Unterprogramm auf
FOR und NEXT	– bilden eine Schleife
WHILE und WEND	– bilden eine Schleife
REPEAT und UNTIL	– bilden eine Schleife

Solche Wiederholungsschleifen können ineinander verschachtelt werden, solange sie sich nicht überlappen.

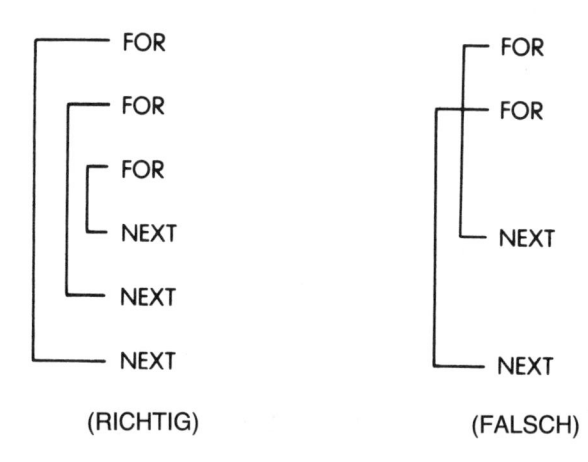

```
  ┌──── FOR              ┌── FOR
  │ ┌── FOR              ├── FOR
  │ │ ┌─ FOR             │
  │ │ └─ NEXT            └── NEXT
  │ └─── NEXT
  └───── NEXT            └── NEXT

    (RICHTIG)              (FALSCH)
```

Zeichenkettenverarbeitung

Unter einer *Zeichenkette* versteht man eine Folge von Zeichen, die wie ein Text behandelt wird, d. h. man kann keine Berechnungen mit einer Zeichenkette durchführen, so wie man es mit numerischen Werten kann. Zur Unterscheidung steht eine Zeichenkette deshalb immer in Anführungszeichen. Es gibt eine Reihe von Funktionen, die als Parameter eine Zeichenkette erwarten und diese dann verarbeiten.

    LEN   – ermittelt die Länge einer Zeichenkette

    LEFT$, RIGHT$ und MID$ – schneiden jeweils ein bestimmtes Stück aus der Zeichenkette heraus

Fenster

Die Schlüsselwörter für das Arbeiten mit Fenstertechnik sind sehr gerätespezifisch und auf manchen, vor allem älteren und kleineren Systemen überhaupt nicht vorhanden. In dem Falle, wo sie aber zur Verfügung stehen, ermöglichen sie dem Anwender ein professionelles und komfortables Arbeiten auf dem Bildschirm.

    WINDOW OPEN   – öffnet ein Fenster

    WINDOW CLOSE   – schließt ein Fenster

Maussteuerung

Auch die Unterstützung der Maussteuerung ist nur bei wenigen Programmiersprachen ein selbstverständlicher Bestandteil.

    BUTTON   – gibt den Zustand des Mausknopfs an

Grafik und Ton

    LINE   – zeichnet eine Linie

    BOX   – zeichnet ein Rechteck

    CIRCLE   – zeichnet einen Kreis

    PLAY   – gibt eine Melodie wieder

    VOL   – stellt die Lautstärke ein

Die Computer-Sprache 139

Befehle zur Dateiverwaltung

Diese Schlüsselwörter handhaben alle Operationen, die mit dem Transfer und der Verarbeitungen von Datengruppierungen, die wir Dateien nennen, zu tun haben. Das können Übertragungen von und zu Peripherigeräten sein, Anzeige von ganzen oder teilweisen Inhaltsverzeichnissen und Benennungen und Umbenennungen von Dateien.

DIR — zeigt das Inhaltsverzeichnis einer Platte an

REN — benennt eine Datei um

OPEN — öffnet eine Datei zur Bearbeitung

CLOSE — schließt eine Datei

Zusammenfassung

Die Sprachelemente der einfachen Computer-Sprache BASIC lassen die große Spannbreite von Funktionen erkennen, die eine Computer-Sprache umfaßt. Ein einzelnes BASIC-Wort, wie z. B. CIRCLE, steht für zahlreiche Maschineninstruktionen, die dadurch ausgelöst werden.

Die Programmiersprache ist also ein mächtiges Werkzeug in den Händen eines sachkundigen Benutzers. Sie wird praktisch zum Verstärker seiner Handlungsmöglichkeiten und lassen ihn so sein Fachwissen in einer neuen Ausdrucksform weitergeben, nämlich in dem von ihm formulierten Programm.

Kapitel 7

Computer-Dialekte von BASIC bis Pascal

Einleitung

In der Regel ist jede Sprache für die Programmierung von Problemen eines ganz spezifischen Anwendungsbereichs entwickelt worden, z. B. für wissenschaftliche, kommerzielle oder pädagogische Zwecke. Deswegen kann man auch nicht von der „besten" Programmiersprache sprechen, sondern immer nur von einer Anzahl unterschiedlicher Sprachen, von denen manche besonders geeignet sind im Hinblick auf eine bestimmte Anwendergruppe, eine bestimmte Problemkategorie oder eine bestimmte Art von Computer.

Für Mikrocomputer gibt es heute eine Vielzahl von Sprachen, die nur bei kleineren Heimcomputern durch zwei spezielle Beschränkungen begrenzt sind. In diesen Fällen macht es der begrenzte Speicherplatz und das häufige Fehlen von Diskettenlaufwerken erforderlich, Sprachen zu verwenden, die auch mit wenig Speicherplatz wirkungsvoll implementiert werden können.

Zweitens setzt die Verwendung von höheren Programmiersprachen die Entwicklung eines Compilers oder Interpreters voraus, der die in der höheren Programmiersprache geschriebenen Anweisungen in Folgen von binären Operationen übersetzt, die der Computer verstehen kann.

Das Schreiben eines Interpreters oder Compilers für einen neuen Computer ist sehr kostspielig. Die Amortisierung derartiger Entwicklungskosten ist nur möglich, wenn eine entsprechend starke Nachfrage vorhanden ist.

Klassische Programmiersprachen

Beim ersten Erscheinen von Mikrocomputern auf dem Markt waren nur zwei höhere Programmiersprachen verfügbar: BASIC und PL/M.

BASIC

BASIC ist die Abkürzung für „Beginner's All-purpose Symbolic Instruction Code" und wurde am Dartmouth College entwickelt. Es war ausgewählt worden, weil es auch von einem Laien in wenigen Stunden erlernt werden kann und leicht zu benutzen ist und auf wenig Speicherplatz implementiert werden kann (4K bis 16K, je nach Sprachumfang). Es errang schnell eine dominierende Stellung auf dem Heimcomputer-Markt.

BASIC wird durch einen Interpreter übersetzt: Jede Anweisung kann, sobald sie eingetippt ist, ausgeführt werden (man nennt eine solche Sprache „interaktiv"). Der Computer kann hier Fehler in der Syntax gleich entdecken, anzeigen und eine sofortige Korrektur ermöglichen.

Das ursprüngliche Darthmouth-BASIC genügte noch nicht allen Anforderungen, und als Folge davon entwickelten viele Mikrocomputer-Firmen speziell für ihre Maschinen erweiterte Versionen. Deshalb gibt es kaum zwei völlig gleiche BASIC-Befehlssätze, und den einzelnen Dialekten fehlen teilweise einige der folgenden Eigenschaften:

- eine bessere Rechengenauigkeit

- ein Dateiverwaltungssystem, so daß Daten und Programme automatisch auf Disketten oder anderen Datenträgern abgelegt und wieder gelesen werden können

- sowohl sequentielle als auch Direktzugriffs-Dateien (sequentielle Dateien werden auf Kassetten, Direktzugriffs-Dateien nur auf Disketten und Festplatten benutzt)

- Formatierungsanweisungen für die Ausgabe

- eine vollständige Zeichenketten-Verarbeitung

- ein leistungsfähiger eingebauter Editor zum Einfügen, Anhängen, Ändern, Suchen von Zeichen usw.

Es gibt aber auch kommerzielle BASIC-Versionen, die mit zusätzlichen Datenverarbeitungs-Möglichkeiten (meist Textverarbeitung) ausgestattet sind. Typische zusätzliche Eigenschaften sind die folgenden:

- binäre ganze Zahlen, zumeist durch das %-Symbol gekennzeichnet

- eine erweiterte Genauigkeit der Dezimalarithmetik (12–18 Ziffern)

  Es ist wichtig, sich daran zu erinnern, daß ein Computer intern die Zahlen abschneidet, so daß bei jeder arithmetischen Operation Ziffern verlorengehen. Die Berechnung der Fehlerfortpflanzung geht über den Rahmen dieses Buches hinaus. Aber beispielsweise kann 3 x 1/3 u. U. nicht 1, sondern 0.999999999 ergeben. Die meisten kommerziellen Berechnungen beruhen auf einfacher Arithmetik. In solchen Fällen sind die Fehler, die durch das Abschneiden von Stellen verursacht werden, minimal und können daher oft unberücksichtigt bleiben. Um eine annehmbare Genauigkeit des Ergebnisses zu erhalten, ist es wichtig, intern so viele Ziffern als möglich zu verarbeiten. 10 Ziffern sind das absolute Minimum für eine kommerzielle Anwendung; 18 sind höchst wünschenswert.

  Anmerkung: Bevor Sie BASIC für kommerzielle Zwecke anwenden, empfiehlt es sich, erst einige umfangreiche Aufgaben, die Grenzsituationen berühren, durchzurechnen und die Genauigkeit des Ergebnisses zu überprüfen.

- mehrere Formate

  Für die kommerzielle Anwendung ist es wesentlich, passend formatierte Berichte und Daten für Formdrucke erzeugen zu können. Die Verfügbarkeit von geeigneten Befehlen ist daher wichtig. Das Standard-BASIC ist für die Umständlichkeit und Schwierigkeit beim Umgang mit Texten und dem Formatieren derselben bekannt.

- Zeichenketten und Leerstellen

  Eine wichtige Annehmlichkeit bei der Anordnung von Text auf einer Seite ist die Möglichkeit, Zeichenketten aus Leerstellen bilden zu können.

- Suche von Teilketten

  Wenn eine Liste auf das Vorkommen eines Namens oder eines Codes durchsucht wird, sucht das Programm im Prinzip eine Teilkette in einer größeren Zeichenkette. Befehle, die diese Prozedur automatisieren, machen eine solche Anwendung manchmal erst möglich oder erleichtern sie zumindest.

Wenn eine Kartei auf den neuesten Stand gebracht werden soll, wird man z. B. nach Teilketten suchen, um sie in alphabetische Reihenfolge zu bringen, oder man sucht nach mehrfachem Auftreten solcher Teilketten.

- Zuweisung von Zeichenketten
  Wenn Zeichenketten bearbeitet werden sollen, muß die Möglichkeit bestehen, sie wie andere Daten zu handhaben, d. h. sie zu benennen, sie anderen Variablen zuzuweisen und ihren Inhalt zu ändern. Das Ändern des Inhalts kann Teilkettenbildung, Verketten (das Hinzufügen von neuem Text), Einfügen und Ersetzen einschließen.

Die Leistungsfähigkeit des *Interpreter-Programms*, welches das BASIC enthält, ist der Schlüssel für die Verarbeitungsgeschwindigkeit. Natürlich spielt die Geschwindigkeit des Mikroprozessors selbst auch eine bedeutende Rolle. Aber ein nachlässig entworfener Interpreter kann leicht zehnmal langsamer sein als ein professioneller.

Es ist allerdings schwierig, die Geschwindigkeit eines BASIC-Interpreters einzuschätzen. Man kann diese Beurteilung mit Hilfe von „Bewertungsprogrammen", englisch *Benchmarks*, versachlichen. Ein Benchmark-Test wird durchgeführt, indem man ein typisches Programm auf verschiedenen Computern laufen läßt und dabei die Bearbeitungszeit mißt. Auf diese Weise erhält man genaue Beurteilungsgrößen, auf denen sich ein Vergleich aufbauen läßt.

Die relativ begrenzte Leistungsfähigkeit (vom Standpunkt der Geschwindigkeit aus gesehen) eines BASIC-Interpreters gilt für alle Interpreter. Ein Interpreter übersetzt jede Anweisung in ein für die Maschine ausführbares Format und führt sie sofort aus. Wenn einmal eine Anweisung ausgeführt ist, bleibt nichts außer dem Ergebnis der ausgeführten Anweisung zurück.

Die meisten Programme benutzen *Schleifen* und führen diese wiederholt aus. In einer Programmschleife wird jede Anweisung n-fach übersetzt und ausgeführt. Diese Vorgehensweise ist natürlich äußerst ineffizient.

Abhilfe kann hier ein *Compiler* schaffen, der ein ganzes Benutzerprogramm einmal in ein für die Maschine ausführbares Format (*Objektcode*) übersetzt, das dann beliebig oft ausgeführt werden kann. Beim Objektcode ist die Ausführung viel schneller schneller, da die Übersetzungszeit gespart wird, was bei der Verwendung von Schleifen ziemlich viel ausmacht.

Ist jedoch die Übersetzung einmal durchgeführt worden, so ist eine Änderung des Programms nicht mehr ohne weiteres möglich. In diesem Fall muß nämlich das ganze Programm erneut übersetzt werden. Aus diesem Grund werden Compiler in einem *interaktiven* Anwendungsbereich normalerweise nicht

Computer-Dialekte von BASIC bis Pascal 145

eingesetzt. Tatsächlich wurde BASIC als eine *interpretative* Version von FORTRAN entwickelt (FORTRAN wird immer kompiliert). Es gibt heute Systeme, die zusätzlich zu einem regulären Interpreter kompiliertes BASIC bereitstellen. Die Geschwindigkeitsvorteile können sehr beträchtlich sein (je nach Programm und Leistungsfähigkeit des Compilers).

Diese Eigenschaft ist für ausgetestete Programme wertvoll, die eine Zeitlang nicht geändert werden. Für die Phase der Programmerstellung ist hingegen der Interpreter wesentlich komfortabler.

Im wesentlichen sind alle eingangs beschriebenen Beschränkungen im Microsoft-BASIC aufgehoben worden, das sich zu einem „de facto"-Standard für kommerziell sowie privat einsetzbare Systeme entwickelt hat. Viele Wissenschaftler und DV-Pädagogen sind allerdings mit den Möglichkeiten der Programmiersprache BASIC und der Strukturierung der in ihr geschriebenen Programme zufrieden. Aber sie ist schließlich die am weitesten verbreitete Sprache, und das wird noch länger so bleiben.

Als Beispiel zeigen wir ein BASIC-Programm, das in dem sehr umfassenden BASIC 7.0 für den C128 von Commodore geschrieben wurde und das alle Primzahlen bis 400 berechnet. Die genaue Funktionsweise des Programms soll nicht erläutert werden, da es nur einen Eindruck vermitteln soll, wie ein Programm in BASIC aussehen kann. Sicher kann aber auch der unerfahrene Leser beim Durchlesen schon ein bißchen verstehen, wie das Programm arbeitet.

```
110 K=200
120 PRINT"BERECHNUNG DER PRIMZAHLEN BIS";2*K
130 DIM M(200)
140 ZAEHL=0
150 FOR I=0 TO K
160 :   M(I)=1
170 NEXT I
180 FOR I=0 TO K
190 :   IF M(I)<>0 THEN
            BEGIN
200 :       PRIM=I+I+3
210 :       PRINT PRIM,;
220 :       Z=I+PRIM
230 :       DO WHILE Z<=K
240 :           M(Z)=0
250 :           Z=Z+PRIM
260 :       LOOP
270 :       ZAEHL=ZAEHL+1
280 :   BEND
290 NEXT I
300 PRINT
310 PRINT ZAEHL;"PRIMZAHLEN GEFUNDEN"
320 END
```

PL/M

Geschichtlich gesehen ist die einzige „Alternative" zu BASIC die Programmiersprache PL/M gewesen. PL/M wird von der Intel Corporation vertrieben und bedeutet „Programming Language for Micorprocessors" (Programmiersprache für Mikroprozessoren). Es ist eine kompilierte Sprache, die von der Sprache PL/I, die auf Großrechnern eingesetzt wird, abgeleitet wurde.

Als eine höhere Programmiersprache bietet PL/M die klassischen Vorteile gegenüber einer Maschinensprache: Die Programme sind schneller und leichter zu schreiben. Sie hat natürlich wie jede höhere Programmiersprache den Nachteil, daß die Ausführung bedeutend langsamer ist.

PL/M war die erste höhere Programmiersprache für Mikroprozessoren, und sie wurde in einer Anzahl von industriellen Anwendungen vorteilhaft eingesetzt. Aber PL/M ist relativ komplex, schwer zu benutzen, verfügt nur über Ganzzahlarithmetik und ist ein Compiler. Es wird kaum für private oder kommerzielle Zwecke benutzt.

FORTRAN

FORTRAN ist eine Abkürzung von „FORmula TRANslator". Es ist die älteste wissenschaftliche Programmiersprache. Obwohl FORTRAN umständlich zu handhaben, schwierig auf einem Mikrocomputer zu implementieren und darüber hinaus auch ineffizient ist, wird sie nach wie vor benutzt. Es gibt heute eine beträchtliche Anzahl von wissenschaftlichen Programmen, die in FORTRAN geschrieben worden sind.

FORTRAN erfordert einen schnellen Prozessor und viel Speicherplatz. Aus diesem Grund wurde FORTRAN in der Welt der 8-Bit-Computer durch BASIC ersetzt. Nachdem heute FORTRAN-Compiler verfügbar sind, können vorhandene FORTRAN-Programme auch auf kleinen Computern ausgeführt werden.

COBOL

COBOL (engl. COmmon Business Oriented Language) ist die Programmiersprache, in der die überwiegende Mehrheit von kommerziellen Programmen für große Computer-Anlagen geschrieben worden ist.

Kennzeichnend für ein COBOL-Programm ist der ziemlich starre Aufbau, der immer aus bis zu vier Teilen besteht:

- Der *Identifikationsteil* (engl. Identification Division) kennzeichnet das Programm.

- Der *Umgebungsteil* (engl. Environment Division) legt die verwendete Hardware und die Peripheriegeräte fest, auf denen die Dateien angelegt werden.

- Der *Datenteil* (engl. Data Division) beschreibt die Daten, die als Dateien, Konstanten oder Zwischenspeicher benutzt werden.

- Der *Prozedurteil* (engl. Procedure Division) enthält das eigentliche Programm, d. h. die Anweisungsfolge.

Sowohl dieser letzte Teil als auch der Datenteil müssen sehr sorgfältig entworfen werden. Der Datenteil selbst kann wieder bis zu vier Abschnitten umfassen:

- den Datei-Abschnitt (engl. File Section) für Ein- und Ausgabe;

- den Arbeitsspeicher-Abschnitt (engl. Working Storage Section) für temporäre Daten;

- den Binde-Abschnitt (engl. Linkage Section), ein Abschnitt, den sich zwei oder mehrere Programme gemeinsam teilen;

- den Berichts-Abschnitt (engl. Report Section) für die Ausgabeformatierung.

Die Programmiersprache COBOL wurde entwickelt, um vielfältige Text- und Datenmanipulationen bequem durchführen zu können. Sie verfügt allerdings nur über sehr begrenzte arithmetische Möglichkeiten.

Ein COBOL-Compiler ist viel größer und komplexer als ein BASIC-Interpreter. Die meisten COBOL-Programme wurden für große Computer mit Magnetplatteneinheiten geschrieben. Nun ist COBOL jedoch aufgrund der preiswert gewordenen Festplatten auch für viele Mikrocomputer verfügbar.

Moderne Programmiersprachen

APL

APL ist eine Sprache, die ursprünglich von Iverson erfunden wurde und – zwar nur langsam, aber doch stetig – wachsende Anerkennung gewonnen hat. APL ist wahrscheinlich eine der am besten geeigneten Sprachen für wissenschaftliche und kommerzielle Anwendungen. APL bietet eine Reihe von Vorteilen:

1. APL ist selbsterklärend.

    Die Regeln der APL-Syntax sind so einfach und klar, daß nach ein oder zwei Stunden jeder anfangen kann, ein Programm zu schreiben, indem er einfach am Terminal sitzt und „mit der Maschine kommuniziert". APL ist höchst interaktiv, und Fehler in der Syntax werden sofort entdeckt, wenn sie eingegeben werden.

2. APL ist sehr leistungsfähig.

    APL benutzt besondere Operatoren und kann tatsächlich äußerst komplexe Operationen auf jeder Struktur durchführen. Es kann sogar eine Matrix (auch eine n-dimensionale Matrix) mit Hilfe eines besonderen Operators transponieren. Höchst komplexe Programme können in wenigen Anweisungen formuliert werden. APL hat sich insbesondere als eine fast ideale Sprache für kommerzielle Anwendungen erwiesen.

3. APL ist eine echte „Lambda-Sprache".

    Ohne die „Lambda-Rechenprinzipien" detaillierter zu beschreiben, ermöglicht APL dem Benutzer, strukturierte Programme von unbegrenzter Komplexität zu schreiben, und zwar mit Hilfe vorher bestimmter Variablen oder Strukturen.

APL hat allerdings auch Nachteile:

1. Es benötigt einen besonderen Zeichensatz.

    APL-Operatoren benutzen eine Vielfalt von Symbolen, wie z. B. Δ oder ⎕, die für viele Drucker und Bildschirme nicht verfügbar sind.

2. APL-Programme sind manchmal so verdichtet, daß sie schwer zu verstehen sind. Dies ist gerade das Ergebnis der Leistungsfähigkeit der Sprache. Dieser Nachteil kann jedoch einfach durch eine disziplinierte Programmie-

rung und gute Dokumentation gelöst werden.
3. Die Entwicklung eines leistungsfähigen APL-Interpretierers ist nicht ganz einfach. Das spiegelt sich darin wieder, daß es nur wenige APL-Interpretierer und -Software gibt.

Wir wollen ein paar einfache Beispiele für APL-Anweisungen zeigen.

1. Addieren von zwei Vektoren:

   1 2 3 4 5 + 2 3 4 5 6

   Ergebnis: 3 5 7 9 11

2. Die einfache arithmetische Aufgabe

   2 x 3

   führt zur Ausgabe von 6,

   1 + 2 + 3 + 4

   führt zur Ausgabe von 10.

3. Ein Anzeigebefehl in der Form

   'HALLO'

   führt zur Ausgabe von HALLO.

4. APL enthält eine Reihe von leistungsfähigen Operatoren:

   !6

   berechnet die Fakultät von 6, also 1 x 2 x 3 x 4 x 5 x 6;

   2.3

   gibt den ganzzahligen Wert des vorstehenden Ausdrucks an, also 2;

   5 (Jota fünf)

   erzeugt den Vektor 1 2 3 4 5.

APL ist eine mächtige Sprache, die es ermöglicht, komplexe Programme mit wenigen Anweisungen zu schreiben. Aber APL setzt umfassende mathematische Grundkenntnisse voraus. Aus diesem Grund wird es hauptsächlich in be-

APL benötigt außerdem viel Speicherplatz und einen leistungsfähigen Prozessor. Deswegen wird es überwiegend für Mikrocomputer-Systeme benutzt, die mit einem schnellen Mikroprozessor und einer Festplatte bestückt sind.

LOGO

LOGO wurde von Seymor Papert am Massachusetts Institute of Technology (MIT) entwickelt. Es gilt als geeignete Sprache für Computer-Anfänger. Der Benutzer kann auch neue Befehle definieren, die dann wiederum für die Erstellung komplexerer Befehle weiterverwendet werden können. Eine Besonderheit von LOGO ist das visuelle Hilfsmittel „Turtle" (Schildkröten-Symbol) bei der Bildschirmgestaltung.

Insofern scheint es der ideale Einstieg in den Informatikunterricht zu sein. LOGO ist aber keineswegs als Spielzeug für Kinder konzipiert worden, sondern soll nach dem Willen seiner Designer ein die Kreativität in vielfältiger Weise förderndes Werkzeug sein. In diesem Sinne ist es sicher kein Instrument, mit dem man z. B. vorzugsweise kommerzielle Anwenderprobleme lösen kann. Es wird aber beispielsweise im Bereich der „künstlichen Intelligenz", einem Teilgebiet der Informatik, als Hilfsmittel erfolgreich eingesetzt.

Eine typische Eigenschaft von LOGO ist das Arbeiten mit *Rekursionen*, das ist die Eigenschaft eines Programms, sich selbst aufzurufen. Auf diese Weise entstehen mit wenigen Anweisungen komplizierte, ganz einfach zu variierende Grafiken.

Als Beispiel betrachten wir ein Programm, das zum Zeichnen nur die LOGO-Vokabeln FD (Forward – Vorwärts) und RT (RIGHT – Drehung nach rechts) verwendet, aber durch wiederholten Aufruf von sich selbst (SPIRALE) eine eindrucksvolle Zeichnung ergibt.

```
TO SPIRALE :WINKEL :SEITE
   IF :SEITE > 100 THEN STOP
   FD :SEITE RT :WINKEL
   SPIRALE :WINKEL :SEITE + 2
END
```

Jedes Programm in LOGO wird zunächst als Prozedur mit TO definiert und dann mit eventuell notwendigen Parametern aufgerufen. Die nächsten Abbildungen zeigen Aufrufe dieser Prozedur für SEITE gleich Null und verschiedene Winkel.

Computer-Dialekte von BASIC bis Pascal 151

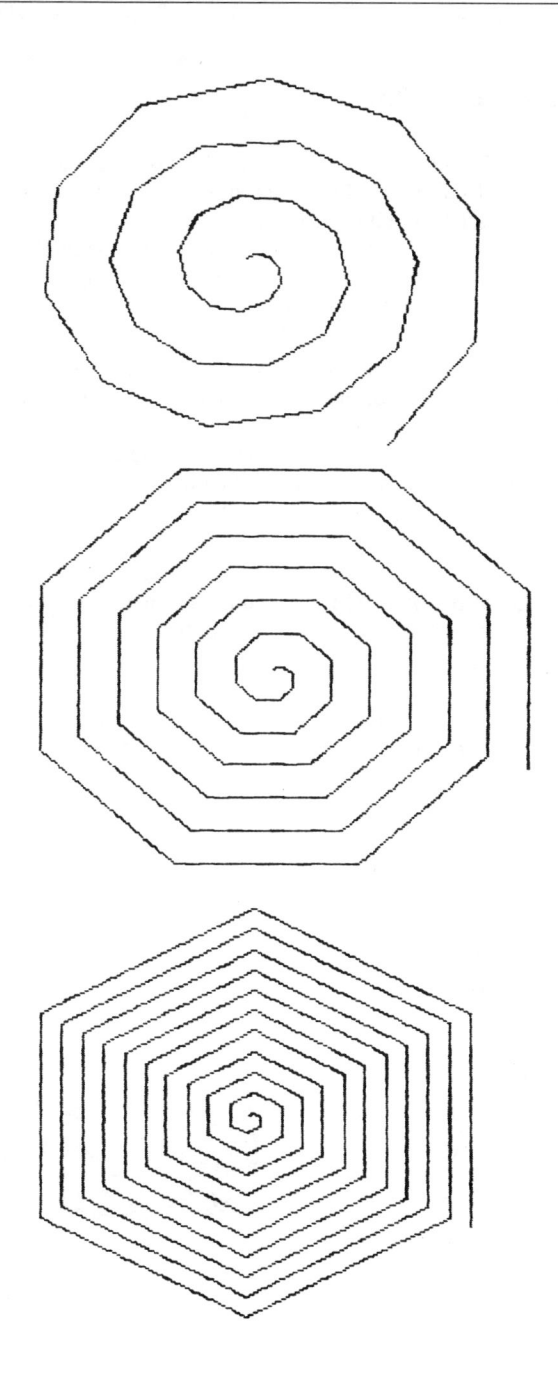

Pascal und Turbo Pascal

Pascal wurde 1970–71 von Niklaus Wirth, Professor an der Eidgenössischen Technischen Hochschule in Zürich, entwickelt. Es gründet in vielem auf der Programmiersprache ALGOL, die hauptsächlich im Bildungs- und Forschungsbereich verwendet worden ist. Es wird überwiegend benutzt, um das Programmieren zu erlernen. Pascal ist eine sehr leistungsfähige Sprache, die auf vielen Mikrocomputern verfügbar und schnell in der Ausführung ist.

Turbo Pascal ist ein neuer Pascal-Dialekt, der, wie schon sein Name sagt, noch wesentlich schnellere Ausführungszeiten zuläßt. Das kommt daher, daß es direkt in die Maschinensprache des entsprechenden Prozessors übersetzt und nicht in einen Zwischencode. Die übersetzten Programme sind sofort lauffähig. Außerdem umfaßt es deutlich mehr Standardfunktionen und -prozeduren und einige zusätzliche Typen und Konstanten als Standard-Pascal und arbeitet auch mit einer größeren Rechengenauigkeit.

In Pascal muß die Struktur und der Typ aller Daten genau beschrieben werden, was zwangsweise zu einer disziplinierten und übersichtlichen Programmierung führt.

Als Beispiel wollen wir eine Sortierprozedur betrachten, in der acht Zahlen, die vom Anwender einzugeben sind, vergleicht und nötigenfalls vertauscht werden.

Erst vergleichen, dann austauschen

Computer-Dialekte von BASIC bis Pascal   153

Wenn zwei Zahlen miteinander vertauscht werden sollen, so wird zunächst die größere Zahl temporär in einer Hilfsvariablen gespeichert. Dann wird die kleinere Zahl an die Stelle der größeren gesetzt und zum Schluß der zwischengespeicherte Wert aus der Hilfsvariablen geholt.

```
PROGRAM Tauschsort;

    CONST N = 8;
    VAR   i : INTEGER;
          a : ARRAY [1..N] OF INTEGER;

    PRODECURE Sort;
        VAR i, j : INTEGER;
            Hilf : INTEGER;

        BEGIN
            FOR i:=1 TO N-1 DO
              FOR j:=i TO N DO
                IF a[i] > a[j] THEN BEGIN
                   Hilf := a[i];
                   a[i] := a[j];
                   a[j] := Hilf      (* Speichertausch *)
                   END (* von IF *)
            END; (* von Sort *)

    BEGIN (* Hauptprogramm *)
        WRITELN ('Geben Sie ', N:3, ' Zahlen ein: ');
        FOR i:=1 TO N DO READLN (a[i]);
        Sort;
        WRITELN ('Sortiert: ');
        FOR i:=1 TO N DO WRITELN (a[i]:3)
    END.
```

Der Programmname „Tauschsort" wird in der ersten Zeile des Programmkopfes explizit angegeben.

Die folgende formale Deklaration der Datentypen ist kennzeichnend für Pascal. Wenn eine andere Anzahl von Daten sortiert werden soll, so ist einfach nur der Wert der Konstanten N zu ändern. Aufgrund der Variablendeklaration ist der Compiler, der die Anweisungsfolgen in binäre Code-Wörter übersetzt, besser in der Lage, den vorhandenen Speicherplatz effizienter zu verteilen und jeden Datentyp besonders zu behandeln.

Die Typendeklaration ist auch deshalb für den Programmierer von Vorteil, weil der Compiler jedesmal den Typ einer Variablen prüft, wenn dieser durch das Programm Werte zugewiesen werden. Wenn bei einer solchen Zuweisung der Typ nicht übereinstimmt, wird der Programmierer auf den Fehler aufmerksam gemacht.

Pascal ist in Blöcken strukturiert, die durch die Wörter BEGIN und END eingegrenzt werden. Außerdem stellt es eine Anzahl von komplexen Datentypen zur Verfügung, einschließlich der Möglichkeit zur Festlegung der jeweiligen Struktur dieser Typen. Die Beschreibung dieser Möglichkeiten geht jedoch weit über den Rahmen dieses einführenden Kapitels hinaus.

Pascal ist vielleicht keine Sprache für Gelegenheitsprogrammierer, da es aufgrund seiner hohen Leistungsfähigkeit auch schwerer zu lernen ist als zum Beispiel BASIC. Für denjenigen aber, der sich mit dem Studium der verschiedenen Programmiersprachen beschäftigt oder komplexe Programme entwickelt, ist Pascal ein hervorragendes Hilfsmittel von großem erzieherischem Wert.

C

Die Grundlagen für die Sprache C, die ursprünglich für das Betriebssystem UNIX auf PDP-Maschinen entworfen worden ist, sind in der Sprache BCPL (Basic Combined Programming Language) zu finden, die in den sechziger Jahren am Massachusetts Institute of Technology (MIT) entwickelt worden ist und überwiegend für Aufgaben der Systemprogrammierung eingesetzt wurde. Eine Weiterentwicklung von BCPL war zunächst die Sprache B, die am Bell Laboratorium in New Jersey entstand und immer noch eine typenlose Sprache war.

Erst 1972 wurde die Sprache von Dennis Ritchie weiterentwickelt und nach Einführung eines Typenkonzepts in C umbenannt. Heute ist die Sprache unabhängig von Hardware und Betriebssystem und gilt als die portabelste Sprache überhaupt.

Der Sprachumfang von C ist vergleichsweise klein, da viele Routinen, wie beispielsweise zur Ein- und Ausgabe, mathematische Funktionen usw. durch Bibliotheks- und Betriebssystemfunktionen bereitgestellt werden. Dadurch ist ein C-Compiler kompakt und schnell.

Signifikant für C ist außerdem die Blockstruktur, ein Typenkonzept, separate Compilierung, rekursive Funktionen, Systemaufrufe und das Arbeiten mit Makros.

Makros sind Programmteile, die über Namen aufgerufen werden können, ähnlich wie Funktionen. Sie sind aber effizienter, da aus ihnen ein Code erzeugt wird, für den weder Aufruf, noch Parameterübergabe, noch Rücksprung notwendig ist. Sie werden außerdem typunabhängig definiert, so daß sie für alle Datentypen gleichermaßen funktionieren.

Als einfaches Programmbeispiel wollen wir die Addition zweier Vektoren betrachten, die zunächst definiert und dann im Hauptprogramm, das immer mit dem reservierten Wort „main" beginnt, addiert werden.

```
0001
0002
0003    int a[]={2,3,4};        /* globale Variablen */
0004    int b[]={5,6,7};
0005
0006
0007    main()
0008    {
0009          int c[3];
0010          int i;
0011
0012    for (i=0;i<3;i++)
0013          {
0014          c[i]=a[i]+b[i];
0015          }
0016    }
0017
0018
```

Modula und Modula-2

Die Sprachen Modula und Pascal stammen beide aus derselben Hand, nämlich aus der des Professors Niklaus Wirth von der ETH Zürich. Modula-2 ist eine direkte Nachfolgeversion davon. 1975 wurde Modula, das aus Experimenten mit Multiprogrammierung entstand, experimentell implementiert.

1977 wurde am Institut für Informatik an der ETH ein Forschungsprojekt gestartet, dessen Ziel es war, ein sowohl in der Hardware als auch in der Software einheitliches Rechnersystem zu schaffen. Die Anforderungen an die dafür benötigte höhere Programmiersprache von der untersten maschinennahen bis zur obersten Benutzerebene sollten dabei von einer Sprache bewältigt werden, die aufs sorgfältigste definiert war. Modula-2 entstand mit vielen Bestandteilen von Pascal, aber noch mehr Elementen von Modula.

Wie der Name bereits andeutet, arbeitet Modula mit vielen einzelnen Programmteilen, den sogenannten *Modulen*, die einzeln kompiliert, getestet und ausgeführt werden können. Diese Art der Programmierung ist außerordentlich strukturiert und blockorientiert. Zu diesem strengen Konzept gehört wie bei Pascal eine Deklaration und Prüfung von Datentypen am Anfang des Programms. Aus einem Standard-Modul können maschinenabhängige Ein- und Ausgabeprozeduren in das Programm importiert werden, so daß eine Portabilität von Modula-Programmen weitgehend gewährleistet ist. Genau wie diese Importlisten im Kopf eines Moduls gibt es Exportlisten, in denen die Module angeführt sind, die von anderen Modulen benutzt werden können.

Diese Eigenschaften prädestinieren Modula-2 für Multiprogrammier-Aufgaben, bei denen verschiedene Programmierer an Teilaufgaben für ein großes Projekt arbeiten. Dabei läßt sich die Sprache aufgrund der selbsterklärenden Standard-Modulnamen und der systematisch aufgebauten Syntax schnell erlernen.

Als Besonderheit ist weiter zu erwähnen, daß bei Modula-2 im Gegensatz zu fast allen anderen Programmiersprachen eine Unterscheidung zwischen Groß- und Kleinschreibung gemacht wird, wobei Schlüsselwörter immer mit Großbuchstaben geschrieben werden. Wichtig ist auch, daß jede mit einem Schlüsselwort begonnene Struktur wieder mit einem Schlüsselwort abgeschlossen wird.

Da es inzwischen eine Reihe von preisgünstigen und leistungsfähigen Modula-Systemen für Mikrocomputer gibt, wird sich diese Sprache in Zukunft noch weiter durchsetzen. Eine britische Kommission arbeitet bereits an einer Normierung der Sprache, wodurch möglicherweise verhindert werden kann, daß es bei Modula-2 wie bei vielen anderen Sprachen einen Wildwuchs an verschiedenen Implementationen geben wird.

FORTH

Die Sprache FORTH wurde Anfang der siebziger Jahre von Charles Moore für die Steuerung eines Teleskops entwickelt. Die Struktur von FORTH ist äußerst flexibel und kann sogar zu Änderungen im Verhalten des Compilers führen. Dadurch sind viele FORTH-Dialekte entstanden, bis man in den USA damit begann, einen FORTH-Standard zu entwickeln.

Wenn man aber das Prinzip von FORTH einmal kennt, weiß man, daß es keine Rolle spielt, mit welcher Version man programmiert. Wenn ein Wort in einer Version fehlt, so kann man es selbst definieren. FORTH verwendet nämlich „Wörter", die in einem „Wörterbuch" eingetragen sind. Dort werden sie nacheinander auf einen *Stapel* gelegt, wobei jedes neue Wort alle vorher definierten benutzen kann.

Zum Start eines FORTH-Programms wird auf die Eingabe eines Wortes von der Tastatur gewartet. Dieses Wort wird dann vom Interpreter im Wörterbuch gesucht, und die an dieser Stelle stehenden Anweisungen werden ausgeführt. Die Übergabe von Werten erfolgt nach demselben Prinzip. Ein Wort kann eine Zahl auf dem *Rechenstapel* zurücklassen, wo sie von einem anderen Wort aufgenommen und weiterverarbeitet werden kann. Auf diese Weise ist FORTH außerordentlich flexibel und anpassungsfähig.

Ein FORTH-System besteht in der Regel aus den folgenden vier Teilen:

- Der Kernal, der einen Grundvorrat an Worten zum Ändern des Stapels, Rechenfunktionen und logischen Operatoren zur Verfügung stellt. Darüber hinaus können hier eigene Wörter definiert werden.

- Der Editor, der je nach FORTH-Version ganz einfach zeilenorientiert oder komfortabel bildschirmorientiert arbeitet und für Diskettenoperationen, Editieren des Programms und Umschalten in den *Schatten* eingesetzt wird. Der Schatten ist ein zweites Textfeld mit Kommentaren, das zur näheren Erläuterung eines Textfeldes an dieses gekoppelt ist und dessen Wörter in das Wörterbuch SHADOW eingetragen werden.

- Der Assembler, mit dem Worte, die auf das Betriebssystem zugreifen, definiert werden können.

- Ein Wörtervorrat, der für die Erstellung und den Test von Programmen verwendet wird.

Am einfachsten kann der ungeübte Leser direkte Operationen auf dem Stapel nachvollziehen, dessen Inhalt mit S nach Anzeige des FORTH-Bereitschaftszeichens, einem Punkt, präsentiert wird. Dabei beziehen sich Operationen ohne weitere Angaben stets auf das oberste Element des Stapels, das man daran erkennen kann, daß es am weitesten rechts steht.

In den leeren Stapel geben wird nacheinander die Zahlen 1, 2 und 3 ein und üben die Operationen zum Vertauschen (SWAP), Löschen (DROP), Verdoppeln (DUP) und Rotieren (ROT). Dabei betrachten wir nach jeder Operation den Inhalt des Stapels.

```
.S    Empty  ok
1 2 3        ok
.S           1        2        3    ok
SWAP  ok
.S           1        3        2    ok
DROP  ok
.S           1        3             ok
DUP   ok
.S           1        3        3    ok
ROT   ok
.S           3        3        1    ok
```

Zusammenfassend kann man sagen, daß FORTH das ist, was man aus ihm macht. Von Operationen auf Bitebene, über Assembler und Makro-Assembler bis zu Befehlen auf der Ebene höherer Programmiersprachen und Meta-Operationen ist alles möglich.

Prolog und Turbo Prolog

Der Name Prolog rührt von dem Ausdruck „PROgramming in LOGic" her. Die Sprache wurde ursprünglich 1972 von Alain Colmerauer und P. Roussel in Frankreich an der Universität von Marseille entwickelt und diente in erster Linie als Hilfsmittel für Wissenschaftler und Forscher, die sich mit künstlicher Intelligenz, einem Teilgebiet der Mathematik, beschäftigten.

In dieser Anfangszeit blieb Prolog jedoch eine relativ unbedeutende Sprache, die sehr langsam in der Ausführung war und viel Speicherplatz verbrauchte. Auch die Entwicklung von Compilern, die das Geschwindigkeitsproblem abschwächen sollten, änderte nicht viel an der Situation. Damals bevorzugte man LISP, eine andere Sprache, die sich mit künstlicher Intelligenz befaßte.

Als Folge einer japanischen Initiative im Jahre 1981 änderte sich die Situation plötzlich, da die Japaner in einem nationalen Technologie-Plan ankündigten, als Sprache der Neunzigerjahre Prolog zu verwenden. In der Folge davon wurden neue Prolog-Versionen entwickelt, unter anderem 1986 Turbo Prolog von der Firma Borland International, bei denen die alten Schwächen eliminiert waren.

Prolog ist anders als BASIC, COBOL, FORTRAN, C, Pascal usw. keine *prozedurale* Sprache, bei denen immer zuerst ein Algorithmus, also eine Verarbeitungsvorschrift, festgelegt werden muß, um ein Problem zu lösen. Prozedurale Sprachen unterscheiden zwischen einem Programm und den Daten, die es verarbeitet. Der Ablauf und die Kontrollstrukturen, die ein Programm benutzt, werden von einem Programmierer festgelegt. Das Programm verarbeitet die Daten immer entsprechend der festgelegten Prozedur.

Davon unterscheidet sich die Entwicklung eines Prolog-Programms wesentlich. Da es eine *objektorientierte* Sprache ist, verwendet Prolog keine Prozeduren, sondern nur Daten über Objekte und ihre Beziehungen zueinander, die in Form von Regeln angegeben werden. Ein Prolog-Programm ist im Grunde nichts anderes als eine Sammlung von Daten oder Fakten und Beziehungen zwischen diesen Fakten. Man kann auch sagen, das Programm ist eine *Datenbank*.

Durch diese Eigenschaften eignet sich die Sprache ideal zur Lösung unstrukturierter Probleme, für die ein Lösungsweg unbekannt ist. Was über das Problem bekannt ist, wird als Daten gespeichert. Der Anwender definiert lediglich ein Ziel, in der Sprache auch *Goal* genannt, das erreicht werden soll. Das Programm versucht mit Hilfe eines Dialogs mit dem Anwender das Problem einzuengen. In dem Zusammenhang spricht man auch von *Expertensystemen*.

Computer-Dialekte von BASIC bis Pascal

Nach dem Start von Turbo Prolog sind auf dem Bildschirm eine Menüleiste und vier Fenster zu sehen (Abb. 7.1). Jeder einzelne Punkt des Hauptmenüs ist ein Pull-Down-Menü, d. h. man kann es öffnen und hat dann eine Reihe von weiteren Unter-Auswahlpunkten zur Verfügung. Das Editor-Fenster dient zur Aufnahme des Programms, das Dialog-Fenster zur Eingabe von Benutzerdaten, im Message-Fenster werden System- und Fehlermeldungen gezeigt, und das Trace-Fenster erlaubt eine schrittweise Überprüfung des Programmablaufs.

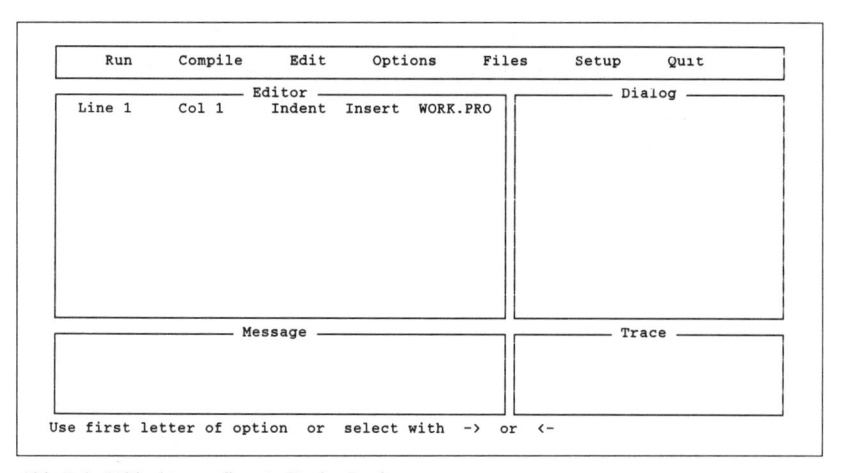

```
         Run    Compile    Edit    Options    Files    Setup    Quit
                         ── Editor ──                    ── Dialog ──
         Line 1    Col 1     Indent  Insert  WORK.PRO












                         ── Message ──                   ── Trace ──









         Use first letter of option  or  select with  ->  or  <-
```

Abb. 7.1: Bildschirmaufbau in Turbo Prolog

Durch Drücken von E (für Edit) gelangen wir in das Editor-Fenster, wo wir das folgende Beispiel, ein kleines Diagnoseprogramm, eintippen wollen:

```
/* BEISPIELPROGRAMM                       */
/* NICHT FÜR DIE MEDIZINISCHE ANWENDUNG   */
domains
  krankheit,anzeichen = symbol

predicates
  symptom(krankheit,anzeichen)

clauses
  symptom(windpocken,hohes_fieber).
  symptom(windpocken,schüttelfrost).
  symptom(grippe,schüttelfrost).
  symptom(erkältung,leichte_gliederschmerzen).
  symptom(erkältung,schnupfen).
  symptom(grippe,schnupfen).
  symptom(grippe,starke_gliederschmerzen).
  symptom(grippe,leichter_husten).
```

Danach verlassen wir den Editor durch Drücken der Esc-Taste und speichern das Programm durch Auswahl der Punkte Files und darunter Save. In Turbo Prolog kann man ein Programm ganz einfach compilieren, indem man den zweiten Menüpunkt Compile aufruft. Bei diesem Vorgang werden auch mögliche Fehler im Programm angezeigt, die man dann im Editor-Fenster korrigieren kann. Sobald das Programm fehlerfrei ist, wird es mit Run gestartet.

Nach dem Programmstart erscheint im Dialog-Fenster die Anzeige

```
Goal:
```

Auf diese Weise fragt Turbo Prolog den Anwender nach einem Ziel. Wir wollen für unser Beispielprogramm das folgende Ziel angeben:

```
Goal: symptom(erkältung,schnupfen)
```

Als Antwort erhalten wir von Turbo Prolog die Anzeige True (wahr):

```
Goal: symptom(erkältung,schnupfen)
True
```

Wenn Turbo Prolog in der Datenbank ein Faktum findet, das mit der Zielaussage übereinstimmt, so ist die Zielaussage gelöst und die Meldung „True" wird ausgegeben. Diese Operation wird traditionell „Unifikation" genannt. Die Eingabe eines Ziels, das auch beliebig kompliziert aus zusammengesetzten Ausdrücken bestehen darf, kann zu drei möglichen Ergebnissen führen:

1. Das Ziel wird bestätigt, d. h. der Wert True wird ausgegeben.

2. Das Ziel wird nicht bestätigt, d. h. Turbo Prolog konnte die Fakten des Programms nicht mit dem Ziel in Einklang bringen.

3. Die Programmausführung wird aufgrund eines Fehlers abgebrochen.

Wenn wir beispielsweise das folgende Ziel eingeben:

```
Goal: symptom(erkältung,kopfschmerzen)
```

dann lautet die Antwort von Turbo Prolog:

```
Goal: symptom(erkältung,kopfschmerzen)
False
```

Diese Antwort bedeutet nicht, daß Kopfschmerzen kein Symptom für eine Erkältung sind, sondern lediglich, daß Prolog keine Unifikation für die angegebene Zielaussage finden konnte. In Prolog bedeutet die Meldung „False" also, daß keine der vorliegenden Informationen zu einer Passung geführt hat.

Computer-Dialekte von BASIC bis Pascal 161

Wir können also sagen, daß die Ausführung eines Prolog-Programms ein einfacher Unifikationsprozeß ist. Dabei wird keine Prozedur abgearbeitet und keine Befehlsfolge vorgeschrieben. Während der Ausführung versucht das Programm nur, die angegebene Zielaussage zu einer Passung zu bringen.

dBASE III PLUS

dBASE III oder dBASE III PLUS von der Firma Ashton-Tate sind in erster Linie relationale Datenbanksysteme und keine Programmiersprachen. Diese Verwaltungsprogramme für große Datenmengen können wie viele andere komfortabel über *Pull-Down-Menüs* bedient werden. dBASE III PLUS enthält darüber hinaus noch einen Programmgenerator, mit dem ohne Kenntnisse der Anwendungsprogrammierung menügesteuerte Programme erstellt werden können. Der fortgeschrittene Benutzer zieht es oft vor, im Befehlsmodus zu arbeiten, da diese Arbeitsweise schneller und weniger umständlich ist. Dazu muß man nach Erscheinen des Hauptmenüs die Esc-Taste drücken, und unten links auf dem Bildschirm wird ein Punkt als Bereitschaftszeichen für den Befehlsmodus angezeigt.

Nun kann eine Vielzahl einzelner Befehle abgesetzt werden, um Dateien anzuzeigen, zu verändern, Sätze zu löschen usw. Darüber hinaus kann man Befehlsdateien anlegen. Die darin enthaltenen Befehle sind Sprachelemente von dBASE, die bei wiederholtem Gebrauch nicht immer neu eingegeben werden müssen, sondern aus der Befehlsdatei mit DO aufgerufen werden können. Eine solche Befehlsdatei wird mit dem Befehl

```
MODIFY COMMAND
```

und der Angabe eines Namens zur Identifikation angelegt. Wir wollen als Beispiel die Befehlsdatei EINGABE betrachten, die uns eine Eingabemaske für Zahlen, Sätze und Datum zur Verfügung stellt.

```
*** Erstellen einer Eingabemaske
ZAHL  = 0
WORTE = SPACE(254)
DATUM = DATE()

*** Daten einlesen mit @ SAY GET
CLEAR
@ 2,5  SAY "Bitte Zahl eingeben " GET ZAHL
@ 5,5  SAY "Bitte einen oder zwei Sätze eingeben " GET WORTE
@ 10,5 SAY "Bitte Datum eingeben " GET DATUM
READ

*** Pause erzeugen mit WAIT
@ 15,1
WAIT "Drücken Sie eine Taste zur Anzeige " TO TASTE
DISPLAY MEMORY
```

Die Befehlsdatei wird mit Ctrl-W gespeichert und mit

```
DO EINGABE
```

ausgeführt. Als Ergebnis erscheint auf dem Bildschirm die Eingabemaske wie in Abbildung 7.2.

Nach dem verlangten Tastendruck wird der Befehl DISPLAY MEMORY ausgeführt, der zur Anzeige der eingerichteten Speichervariablen führt.

```
            Bitte Zahl eingeben      123

            Bitte einen oder zwei Sätze eingeben  Das ist ein Satz über mehrere Zeilen
                                                  hinweg. Damit testen wir die Befehlsk
                                                  ombination @, SAY, GET und READ.

            Bitte Datum eingeben    15.04.87



            Drücken Sie eine Taste zur Anzeige




Befehl        |<B:>|                                      |Ins |
                        Einen dBASE III PLUS Befehl eingeben.
```

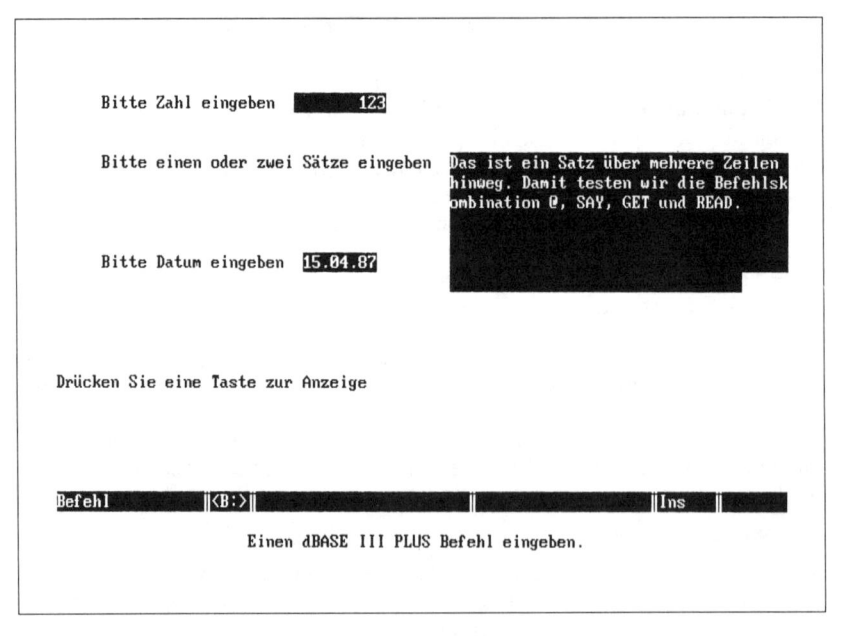

Abb. 7.2: Aufruf einer Befehlsdatei in dBASE III PLUS

FRED

FRED ist eine Programmiersprache, die eng mit dem integrierten Software-Paket Framework II verknüpft ist und nur in Zusammenhang mit diesem benutzt werden kann. Wie an anderer Stelle erwähnt, umfaßt Framework II mehrere Programme – eine Textverarbeitung, eine Datenbankverwaltung, ein Tabellenkalkulationsprogramm, ein Grafik- und ein Kommunikationsprogramm. Man kann jederzeit von einem dieser Programme auf FRED zugreifen, und umgekehrt stehen FRED alle Möglichkeiten von Framework II zur Verfügung.

Computer-Dialekte von BASIC bis Pascal

Die Sprache FRED (FRamework EDitor) unterstützt mit über 170 Funktionen in effizienter Weise das Arbeiten mit Framework II und ist dabei leicht zu erlernen. Um zu verstehen, wie FRED eingesetzt werden kann, muß man ein bißchen über die Funktionsweise von Framework II wissen.

Jede Aufgabe wird in Framework II damit begonnen, daß man einen entsprechenden Frame erzeugt. Dieser stellt so etwas wie ein Arbeitsblatt dar und besteht aus vier Teilen, dem Rahmen, dem Namen, dem Inhaltsbereich und einem Formelbereich, der „hinter" dem Frame liegt (Abb. 7.3).

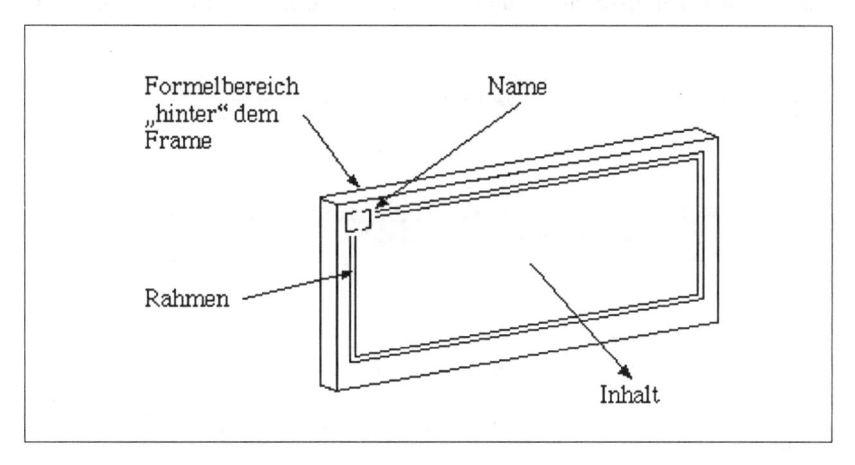

Abb. 7.3: Die vier Teile eines Frames in Framework II

In den Formelbereich eines Frames gelangt man, indem man die Funktionstaste F2 drückt, die in Framework II auch die Bezeichnung „Formel Editieren" trägt, während der Frame markiert ist, d. h. aktuell ausgewählt ist.

Eine FRED-Formel kann auf die gleiche Weise auch hinter einem einzelnen Feld auf dem Arbeitsblatt plaziert werden. Wenn dann außerdem noch die Funktionstaste F9 (Zoom) gedrückt wird, erweitert sich der Eingabebereich für die Formel, der sonst nur eine Zeile am unteren Rand des Bildschirms umfaßt, auf volle Bildschirmgröße. In diesem Zustand können umfangreiche FRED-Programme eingetippt werden.

Wenn man ein solches Programm starten möchte, muß dieser Frame nur wieder geladen werden und die Funktionstaste F5 gedrückt werden.

Als Beispiel wollen wir ein FRED-Programm betrachten, das hinter einem Feld in der obersten Zeile einer Datenbank-Tabelle steht. Diese Datenbank enthält eine Warenliste mit Ein- und Verkaufspreisen. In der Spalte, wo wir unser FRED-Programm einsetzen wollen, werden die Verkaufspreise für die Waren aufgeführt, und zwar werden diese aus dem Einkaufspreis (gespeichert in der Variablen KostProPack), multipliziert mit einem gewissen Faktor als Gewinnspanne errechnet.

Die endgültigen Verkaufspreise sollen außerdem als Endziffer immer eine 5 oder eine 9 enthalten, da ein solcher Preis optisch besser wirkt. Um die gewünschten Ergebnisse zu erhalten, haben wir ein kleines FRED-Programm geschrieben.

```
Bestand verp. Waren: ;Formel zur Berechnung der Preise
    @local(pr      ;der zu berechnende Warenpreis
           temp    ;letzte Ziffer nach dem Dezimalpunkt
           add     ;Betrag in Pfennig, der addiert werden soll
           ),
    pr := @round(KostProPack * 1.45,2),    ;Preisberechnung
    temp := 10 * (pr * 10 - @int(pr * 10)), ;letzte Ziffer
    add := @if(temp>5, 9-temp, 5-temp),     ;Zahl f. Addition
    PreisProPack := pr + add/100
```

Wir wollen das Programm nun genauer untersuchen. Wie Sie sehen, enthält es bereits ausführliche Kommentare, die seine Funktionsweise beschreiben.

Als erstes werden in dem Programm mit Hilfe der Funktion @local drei lokale Variablen definiert:

```
@local(pr,
       temp,
       add
       ),
```

Diese Variablen werden bei der schrittweisen Berechnung mit der Formel verwendet.

In der nächsten Programmzeile wird der Variablen pr der Preis als einfache Berechnung mit 45 Prozent Aufschlag auf die Kosten pro Packung zugewiesen:

```
pr := @round(KostProPack * 1.45,2),
```

Die Funktion @round rundet einen Wert auf die angegebene Anzahl von Dezimalstellen. @round verlangt zwei Parameter: den zu rundenden Wert und die gewünschte Anzahl von Dezimalstellen. In unserem Fall soll die Formel den Warenpreis pr auf zwei Dezimalstellen runden.

Computer-Dialekte von BASIC bis Pascal 165

In der nächsten Programmzeile wird die letzte Ziffer des Wertes von pr vorübergehend isoliert und der Variablen temp zugewiesen:

```
temp := 10 * (pr * 10 - @int(pr * 10)),
```

Hierbei wird die Funktion @int eingesetzt, um den ganzzahligen Anteil von pr * 10 zu ermitteln. Wenn dieser ganzzahlige Anteil von dem Produkt von pr * 10 subtrahiert wird, so ist das Ergebnis davon die letzte Ziffer von pr; dieses Ergebnis muß dann noch einmal mit 10 multipliziert werden, damit man eine ganze Zahl erhält.

Der Wert der Variablen add, der in der nächsten Zeile berechnet wird, stellt den Pfennigbetrag dar, der zum Warenpreis addiert werden muß, damit dieser mit der Ziffer 5 oder 9 endet. Unter Einsatz der Funktion @if wird dieser Wert ermittelt:

```
add := @if(temp > 5,9 - temp,5 - temp),
```

Falls die Ziffer temp größer als 5 ist, dann werden so viele Pfennige addiert, daß der Preis mit einer 9 endet. Ist temp jedoch kleiner oder gleich 5, dann soll sich durch Addition die Endziffer 5 ergeben. Nach der Bestimmung des Wertes für add, der Anzahl der hinzuzufügenden Pfennige, wird in der letzten Programmzeile schließlich der Wert für das Feld PreisProPack berechnet:

```
PreisProPack := pr + add / 100
```

Programme wie dieses können in vielen Tabellen- und Datenbank-Frames nutzbringend eingesetzt werden. Durch Umschalten in volle Bildschirmgröße kann man in jede Tabellenzelle oder in jedes Datenbankfeld eine Formel eingeben.

Die Kommandosprache

Eine Kommandosprache ist bei jedem Mikrocomputer-System vorhanden. Sie dient dazu, direkte Anweisungen an das Betriebssystem zu geben, und stellt somit für den nicht programmierenden Benutzer eine Möglichkeit dar, die Abläufe im Mikrocomputer zu bestimmen.

Die Kommandosprache verfügt meist über ähnliche Sprachregeln wie BASIC und ist deshalb bei fast allen Computern mit eingebautem BASIC im Festwertspeicher sogar in die BASIC-Sprache eingebettet. Mit dieser Kommandosprache kann man auch regelrechte Programme schreiben, die *Prozeduren* genannt werden.

Allen MS-DOS-Benutzern ist eine Prozedur bekannt, die AUTOEXEC heißt. Diese Prozedur wird immer unmittelbar nach dem Einschalten des Rechners und dem Laden des Betriebssystems ausgeführt. Mit Hilfe dieser Prozedur kann man dynamisch Voreinstellungen des Systems verändern, und vor allem dient sie dazu, automatisch Anwendungen zu starten, so daß man sich beispielsweise direkt nach dem Einschalten im Textverarbeitungsprogramm befindet.

Zusammenfassung

Mit den Computer-Sprachen verhält es sich ähnlich wie mit der menschlichen Sprache. Es gibt geschwätzige Sprachen wie COBOL, bilderreiche Sprachen wie LOGO, stenografische Sprachen wie APL, elegante Sprachen wie Modula und das Esperanto der Datenverarbeitung, BASIC. Die Vorliebe für eine bestimmte Computer-Sprache wird also nicht nur durch die Eignung für bestimmte Aufgabenstellungen gegeben, die durchaus sehr ausgeprägt sein kann, sondern kann auch etwas über die Person des Programmierers verraten.

Die Vielfalt der Sprachen zeigt auch, welche kreativen Kräfte der Computer im Menschen freisetzen kann.

Kapitel 8

Generelle Standard-Software

Einleitung

Für den kommerziellen Einsatz werden nur selten völlig selbst erstellte Anwendungen verwendet. Wenn man auf fertige Software zurückgreifen möchte, kann man einerseits komplett ausprogrammierte Speziallösungen für ein bestimmtes Anwendungsgebiet kaufen, wie z. B. eine Lohnbuchhaltung, wobei man das Programm nur noch minimal verändern kann, um es an die eigenen Bedürfnisse anzupassen. Man kann aber auch eine generell einsetzbare Standard-Software als Trägersystem benutzen, wobei jedoch noch ein großer Teil an eigener Programmierung zu leisten ist. Das geschieht allerdings auf einer sehr hohen Ebene und mit sehr guter Unterstützung durch die Software.

Daher wird sich der Benutzer bei der Realisierung vom umfangreichen Programmiervorhaben doch oft an einen hausinternen oder externen Spezialisten wenden, der eine individuelle Lösung erstellen kann.

Textverarbeitung

Die Textverarbeitung ist eine der häufigsten Anwendungen überhaupt auf Mikrocomputern. Die Anzahl der Produkte auf diesem Gebiet mit ihren vielfältigen Ausprägungen ist überwältigend. Die Kombination von Computer und Textverarbeitungsprogramm hat den reinen Textautomaten schon den Rang abgelaufen. Das hat viele Gründe.

Neben der Ausnutzung nahezu des gesamten Bildschirms für die Darstellung des Schriftgutes während der Erfassung, der inhaltlichen Bearbeitung und der Gestaltung des Erscheinungsbildes, der Formatierung und dem Layout nutzt ein leistungsfähiges Textverarbeitungsprogramm die Datenverarbeitungs-Eigenschaften des Mikrocomputers intensiv.

Diese ermöglicht Anwendungsfunktionen wie die folgenden.

- Serienbriefe mit automatischer Adressenübernahme aus einer Adreßdatenbank.
- Arbeiten mit Textbausteinen.
- Verwendung von umfangreichen Floskelsammlungen, d. h. Abkürzungen für Redewendungen.
- Rechenfunktionen im Text.
- Erstellung von Stichwort- und Inhaltsverzeichnissen.
- Automatische Neunumerierung von Gliederungspunkten nach Einfügen oder Löschen von Abschnitten.
- Automatische Rechtschreibprüfung mit Korrekturhilfe.
- Begriffswörterbücher mit Synonymvorschlägen.
- Übernahme von Ergebnissen anderer Programme in Form von Grafiken und Tabellen.
- Suchen und Ersetzen von Zeichenfolgen im gesamten Text.
- Anzeige von Inhaltsverzeichnissen mehrerer Texte auf der Festplatte.
- Automatische Verwaltung von Textversionen.
- Selektives Abspeichern und Laden von Teiltexten.
- Automatisches Erstellen von Sicherungskopien.

Größere Unterschiede zwischen verschiedenen Textsystemen gibt es vor allem bei der Präsentation der Texte auf dem Bildschirm und der Formatierung. Ältere und einfachere Textsysteme erlauben nur die Anzeige in einer Schriftart, die auf dem Standard-Zeichensatz des Mikrocomputers beruht, und können keine abstandsgerechte Darstellung von Proportionalschriften, keine Kursivschrift, keine unterschiedlichen Zeichenhöhen und -breiten, nur wenige hoch- oder tiefgestellte Zeichen, häufig keine Unterstreichungen oder unterschiedliche Darstellungsintensitäten, und wenn überhaupt nur ganz einfach, nicht farbige Geschäftsgrafiken im Text auf dem Schirm anzeigen.

Bei diesen Textsystemen wird eine Formatierung meist erst zum Ausgabezeitpunkt auf dem Drucker vorgenommen. Daher müssen die Steueranweisungen für die Formatierung teilweise offen oder versteckt im eigentlichen Text bzw. als Prozeduren in gesonderten Dateien oder in einem besonderen Abschnitt der Textdatei untergebracht werden. Dies hat einerseits den Nachteil, daß das endgültige Aussehen des Textes vom Benutzer erst zum Zeitpunkt der Druckausgabe ersichtlich ist, was zu häufigen Probeausdrucken und entsprechenden Wartezeiten führt, andererseits erleichtert es die völlige Neuformatierung von Schriftstücken und die Übernahme von Formatmustern, was eine Standardisierung der Gestaltung des Textgutes fördert.

Textsysteme, die die Grafikfähigkeiten leistungsfähiger, moderner Mikrocomputer voll nutzen, bieten alle Möglichkeiten der Schriftgestaltung und der flexiblen Plazierung der Zeichen auf dem Bildschirm, und zwar in annähernd gleicher Form, wie sie der Drucker hinterher auf Papier ausgibt. Daher wird bei diesen Systemen die Formatierung durch direkt wirksame Kommandos vom Benutzer am Bildschirm ausgeführt. Der Anwender kann sofort sehen, wie sein Schriftstück später aussieht. Neuformatierungen erfordern aber bei dieser Technik größere Aktionen des Benutzers und setzen eine höhere Disziplin voraus, wenn man ein einheitliches Aussehen von Texten erzwingen will.

Die Entscheidung für die eine oder andere Technik hängt nicht nur von der persönlichen Neigung, sondern auch von der Leistungsfähigkeit des Mikrocomputers ab. Auch macht es wenig Sinn, eine aufwendige, Bildschirm-orientierte Textgestaltung zu favorisieren, wenn man nicht einen Drucker mit den entsprechenden Leistungen besitzt.

Die Auswahl des Textsystems hängt natürlich auch von der hauptsächlichen Einsatzart ab. Will man längere Berichte oder gar Bücher erstellen, so erwartet man Funktionen wie

- Unterstützung bei der Textstrukturierung,
- komfortable Fußnotenverwaltung,
- automatischen Wechsel von Kopf- und Fußzeilen,
- das Bedrucken von Vor- und Rückseiten durch zwei getrennte Druckvorgänge für gerade und ungerade Seiten,
- automatische Seitennumerierung,
- mehrspaltigen Druck,
- überlappende Textbearbeitung und
- überlappenden Dokumtenausdruck.

Der Geschäftsmann legt Wert auf Textvariablen, eine automatische Erstellung mehrerer Kopien sowie Ausdruck von Firmenlogos und einfache Sekretariatsorientierte Handhabung, die sehr stark menügeführt ist und umfangreiche Hilfsinformationen bietet.

Der Hobbyist will mit dem Textsystem auch Programme editieren sowie grafisch reich verzierte Privatbriefe, vielleicht mit verschnörkelten Schriften erstellen und erwartet, daß er das Textsystem optimal an seine Gerätekonstellation anpassen kann. Ihm ist an einem sehr schnellen Ansprechen und einer direkten Erreichbarkeit von Funktionen über einen Expertenmodus gelegen.

Der Wissenschaftler bevorzugt Textsysteme, mit denen er auf einfache Weise komplizierte mathematische und chemische Formeln darstellen kann und die über griechische und andere Schriftzeichen sowie umfangreiche technisch/wissenschaftliche Symbolsammlungen verfügen.

Der Übersetzer wünscht sich mit einiger Aussicht auf Erfolg Textsysteme, die auch eine mehrsprachige Erstellung von Texten ermöglichen. Dazu kann er eingebaute, erweiterbare Wörterbücher, eine halbautomatische Übersetzungshilfe, über eine Wortzählung für Abrechnungszwecke sowie eine vollautomatische Trennungshilfe gebrauchen.

Der Kleinverleger möchte druckreife Buchvorlagen gestalten, die auch die Einbeziehung von Bildern und hochwertigen Grafiken ermöglichen, wobei man den Text in diese hineinfließen lassen kann. Das ist heute ebenfalls in einem gewissen Umfang mit einigen Textsystemen üblich, ist aber bei höheren Ansprüchen weiterhin eine Domäne der sogenannten *Desktop Publishing*-Programme.

Weiterhin kann es wichtig sein, daß ein Textsystem Dokumente von anderen Textsystemen übernehmen kann. Hierfür kann aber auch eins der spezialisierten Konvertierungsprogramme zusätzlich eingesetzt werden, die teilweise sogar Formatierungen umsetzen können.

Datenbankprogramme

In der Anfangszeit der Mikrocomputer und Mikroprozessoren konnten nur wenige Fachleute die rasante Entwicklung vorhersehen, die der Mikrocomputer vom reinen Rechen- und Steuergerät zum Verwalter großer Datenmengen durchmachen würde.

Generelle Standard-Software 171

Die ehemals sehr teuren Festplattenlaufwerke sind rapide im Preis gefallen und können heute einige 20 bis mehrere hundert Millionen Zeichen dauerhaft speichern.

Der Zugriff auf solche großen Datenmengen ermöglicht neue Einsatzbereiche, die allerdings auch ein effizientes Verwaltungssystem für diese Daten voraussetzen. Hinzu kommt durch die gleichzeitige Einsatzmöglichkeit in verschiedenen Anwendungen, durch die Mehraufgabenfähigkeit der modernen Mikrocomputer-Betriebssysteme und das Hineinwachsen in immer anspruchsvollere Aufgabenstellungen eine größere Komplexität auf das Daten-Management zu.

Grundfunktionen einer Datenbank

Zur Verwaltung von Daten gibt es schon seit längerer Zeit – anfangs allerdings nur für Großrechner – sogenannte *Datenbanksysteme*. Diese erlauben den Zugriff von mehreren Anwendungen auf dieselbe Datei, verhindern aber gleichzeitig, daß sich die Programme gegenseitig stören oder die Ergebnisse verfälscht werden. Deshalb ist es nicht mehr notwendig, die gleichen Daten mehrfach als Kopie für verschiedene Anwendungen bereitzuhalten, was immer mit einem gewissen Pflegeaufwand und dem Risiko, daß Anwendungen auf nicht mehr aktuelle Daten zugreifen, verbunden ist.

Darüber hinaus führt der Einsatz von Datenbanksystemen zu einer weiteren Entflechtung von Daten und Dateien einerseits und Anwendungen auf der anderen Seite.

Datenbank und Datenstrukturen

Bei Nichtvorhandensein eines echten Datenbanksystems werden die Datensätze einer Datei jeweils in der Struktur auf einzelne Anwendungen abgestimmt, so daß es praktisch für jede Anwendung eine ihr zugehörige Gruppe von Dateien gibt. Dies hat meist die Konsequenz, daß Datensätze aus verschiedenen Dateien in ihren Datenstrukturen zwar gemeinsame Elemente oder Felder haben, diese Informationen aber wegen des unterschiedlichen Satzaufbaus nicht ohne weiteres von einer Datei in eine andere übernommen werden können.

Ein Datenbanksystem gestattet es nun, die Daten – unabhängig von einzelnen Anwendungen – auf das gesamte Aufgabenfeld abgestimmt zu strukturieren, wobei primär die elementaren logischen Beziehungen zwischen Daten wiedergespiegelt werden, wie etwa die Namen von Mitarbeitern und ihre Personalnummer.

Datensichten

Den Anwendungen werden aber dennoch die einzelnen Datenfelder in solchen Strukturzusammenhängen präsentiert, wie sie von diesen benötigt werden. Das Datenbanksystem erlaubt es darüber hinaus, in einfacher Weise frei wählbare Querschnittabfragen nach ad hoc in Zusammenhang gebrachten Datenelementen durchzuführen, wie z. B. das polizeiliche Kennzeichen eines PKWs oder die Telefonnummer seines Besitzers. Dieser Zugriff auf Datenfelder einer neuen Anwendung in einer von ihr gewünschten Struktur geschieht meist ohne Veränderung der Datenbank. Deshalb nennt man diesen Vorgang auch *Sichten* auf Daten oder *Datensichten* bereitstellen.

Relationale Datenbanksysteme

Es gibt Datenbanksysteme, die Daten für den Benutzer quasi wie eine Sammlung von Tabellen verwalten, deren Zeilen die Datensätze und die Spalten die einzelnen Datenelemente darstellen. Wenn dabei gewisse Grundoperationen zur Verfügung gestellt werden, die beispielsweise einen Zugriff erlauben, der beschränkt auf einen Teil der Spalten bzw. Zeilen ist oder eine Verknüpfung von zwei Tabellen ermöglicht, dann hat man es mit einem *relationalen* Datenbanksystem zu tun. Bei relationalen Systemen werden neue Datenzusammenhänge im wesentlichen durch eine Verwendung dieser soeben beschriebenen drei Grundoperationen erzielt.

Netzwerk-Datenbanksysteme

Datenbanksysteme, die es erlauben, komplexere Sinnzusammenhänge, als sie in Tabellen darstellbar sind, über eine feste Verknüpfung von Datensätzen mit andersgearteten Datensätzen herzustellen, nennt man *Netzwerk-* oder *Codasyl-Datenbanksysteme*. Diese ermöglichen dann über entsprechende Verknüpfungsketten verschiedene Datensichten.

Datenbanksysteme unterstützen den direkten Zugriff auf Daten über verschiedene Ordnungskriterien, oft auch *Index* genannt. Neben einem immer vorhandenen Hauptindex, wie z. B. der Mitarbeitername, können in der Regel mehrere zusätzliche, eindeutig einen Datensatz kennzeichnende Ordnungskriterien verwendet werden, wie etwa die Personalnummer, die Telefonnummer usw. Meist kann ein solcher zusätzlicher Index noch nach dem Einrichten der Datenbank vergeben werden.

Weitere Funktionen

Außer den Grundfunktionen der Zugriffsmethode und -verwaltung auf Daten verfügen Datenbanksysteme oft noch über weitere Zusatzeinrichtungen.

Das Speichern sehr großer Datenbestände und das Ineinandergreifen verschiedener Anwendungen bei der Verarbeitung und Aktualisierung von Daten macht die Wiederherstellung eines korrekten Datenzustands nach dem Auftreten von Fehlern und Störungen praktisch unmöglich, wenn nicht zuvor besondere Vorkehrungen getroffen wurden. Aus diesem Grund verfügen Datenbanksysteme über Sicherungsfunktionen, die die Sicherstellung eines definierten Datenzustands in regelmäßigen Abständen auf ein anderes Speichermedium ermöglichen. Zusätzlich wird jeder verändernde Zugriff auf Daten protokolliert. Beide Maßnahmen zusammen gestatten eine rasche Wiederherstellung der Datenbank im Notfall.

Darüber hinaus kann der Zugriff auf Daten gezielt durch das Datenbanksystem gesperrt werden, etwa um einen gleichzeitigen ändernden Zugriff durch zwei verschiedene Anwendungen zu verhindern oder um Daten nur bestimmten Benutzern, die sich durch ein Schlüsselwort legitimieren können, zugänglich zu machen.

Für den freien Zugriff auf Daten im Dialog gibt es bei vielen Datenbanksystemen eine leicht erlernbare und einfach anzuwendende Abfragesprache, auch für Benutzer ohne große Programmierkenntnisse. Natürlich ist auch eine Reihe von Funktionen enthalten, die dem erfahrenen Anwender die zügige Gestaltung und den Aufbau von Datenbanken, von Programmen für die Erfassung, die Änderung und die Auswertung von Daten gestatten.

Tabellenkalkulation

Tabellenkalkulationsprogramme gehören zu den Programmen, mit denen auch ein unerfahrener Benutzer ohne weiteres kleine Anwendungen erstellen kann. Sie eignen sich in erster Linie für alle Aufgaben, bei denen man in tabellarischer Form Zusammenhänge darstellen, Zahlen verarbeiten und Ergebnisse präsentieren möchte.

Der Benutzer kann eine Anwendung einfach durch die Festlegung eines tabellarischen Rechenschemas mit Zeilen und Spalten erstellen. Dazu muß er nur an den Positionen, die abgeleitete Werte enthalten, in einer Rechenformel angeben, wie dieser Wert aus Zahlen in anderen Feldern der Tabelle errechnet wird. Der Einfachheit halber kann eine solche Formel, die sinngemäß auch für andere Positionen einer Spalte oder Zeile der Tabelle gilt, in ihrer Wirkung auf mehrere Felder oder ganze Tabellenbereiche erstreckt werden, was den Aufbau oder die Änderung des Rechenschemas enorm beschleunigt. Zusätzlich zu den einfachen Rechenformeln können auch bedingte Verarbeitungen erfolgen. Dies ermöglicht die Durchführung von Fallunterscheidungen.

Darüber hinaus verfügen Tabellenkalkulationsprogramme meist über eine sehr große Anzahl von finanzmathematischen, statistischen und trigonometrischen Funktionen. Dadurch wird die Formelbildung vereinfacht und ein weites Feld für finanzmathematische, kaufmännische und technisch/wissenschaftliche Anwendungen geschaffen.

Als Standardmöglichkeit bieten fast alle Tabellenkalkulationssysteme noch eine durch wenige Anweisungen zu bewirkende Darstellung in Form von Geschäftsgrafiken, wie zum Beispiel Kuchen- und Balkendiagramme.

Für anspruchsvolle Anwendungen verfügen einige Tabellenkalkulationen über eine *Makrosprache*. Damit können aus Benutzeranweisungen und Eingaben Prozeduren gebildet werden, wobei das Tabellenschema vor dem Benutzer sozusagen versteckt werden kann. Dies kann sich bei sehr umfangreichen Anwendungen, die nicht mehr durch den Benutzer erstellt oder gepflegt werden können, als sehr sinnvoll erweisen. Für diesen ist dann oft gar nicht mehr erkennbar, daß es sich um eine Formel aus der Tabellenkalkulation handelt. Darüber hinaus können mit Hilfe einer Makrosprache eigene Funktionen definiert werden, die aufgrund ihrer Zusammensetzung mächtiger und leistungsfähiger als die eingebauten sein können.

Ein fertiges Tabellenschema kann durch eine Sperre vor versehentlichen Änderungen oder gar der Zerstörung des Formelapparates geschützt werden. Der Benutzer kann dann nur noch die Daten ändern und auswerten.

Die Möglichkeit, Daten getrennt von dem Rechenschema zu laden, eröffnet weitere flexible Anwendungsbereiche.

Existiert beispielsweise ein Tabellenschema für eine Monatsauswertung, so kann man jeweils die Daten für einen Monat einzeln zur Auswertung laden. Dieses Verfahren hält das Schema klein, da man nicht für jeden Monat des Jahres die Formeln und Daten in das Schema aufnehmen muß.

Die Tabellenkalkulationsprogramme können darüber hinaus Tabellendaten selektiv aus einer Datei laden oder in sie abspeichern, was den Austausch von Daten zwischen verschiedenen Schemas oder Gruppen von Schemas unterstützt.

Sogenannte dreidimensionale Tabellenkalkulationen verfügen über eine weitere Verknüpfungsmöglichkeit von Rechenschemas und Daten. Bei diesen Systemen können sozusagen mehrere der üblichen zweidimensionalen Tabellen mit Spalten und Zeilen in Richtung einer dritten Achse logisch übereinander gelegt werden. Die Elemente in den verschiedenen Tabellenebenen können dann zusätzlich in der dritten Dimension durch Formeln verknüpft werden. Dabei ist die Lage eines Elementes durch Angabe von Zeile, Spalte und Ebene eindeutig festgelegt.

Grafik

Der Mensch ist ein Augentier, und eine gute Grafik kann mehr vermitteln und ist schneller erfaßbar als eine längere textliche Darstellung.

Die technischen Grafikmöglichkeiten der Mikrocomputer reichen von der an Grafikzeichen orientierten Darstellung bis zu hochauflösender Grafik, deren feine Punktestruktur fast bis in die Bereiche grobkörniger Fotografien reicht.

Grafikauflösung

Die zeichenorientierte Grafikdarstellung beruht auf einem besonderen Grafikzeichensatz, der neben dem alphanumerischen in fast allen Mikrocomputern zur Verfügung steht. Dieser Zeichensatz reicht für einfache Balkengrafiken und schematische Darstellungen wie Organigramme oder Ablaufdiagramme aus.

Es gibt nur wenige auf diese Art von Grafik spezialisierte Anwendungen. Der Vorteil besteht jedoch darin, daß man diese Grafiken mit einem vom Zeichensatz her abgestimmten Drucker schnell und problemlos ausgeben kann. Deshalb wird diese Art der Grafik überwiegend in den Programmen verwendet, die auch eine einfache Grafikausgabe benötigen, wie z. B. in Projektmanagement-Systemen für die Darstellung von Netzplänen.

Für einige Grafikpakete, die einfache Geschäftsgrafiken auch in Form von Kuchendiagrammen bieten, ist zumindest eine Auflösung von 100 000 Punkten auf Bildschirm und Drucker notwendig, was auf älteren Heimcomputern nur monochrom möglich ist.

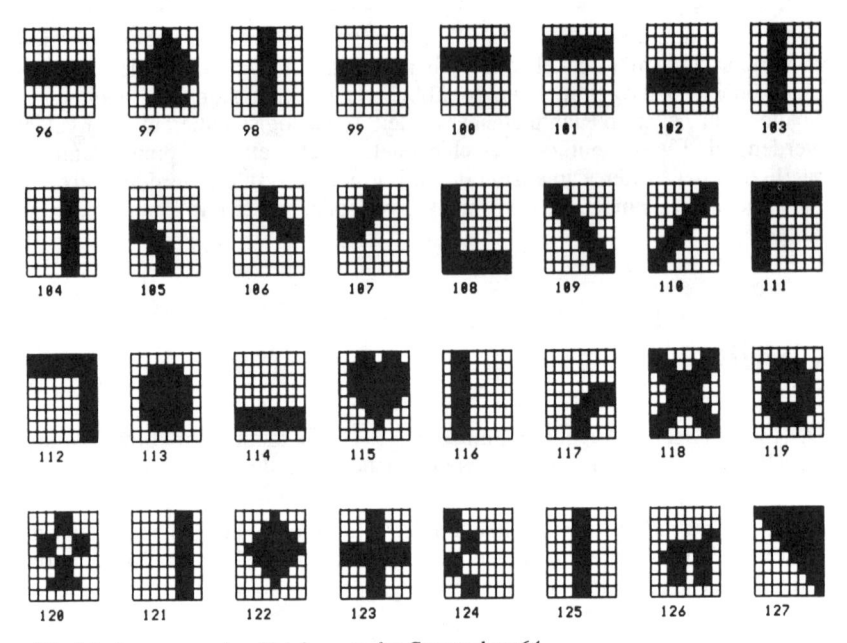

Abb. 8.1: Auszug aus dem Zeichensatz des Commodore 64

Für Grafikanwendungen, die die Darstellung mathematischer Kurven oder ein Freihandzeichnen mit einigermaßen ansprechender Grafik ermöglichen oder ein Montieren von Grafiken aus vorgefertigten Bildelementen ist eine viermal so hohe Grafikauflösung von Bildschirm und Drucker gefordert, die man als mittlere Auflösung bezeichnen könnte und die auf einem normalen Fernsehgerät nicht mehr erzielt werden kann.

Anwendungen wie der computergestützte Entwurf technischer Zeichnungen für Bauingenieure und Konstrukteure oder für Desktop Publishing benötigen mindestens eine Million Punkte, um eine ausreichend professionelle Darstellung zu erzielen. Bildschirme, die ein solches Auflösungsvermögen auch noch mit einer großen Palette gleichzeitig darstellbarer Farben bieten, kosten oft mehr als der Mikrocomputer selbst.

Gerätekonfiguration

Neben der Auflösung, also der Anzahl Bildschirmpunkte, mit der eine Grafik von einem Grafikprogramm auf Papier oder Bildschirm dargestellt werden kann, bestimmten eine Reihe weiterer Merkmale das Einsatzspektrum einer Grafikanwendung.

Generelle Standard-Software 177

Abb. 8.2: Kuchendiagramm auf dem Commodore PC-1

Dies sind zunächst einmal die Eingabemedien, die von der Tastatur und dem Steuerknüppel als Notlösung, über eine hochpräzise Maus oder einen Trackball bis zum Grafiktablett reichen. Wichtig ist auch das Ausgabemedium, das Bildschirme vom einfachen Fernsehgerät bis zum hochauflösenden 19-Zoll-Monitor umfaßt. Schließlich spielt auch der Drucker eine Rolle, der ein simpler 9-Nadeldrucker oder vielleicht ein 24-Nadeldrucker, eine Laserdrucker oder ein Plotter sein kann.

Ein Laserdrucker kann zwar hochauflösende Bilder mit sehr feinen Graustufen ausgeben, aber Farb-Laserdrucker gibt es z. Zt. nur im Labor. Die feinsten Farbnuancen erzeugt ein Tintenstrahldrucker mit 24 Düsen, die leuchtendsten Farbbilder ein Thermotransfer-Drucker, der besser als ein Tintenstrahldrucker auch auf Overhead-Folien drucken kann.

Die schönsten Linien in mehreren Farben, sei es für Schriftzüge, mathematische Funktionen oder Konstruktionszeichnungen lassen sich mit einem Plotter erzielen, der mit einer großen Palette von Farbstiften direkt auf Papier oder Folie zeichnet. Das satte Ausfüllen größerer Flächen ist allerdings nicht seine Stärke.

Das bedeutet, daß bei Grafikanwendungen eine sehr hohe Abstimmung von Anwendung und Gerätekonfiguration auf den Einsatzzweck erforderlich ist.

Malprogramme

Bei diesen Programmen spielt auch die Handhabung eine wichtige Rolle. Für kreative Aufgabenstellungen können folgende Funktionen von Bedeutung sein:

- Ausschneiden von Bildelementen.
- Montieren an eine andere Stelle in einem anderen Bild.
- Bearbeiten einzelner Bildpunkte in einer lupenartigen Vergrößerung.
- Drehen, Spiegeln, Klappen und Kopieren über alle Achsen.
- Überlagern verschiedener Bilder.
- Erstellen beliebiger geometrischer Figuren in verschiedenen Größen an frei wählbaren Stellen.
- Ausfüllen beliebig definierter Flächen mit Mustern und Farben
- Vergrößern, Verkleinern, Stauchen und Dehnen von Bildern oder Bildbereichen.
- Einbringen von Schrift in verschiedenen Schrift- und Stilarten in beliebiger Größe und Orientierung.
- Effiziente Verwaltung der Bilder oder Bildteile auf einem Speichermedium.
- Übernahme von Bildern aus anderen Programmen.
- Übertragung von Grafiken in Text- oder Desktop-Publishing-Systeme.

Derartige Anwendungen werden als Malprogramme bezeichnet.

Präsentationsgrafik

Für Anwendungen mit Präsentationsgrafiken, die wie eine Diaschau auf dem Bildschirm ablaufen sollen, sind noch Animationseffekte, Auf-, Ab- und Überblendungen sowie dynamische Overlays und eine Ablaufverkettung wünschenswert. Solche Grafikanwendungen sind natürlich auch zur Erzeugung klassischer Präsentationsfolien geeignet. Sie arbeiten in hohem Maße mit Bibliotheken voller vorgefertigter Bildelemente und Symbolen. Dabei können aber Grafiken, insbesondere Geschäftsgrafiken erstellt und von anderen Anwendungen übernommen werden.

Geschäftsgrafiken

Diese Anwendungen sind oft Teil größerer Anwendungspakete. Sie gestatten es, mit wenigen Kommandos weitgehend automatisch verschiedene Formen von Balken- und Kuchendiagrammen von Daten in Tabellenform zu erstellen. Sie können u. a. dreidimensionale Diagramme mit ausgeschnittenen Kreissegmenten automatisch mit den zu den entsprechenden Datenfeldern zugehörenden Feldnamen beschriften. Es können Daten aus verschiedenen Statistikpaketen und Tabellenkalkulationen übernommen werden. Außerdem müssen die erstellten Grafiken durch Textsysteme übernehmbar sein.

Technische Grafiken

Die technische Grafik arbeitet teilweise ähnlich wie ein Malprogramm, aber die Bildinformation wird hierbei nicht, wie dort meist üblich, als Punktemuster verwaltet, sondern in Form von Vektoren. Ein Vektor ist als eine gerichtete Strecke zu verstehen. Dies ermöglicht die erforderliche, wesentlich höhere Positioniergenauigkeit. Hierfür stehen auch maßstabsgetreue Rasterungsmöglichkeiten der Bildschirmfläche zur Verfügung.

Bildverarbeitung

Die Bildverarbeitung ermöglicht die Übernahme und Bearbeitung hochauflösender Bildinformationen mit mehreren Hunderttausend bis mehreren Millionen Bildpunkten in digitaler Form. Solche Bildinformationen können von Fotos oder Druckvorlagen stammen oder auch von Malprogrammen, die Bilder als reine Bitmuster abgespeichert haben.

Die Bildverarbeitung stellt nicht nur besondere Anforderungen an das Auflösungsvermögen der Ausgabegeräte, sondern führt zu einem enormen Speicherplatzbedarf, da die Bildinformation nicht codiert vorliegt. Das heißt, es wird nicht in komprimierter Form gespeichert und später wieder für die Ausgabe aufbereitet, sondern es ist so abgespeichert, wie es auch ausgegeben wird.

Bildverarbeitungsfunktionen, die insbesondere im Zusammenhang mit Funktionen des Desktop Publishing von Interesse sind, sind zum Beispiel die Veränderung der Körnung, die Kontrastverstärkung oder -abschwächung, die Transformation von Farbwertigkeiten sowie die Vergrößerung und Verkleinerung.

Integrierte Programmpakete

Viele gute Einzellösungen ergeben nicht unbedingt eine optimale Gesamtlösung. Diese insbesondere für Mikrocomputer-Anwendungen bittere Erkenntnis hat schon manchen Anwender verzweifeln lassen. Wenn er nämlich, nachdem er mit viel Mühe und Not die Daten von seiner alten Datenbank in das neue Tabellenkalkulationsprogramm gebracht hatte und anschließend die Ergebnisse seiner Auswertungen nach einigen Klimmzügen mit dem Grafikprogramm veranschaulicht hatte, feststellen muß, daß sich diese schönen Grafiken nicht in den Bericht integrieren lassen, den er morgen seinem Vorgesetzten überreichen wollte. Natürlich kann er letztendlich auf die konventionelle Art Schere und Klebstoff verwenden.

Mittlerweile hat sich die Situation etwas gebessert. Viele erfolgreiche Programme können mit einer wachsenden Anzahl anderer Anwendungen Daten austauschen. Zusätzlich gibt es Spezialprogramme für Texte und Grafiken, die auch in den Fällen, in denen offiziell kein direkter Austausch von Daten vorgesehen ist, dennoch eine solche Möglichkeit eröffnen.

Doch dies ist nur ein Problem des Benutzers, der häufig verschiedene Anwendungen einsetzt, um seine Arbeit zu erledigen. Denn jedes Programm hat eine andere Benutzerführung, andere Funktionstastenbelegung oder andere Kommandobezeichnungen, so daß man ständig umdenken muß. Hinzu kommt das lästige Ein- und Aussteigen von einer Anwendung in die andere, was besonders ärgerlich ist, wenn man feststellt, im vorigen Arbeitsschritt etwas vergessen oder falsch gemacht zu haben. Das kostet dann jedesmal einige Minuten.

Integrierte Software-Pakete versprechen hier Abhilfe, da sie unter einer einheitlichen Benutzerführung und integrierter Datenverwaltung ein rasches Umschalten zwischen den Anwendungsfunktionen – Datenbank, Tabellenkalkulation, Grafik, Textverarbeitung und Datenkommunikation – bieten. Zusätzlich gibt es oft noch jederzeit einblendbare Hilfsmittel wie Taschenrechner, Kalender oder Notizblock sowie eine verbundene Kommandosprache, die es erlaubt, übergreifende Anwendungen zu erstellen, die alle Funktionen nutzen.

Dabei ist die Qualität der Integration der einzelnen Funktionen sehr unterschiedlich. Kann man bei einem System wirklich von einer Funktion aus auf die andere zugreifen, so ist bei anderen Paketen ein effizienter Wechsel nur zwischen den Funktionsgruppen möglich, die dann oft alle noch eine eigene spezifische Datenverwaltung verwenden. Andererseits gibt es Pakete, die konsequent die Datenbank-Komponente zur Verwaltung aller Daten benutzen, wo man dann praktisch auf Knopfdruck Daten von einem Anwendungsbereich in einem anderen verwenden kann.

Der Nachteil integrierter Pakete ist ihr enormer Speicherplatzbedarf im Arbeitsspeicher und auf der Platte. Dies ist insbesondere dann unangenehm, wenn man ohnehin an Systemgrenzen stößt und eigentlich nur einen Teil der Funktionen überhaupt nutzen will. In einem solchen Fall ist ein integriertes Paket auch zu teuer, da man für Funktionen bezahlen muß, die man nicht braucht. Oft fällt die Qualität einzelner Anwendungsbereiche deutlich gegenüber anderen ab.

Ob und welches integrierte Paket für einen Anwendungszweck in Frage kommt, hängt daher davon ab, wie viele Anwendungsbereiche häufig und im Zusammenhang benötigt werden, ob man integrierte Pakete bevorzugt, die primär um eine Tabellenkalkulation herum entwickelt worden sind, oder solche, bei denen die Datenbank im Zentrum steht.

Werden sehr hohe oder spezielle Anforderungen in bestimmten Bereichen gestellt, dann verwendet man besser einzelne Anwendungen

Datenkommunikation

Mikrocomputer können viele Aufgaben vollständig allein lösen, wobei häufig aber ein Austausch von Daten mit der näheren oder ferneren Umwelt notwendig ist.

Es gibt vier Grundformen der Datenkommunikation zwischen Computern:

- Das Ansprechen einer Anwendung auf einem anderen Computer unter Nutzung der Tastatur und des Bildschirms des eigenen Mikrocomputers. Diese Form nennt man *Terminalbetrieb*.

- Die Übertragung ganzer Dateien über eine Leitung von einem Computer zu einem anderen. Diese Form nennt man *Dateitransfer*.

- Den Austausch von Informationen, insbesondere auch einzelner Datensätze, Meldungen und sogar Kommandos zwischen zwei Programmen, die auf verschiedenen Computern laufen. Hier spricht man von *Programm-zu-Programm-Kommunikation*.

- Den Zugriff auf ein Gerät oder sonstige Betriebsmittel eines anderen Computers durch den eigenen Mikrocomputer, so, als wäre es ein lokal angeschlossenes Gerät oder Betriebsmittel. Diese Kommunikation nennt man *Remote Access* nach der englischen Bezeichnung für Zugriff aus der Distanz.

Wenn der Zugriff auf Geräte oder andere Betriebsmittel erfolgt, die eigentlich ganz andere Eigenschaften haben als die Geräte, die der eigene Computer kennt, es durch besondere Vorkehrungen jedoch ermöglicht wird, daß sich die fremden Geräte wie die eigenen verhalten, so bezeichnet man diese als *Virtual Resource*. Dieser englische Ausdruck bedeutet so etwas wie virtuelles oder scheinbares Gerät oder Betriebsmittel. Wenn gemeinsam und gleichzeitig von verschiedenen Computern auf reale oder virtuelle Ressourcen zugegriffen wird, dann spricht man von *Resource Sharing*, also gemeinsame Betriebsmittelnutzung.

Der Terminalbetrieb wird hauptsächlich benutzt, um den Mikrocomputer als Datensichtgerät an wesentlich größere Computer anzuschließen. Dort sind Anwendungen oder Datensammlungen nutzbar, die wegen ihrer Größe oder wegen spezieller technischer Voraussetzungen nicht auf den eigenen Mikrocomputer übertragbar sind.

Den Terminalbetrieb gibt es – allerdings nicht so häufig – auch in der Form, daß der angesprochene Computer selbst wieder ein Mikrocomputer ist. Sinnvoll ist eine solche Kommunikation für die Nutzung eines leistungsfähigen größeren Mikrocomputers am Arbeitsplatz von einem kleinen privaten Computer zu Hause aus oder auf einer Geschäftsreise mit einem kleinen tragbaren System vom Hotel oder Kunden aus.

Ein weiterer Anwendungsfall könnte ein Fernwirksystem in einer Produktionsstätte sein, wo der angesprochene Mikrocomputer in einem gefährdeten Bereich zu Überwachungszwecken eingesetzt wird.

In großen Verwaltungen und Unternehmen ist die Unterstützung der vielen Mikrocomputer-Benutzer durch eine zentrale Beratungsstelle wichtig. Mit speziellen Programmen kann diese mit Einverständnis des Benutzers, der gerade akute Probleme hat, von dessen Mikrocomputer die Kontrolle übernehmen. Dabei dient der Mikrocomputer der Beratungsstelle als Terminal.

Generelle Standard-Software 183

Für den Terminalbetrieb benötigt man spezielle Programme, *Terminalemulation* genannt, die dem Bildschirm und der Tastatur des Mikrocomputers logisch die Charakteristik geben, die der angesprochene Computer von seinem Terminal normalerweise erwartet.

Eigentlich sollte eine solche Terminalemulation unabhängig von der Anschlußart funktionieren können. Dies ist jedoch nur bei wenigen angebotenen Produkten und dort auch nur teilweise erfüllt. Hier spielen natürlich Aufwandsminimierungen und Marketing-Überlegungen der Hersteller eine Rolle.

Die zweite Form der Datenkommunikation, der *Dateitransfer*, wird sowohl häufig zwischen benachbarten als auch weit entfernten Mikrocomputern durchgeführt, aber auch in vielen Fällen zu größeren Rechnern. Sie ist technisch wesentlich einfacher zu verwirklichen als eine Terminalemulation, da die eventuell sehr großen technischen Unterschiede zwischen beiden beteiligten Computern kaum eine Rolle spielen.

Allerdings müssen einige Datentransformationen vorgenommen werden, da die Zeichensätze und deren Codierung sowie der physikalische Aufbau von Datensätzen und Dateien auf beiden Seiten unterschiedlich sein kann. Der Datentransfer verlangt in gewissem Umfang auch planerische und organisatorische Aktivitäten. Die Übertragung größerer Dateien kann recht lange dauern und durch die hohe Leitungsbelastung andere Aktivitäten stören, was voraussetzt, daß beide Seiten zur Kommunikation und zum Datentransfer bereit sind. Damit die Daten rechtzeitig verfügbar sind, wenn man sie benötigt, und die Beeinträchtigung anderer minimiert wird, führt man planbare größere Datenübertragungen vorzugsweise in Randzeiten durch.

Der Datentransfer hat gegenüber dem Terminalbetrieb des Mikrocomputers den gewichtigen Vorteil, daß die eigentliche Verarbeitung der Daten nicht mehr auf dem großen Computer, sondern auf dem Rechner des Benutzers unter dessen vollständiger Kontrolle durchgeführt wird. Dies entlastet den großen Bruder, und der kleine wird besser ausgenutzt, was durch Kapazitätseinsparungen auf dem Großrechner und ein besseres Preis/Leistungsverhältnis des Mikrocomputers zu Kosteneinsparungen führen kann. Außerdem ist ein Mikrocomputer besser an bestimmte Aufgabenstellungen als ein Großcomputer anpaßbar.

Im lokalen Verbund von Mikrocomputern über schnelle Leitungen spielt die gemeinsame Nutzung von Geräten oder Dateien aus ökonomischen Gründen eine große Rolle. So können die Kosten für teure Geräte oder Geräte mit Spezialfunktionen, die nur selten benötigt werden, auf mehrere Mikrocomputer verteilt werden.

Dateien, die von allen Teilnehmern angesprochen werden, kann man auf einem Mikrocomputer bereitstellen, so daß nach jeder Änderung durch einen Anwender die anderen auf die aktualisierten Daten zugreifen.

Wenn ein Mikrocomputer-Besitzer, der nicht unmittelbar zu einen Mikrocomputer-Verbund gehört, ebenfalls gelegentlich an der gemeinsamen Nutzung von Geräten und Dateien teilhaben will, kann für ihn ein temporärer Zugang im Bedarfsfall zu dem Verbund und dessen gemeinsam genutzten Geräten und Dateien zum Beispiel über eine Wählleitung gewährt werden. Über einen solchen Remote Access kann er, von Geschwindigkeitseinschränkungen abgesehen, funktional genauso an der gemeinsamen Nutzung teilnehmen wie die übrigen Mikrocomputer.

Die dritte Variante des Zugriffs auf sehr große Dateien, die sich zwangsläufig nicht auf dem eigenen Rechner befinden können, und auf Hochleistungsgeräte, die nicht direkt an das eigene angeschlossen sind, kann über einen Großrechner erfolgen, der durch den eigenen Computer sowie lokal angeschlossene Geräte ansprechbar ist.

Allen drei Varianten ist gemeinsam, daß dem Benutzer fremder Ressourcen im allgemeinen verborgen bleibt, daß sich diese nicht auf dem eigenen Mikrocomputer, sondern auf einem anderen Rechner befinden. Alle normalen Benutzerkommandos, wie z. B. DIR, funktionieren etwa bei einem virtuellen Laufwerk F im MS-DOS-System genauso wie bei den lokalen Festplatten C und D. Der Formatierungsbefehl FORMAT wird allerdings verständlicherweise für die fremde Platte nicht akzeptiert, da die Platte ja von mehreren Computern genutzt wird und eine Neuformatierung zum Verlust aller bisher darauf gespeicherten Daten führen würde.

Lokaler Verbund

Der Verbund von Mikrocomputern untereinander und auch der Anschluß an größere Computer umfaßt grob drei Ebenen:

- Zuoberst liegt die *Anwendungsebene*, auf der, vom Benutzer aus gesehen, die Bearbeitung seiner Aufgaben geschieht.

- Darunter befindet sich die mittlere Ebene, die während einer Arbeitssitzung des Benutzers, in deren Verlauf er eventuell mit Hilfe einer Anwendung Funktionen im Netzwerk ausübt und dabei auch Programme auf anderen Rechnern anspricht, eine *synchronisierende* und *koordinierende* Rolle wahrnimmt und wenn nötig Transformationen des Datenformats vornimmt.

Generelle Standard-Software 185

- Die unterste Ebene stellt die *physikalische* Verbindung dar und sorgt für den Transport der Daten über entsprechende Leitungen.

Fachleute nehmen zwar eine noch feinere Unterscheidung in sieben international genormte Schichten vor, doch für den Mikrocomputer-Besitzer genügt es, eine grobe Vorstellung der vorgestellten drei Schichten zu haben. So kann er nachvollziehen, daß er verschiedene Komponenten benötigt, um z. B. Mikrocomputer mit einem lokalen Netzwerk, *LAN* (Local Area Network) genannt, zu einem Verbund zusammenzuschließen.

Für ein LAN benötigt man spezielle Leitungen, mit denen die Mikrocomputer untereinander verbunden werden, und außerdem Adapter, die den jeweiligen Mikrocomputer an die Leitungen anschließen. Die Adapter enthalten im wesentlichen die Logik, mit der sie, aufbauend auf dem physikalischen Netz von Leitungen, für einen sicheren Transport von Daten von einem Ort zum anderen sorgen.

Für das physikalische Netzwerk und die Art der Adapterkarten gibt es eine Reihe verschiedener Lösungen, die sich auch durch die Art der Mikrocomputer-Vernetzung unterscheiden. Außer verschiedenen Mischformen gibt es im wesentlichen die folgenden Vermaschungen von Mikrocomputern:

- den *Bus*, eine an beiden Enden nicht verbundene Leitung;
- den *Stern*, bei dem alle Leitungen auf einen Knotenpunkt zulaufen;
- den *Ring*, ein geschlossener Leitungsring;
- den *Baum*, bei dem sich die Leitungen, ausgehend von einer Wurzel, verästeln.

Die Form der Vermaschung bezeichnet man auch als physikalische Netzwerk-Topologie.

Als *Leitungsmedium* dienen unter anderem:

- Koaxialkabel, ähnlich wie Fernsehkabel;
- Telefondraht, ein vieradriges Telefonkabel;
- Glasfaserkabel, ein Lichtwellenleiter.

Für die Logik der Adapterkarten gibt es verschieden Steuerungsstrategien für das Transportnetz, wobei die Verfahren des Token Passing von der Firma Datapoint und das CSMA/CD-Verfahren, das von der Firma Xerox zu einem weit verbreiteten Standard unter dem Namen Ethernet lanciert wurde, die bekanntesten sind.

Verschiedene Kombinationen sind möglich. So gibt es sowohl einen Token Ring als auch einen Token BUS, die entweder mit Koaxialkabel oder mit Glasfaser betrieben werden können.

Um ein solches Transport-Netzwerk zu nutzen, benötigt man noch spezielle Software auf jedem der angeschlossenen Mikrocomputer, womit die mittlere Ebene des Verbundes realisiert wird und die Geräte logisch verbunden werden. Daher nennt man diese Ebene auch logisches Netzwerk.

Für den Anwender ist es erfreulich, daß es bereits Netzwerk-Software auf dem Markt gibt, die mit verschiedenen physikalischen Netzwerken und Adapterkarten zusammenarbeiten kann. Eins der bekanntesten Produkte, die Netware von der Firma Novell, funktioniert praktisch bei fast allen marktgängigen LAN-Lösungen.

Die dritte Ebene, die Anwendungsebene, wird durch Anwendungen wie Dateitransfer oder elektronische Post realisiert. Anwendungen, die in einem Netzwerk in dem Sinne ablauffähig sind, daß sie die Funktionen der Netzwerk-Software voll nutzen oder verteilt auf mehreren Mikrocomputern laufen können oder gleichzeitig von mehreren Benutzern über das Netzwerk angesprochen werden können, nennt man *Netzwerk-Anwendungen*. Sie können ohne Netzwerk-Software in der Regel nicht betrieben werden. Anwendungen, die unter anderem auch auf einem Netzwerk betrieben werden können, bezeichnet man dementsprechend als *netzwerkfähig*. Beispielsweise gibt es netzwerkfähige Datenbank-Software wie die dBASE-III-PLUS-LAN-Version für die Netware von Novell.

Anstelle über ein LAN kann man Mikrocomputer auch über hausinterne Telefon-Nebenstellen über einen gemeinsamen Anschluß an einen größeren Computer und, wenn große Distanzen zwischen den einzelnen Geräten liegen, über öffentliche Netze der Bundespost verbinden.

Großrechneranschluß

Analog zu dem lokalen Verbund von Mikrocomputern kann man auch bei der Anbindung an Großrechner von Transportnetzen, von logischen Netzen und von Netzwerk-Anwendungen sprechen.

Wenn man einen Mikrocomputer an einen Datex-P-Anschluß der Bundespost anschließt, dann benutzt man ein öffentliches Transportnetz. Über dieses Datex-P-Netz kann man Rechner von DEC, IBM und Siemens beispielsweise mit einer Terminalemulation ansprechen. Je nach angesprochenem Rechner wird die logische Netzwerk-Software DECNET, SNA oder TRANSDATA benutzt.

Generelle Standard-Software 187

Statt eines Datex-P-Anschlusses kann man auch wieder eine Wählleitung oder eine festgeschaltete Telefonleitung der Post verwenden. In allen Fällen, außer bei einem Datex-P-Direktanschluß, benötigt man zur Herstellung der physikalischen Verbindung einen speziellen Analog-Digital-Wandler, *Modem* genannt, der eine Brücke zwischen der digitalen Computer-Welt und der analogen Postwelt schlägt. Eine einfachere Form des Modems ist der etwas weniger leistungsfähige Akustikkoppler, bei dem kein direkter elektrischer Anschluß vorgenommen wird, sondern ein Umweg mittels Schallübertragung über den Telefonhörer geht.

Abb. 8.3: Handelsüblicher Akustikkoppler

Über Datex-P können Mikrocomputer auch direkt miteinander kommunizieren. Die Post selbst nutzt Datex-P, um Anwendungen öffentlich zur Verfügung zu stellen. Solche *Dienste* sind beispielsweise Btx, Teletex und Telebox, die mit spezieller Zusatzausrüstung auch von Mikrocomputern angesprochen werden können.

Bei Anschlüssen von Mikrocomputern an größere Rechner auf demselben Gelände ist eine Verbindung über Postleitungen nicht notwendig. Mit Hilfe von speziellen Zusatzausrüstungen kann man den Mikrocomputer wie ein Datensichtgerät an den größeren Rechner anschließen. Diese Möglichkeit gibt es auf dem deutschen Markt praktisch für alle MS-DOS-Computer.

Server

Ein Mikrocomputer, der eine Verbindung zu einem Großcomputer hat und gleichzeitig in einem lokalen Verbund von gleichartigen Rechnern eingebunden ist, kann als Netzwerk-Übergang vom lokalen Verbund zu einem Großrechner-Netzwerk dienen. Ein solcher Dienst wird als Gateway Server bezeichnet und ermöglicht es, auf den anderen Mikrocomputern, die nicht über einen solchen Anschluß verfügen, mit einer Terminalemulation oder mit einem Datentransfer ebenfalls den Großrechner anzusprechen.

Neben einem Netzwerk-Übergangsdienst gibt es noch weitere Dienste, die ein Computer für die anderen im Verbund übernehmen kann. Er kann das Drukken von Daten für andere Rechner durchführen, die nicht über ein solches Gerät verfügen oder deren Drucker nur langsame Ausgaben von geringerer Qualität vornehmen können. Weiterhin kann ein Computer, der über Festplatten mit sehr hoher Speicherkapazität und kurzen Zugriffszeiten verfügt, als Dateidiener (engl. File Server) für die mit ihm verbundenen Rechner arbeiten. Er speichert vor allem gemeinsam genutzte Daten oder auch Anwendungen, die sehr umfangreich oder sehr häufigen Änderungen unterworfen sind und die von vielen Mikrocomputer-Benutzern aufgerufen werden können. Hierbei besteht insbesondere die Möglichkeit, die Anwendung gar nicht erst auf den Mikrocomputer des Benutzers zu übertragen, sondern direkt auf dem Server auszuführen. In diesem Fall spricht man von einem Anwendungs-Server. Diese Lösung wählt man häufig für elektronische Postanwendungen.

Der Server in einem lokalen Verbund muß nicht unbedingt ein Mikrocomputer sein. Ein kleiner Großrechner, der für Büro-Umgebungen geeignet ist, ein sogenannter *Mini*, kann mehrere solcher Server-Funktionen gleichzeitig übernehmen.

Die elektronische Post am Arbeitsplatz

Elektronische Post auf Großrechnern

Wenn Sie in einem Unternehmen oder in einer Institution arbeiten, die große Computer von DEC, IBM, Nixdorf, Siemens, Wang oder anderen Herstellern installiert haben, so wird für Sie die Möglichkeit, Dokumente und Nachrichten mit anderen Kollegen auf elektronischem Wege auszutauschen, besonders interessant sein. Viele dieser Großrechner verfügen über elektronische Postsysteme, d. h. Programme, mit denen man über die normalerweise an den Großrechner angeschlossenen Datensichtstationen Nachrichten senden oder empfangen bzw. Dokumente erstellen, einsehen oder weiterleiten kann.

Solche Datensichtgeräte verfügen allerdings nur über einen Bildschirm und eine Tastatur und sind nicht so vielseitig einsetzbar wie ein Mikrocomputer.

Elektronische Post auf Mikrocomputern

Auf einem Mikrocomputer können viele Vorgänge für die elektronische Post, die auch *Bürokommunikation* genannt wird, direkt vor Ort, also ohne die Einschaltung eines Großcomputers, durchgeführt werden. Nachrichten und Dokumente können erstellt und ebenso wie empfangene elektronische Post auf Platten abgespeichert werden. Der Anwender ist auf diese Weise unabhängiger und hat eine unmittelbare Kontrolle und Verantwortung über sein elektronisches Schriftgut.

Man kann den Mikrocomputer dazu einsetzen, auf der Platte abgelegte Schriftstücke mit Hilfe von Suchbegriffen zu suchen, diese beliebig oft auszudrucken oder verändern und weiterleiten. Auf Wunsch wird auch ein Protokoll über eingehende und ausgehende Schriftstücke angefertigt. Weiter ist eine Wiedervorlage-Verwaltung möglich oder eine Sortierung von elektronischen Briefen nach Prioritäten und anderen Merkmalen, wie z. B. Absender, in verschiedene Postkörbe. Wie bei der normalen Papierpost kann man auch beim Senden besonders wichtiger Schriftstücke vom Empfänger eine Quittung für den Eingang der Unterlagen verlangen.

Verbindungen für die elektronische Post

Die Verbindung des Mikrocomputers mit anderen Geräten von Kollegen im Büro oder in der gleichen Abteilung erfolgt ausschließlich über spezielle Leitungen. Zu weiter entfernt aufgestellten Geräten in anderen Gebäuden oder Orten geschieht dies über eine Postleitung.

Falls eine Verbindung für elektronische Post von einem Mikrocomputer zu einem einfachen Datensichtgerät geschaffen werden soll, so ist das zwar prinzipiell möglich, aber an einige Vorbedingungen geknüpft. Dann muß der Mikrocomputer über spezielle hausinterne Anschlüsse oder über Postleitungen mit dem entsprechenden Großrechner verbunden sein. Der Großrechner muß ebenfalls über ein Bürokommunikations-Programm verfügen, das mit dem Programm auf dem Mikrocomputer verträglich ist.

Verträglichkeit der Systeme

Gerade die Bedingung der Verträglichkeit, die in dem Zusammenhang auch *Kompatibilität* heißt, schränkt die Wahlfreiheit bei der Entscheidung für eine Bürokommunikations-Anwendung für den Mikrocomputer etwas ein, da die meisten Großcomputer-Hersteller nach Möglichkeit den Einsatz ihrer eigenen Mikrocomputer und der zugehörigen Bürokommunikations-Programme erzwingen wollen. Die Folge davon ist, daß einige andere Anbieter ihre Produkte so angepaßt haben, daß ihre Büroanwendungen ohne Probleme ausgetauscht werden können.

Postdienste

Für den Anwender, der seine Unabhängigkeit wahren will und der vor allem von seinem Mikrocomputer aus verschiedene Firmen mit seiner elektronischen Post erreichen will, steht die große gelbe Post schon mit verschiedenen Angeboten bereit zur Hilfestellung.

Die Textkommunikation über die Post besteht aus Teletex, Telex und Telefax. Diese Dienste können einzeln oder kombiniert in Anspruch genommen werden, arbeiten rund um die Uhr und sind rechtsverbindlich. Mit *Teletex* kann die elektronische Korrespondenz von einer elektronischen Schreibmaschine, einem Textsystem oder einem teletexfähigen Personal Computer erstellt oder weltweit gesendet, empfangen, bestätigt und gespeichert werden. Über *Telex* kann schnell und ohne formale Ansprüche mit vielen Partnern kommuniziert werden. Mit *Telefax* kommen Kopien von jeder beliebigen Originalvorlage im DIN-A4-Format über das Telefonnetz zum Empfänger. Dieser benötigt außer einen Telefonanschluß einen Fernkopierer.

Die Post geht aber noch weiter und betreibt ebenso wie einige private Anbieter elektronische Briefkästen, an die man sich mit seinem Mikrocomputer anschließen kann. Auf diese Weise kann man Nachrichten und Schriftstücke mit jemandem austauschen, dessen Mikrocomputer gerade nicht eingeschaltet oder an das Postnetz angeschlossen ist. Sie werden im Briefkasten für ihn aufbewahrt.

Nutzung der Telebox

Dieser *Telebox* genannte Dienst erlaubt es dem Benutzer, Kosten zu sparen, indem er nur von Zeit zu Zeit eine Verbindung mit seiner Telebox aufnimmt, um Post abzuholen oder abzusenden. Ideal ist diese Einrichtung für alle Personen, die beruflich viel unterwegs sind und auf diese Weise stets in Kontakt mit ihrem Heimatbüro bleiben können.

Generelle Standard-Software 191

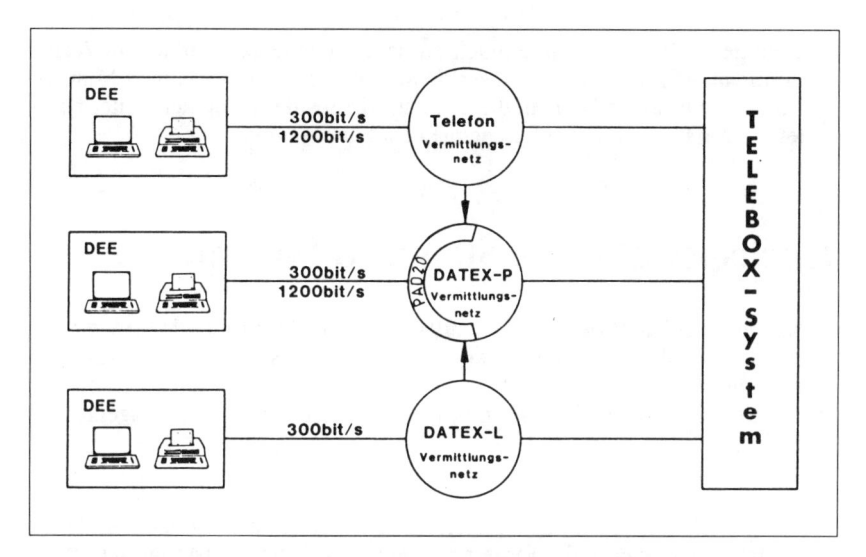

Abb. 8.4: Zugänge zum Telebox-System (Zeichnung: Deutsche Bundespost)

Für Mikrocomputer-Interessierte ist die Telebox überdies eine ideale elektronische Tauschmöglichkeit für Tips und Tricks und sogar für das Versenden kleiner Programme an mehrere Bekannte. Zusammen mit einem guten Textverarbeitungsprogramm stellt ein Programm für die elektronische Post schon eine gute Lösung für die Bürokommunikation dar.

Besondere Anforderungen

Ist es hingegen erforderlich, hochwertige Dokumente mit anspruchsvollen Grafiken und Bildern zu versenden, so kommen nur wenige Lösungen am Markt dafür in Frage. Dabei müssen die einzelnen beteiligten Komponenten – wie Grafikprogramme, Textprogramme und Datenverwaltungssysteme sowie Bürokommunikations-Programme – müssen sorgfältig aufeinander abgestimmt sein. Daher sind für solche Anforderungen erst wenige Lösungsvarianten verfügbar.

Mit dem Mikrocomputer läßt sich heute auch das Problem der elektronischen Post elegant lösen, daß auf klassische Weise eingehende Post bisher nicht ohne weiteres in das elektronische Postsystem einbezogen werden konnte. Bisher konnte Schriftgut nur mit sehr teuren und zentral einsetzbaren Geräten in einer für den Computer weiterverarbeitbaren Form eingegeben werden.

Seit einiger Zeit stehen nun einfach zu handhabende Lesegeräte zur Verfügung, die an Mikrocomputer angeschlossen werden und in wenigen Minuten Schriftstücke erfassen können, die dann auf dem Mikrocomputer weiter bearbeitet werden können. Diese Lesegeräte nennt man *Scanner*.

Hochspezialisierte Standard-Software

Neben der oben beschriebenen generellen Standard-Software, die für vielfältige Anwendungsbereiche flexibel eingesetzt werden kann und die im strengen Sinn eigentlich nicht selbst die Anwendung für den Benutzer darstellt, sondern eher Träger der Anwendung sind, gibt es Software für sehr eng abgegrenzte Aufgaben.

Ein klassisches Beispiel hierfür ist die Lohnbuchhaltung. Solche Anwendungen sind in einem wesentlich höheren Maße schon für den direkten produktiven Einsatz geeignet und erfordern nur einen geringen Anpassungsaufwand vom Benutzer. Sie enthalten in kondensierter Form sehr viel anwendungsspezifisches Know-how, berücksichtigen vielfältige Erfahrungen aus verschiedenen Betrieben und werden aufgrund der Anforderungen und Anregungen vieler Benutzer stetig weiterentwickelt. Außerdem werden sie ständig an neue Hardware und Neuerungen in der System-Software angepaßt.

Für einzelne Anwender oder kleinere Unternehmen ist der Einsatz einer solchen Spezial-Software möglichen Eigenentwicklungen vorzuziehen. Von eventuellen Eingriffen in diese Software, um weitergehende Anpassungen zu ermöglichen, ist aus Gewährleistungsgründen und Verträglichkeit mit zukünftigen Versionen abzuraten.

Zusammenfassung

Die Standard-Software ist das Eintrittsbillet des Laien in die Welt der Datenverarbeitung. Sie erschließt ihm das Leistungspotential des Mikrocomputers, ohne daß er dessen interne Arbeitsweise im Detail verstehen muß. Aber auch für den Profi ist sie ein wichtiges Hilfsmittel, mit dem er Anwendungen schnell realisieren kann. Der konsequente Einsatz von Standard-Software ist der Schlüssel zu einem erfolgreichen und wirtschaftlichen Computer-Einsatz.

Kapitel 9

Praktischer Computer-Einsatz

Einleitung

Nicht nur die Leistungsfähigkeit des Mikrocomputers und die Qualität der Anwendungs-Software, sondern die Professionalität des Benutzers in seinem Fachgebiet und im Umgang mit seinem Mikrocomputer sind zusammen mit der Anwendung letztendlich entscheidende Erfolgskriterien bei der Bewältigung entstehender Aufgaben.

Anforderungen des Benutzers

Der Mikrocomputer muß ein zielgerichtetes Arbeiten unterstützen, zumal wenn er sein Debut am Arbeitsplatz des Benutzers gibt. Der typische Anwender mit Ausnahme des Hobbyisten will ja nicht mit dem Computer als Selbstzweck arbeiten, sondern er will eine Aufgabe bearbeiten.

Dies bedeutet üblicherweise, daß sich der Benutzer nur auf die Anwendung konzentriert, die seine Fachsprache spricht, und daß er sich um das technische Innenleben des Mikrocomputers nicht zu kümmern braucht. Trotzdem erwartet er mit Recht, daß der Rechner gutwillig auf Fehlbedienungen reagiert, die vielleicht aus Unkenntnis vorgenommen werden.

Nimmt man beispielsweise während einer Datensicherung die Diskette zu früh aus dem Laufwerk, so muß das System versuchen, Datenverluste zu vermeiden und den Anwender in Klartext auf die Fehlbedienung hinweisen. Zusätzlich können verständliche Hinweise erfolgen, welche Schritte im weiteren zu unternehmen sind. Ebenso sollte das System andere Störungen ohne Schaden abfangen können.

Professionelle Handhabung des Mikrocomputers

Zur professionellen Nutzung eines Rechners gehört neben einer sorgfältigen Auswahl der Gerätekonfiguration, die für die zu bearbeitenden Aufgabenstellung am besten geeignet ist, ebenfalls die Auswahl der richtigen, aufeinander abgestimmten Software, eine gründliche Organisation der Arbeit mit dem Rechner und die Abstimmung auf das betriebliche Umfeld.

In der Verantwortung des Benutzers liegt es, die Inhaltsverzeichnisse auf der Festplatte zweckmäßig zu organisieren und für eine übersichtliche Beschriftung und Ablage der Disketten am Arbeitsplatz zu sorgen. Im eigenen Interesse erstellt er Arbeitskopien seiner Anwendungsprogramme, verwahrt die Originaldisketten an einem sicheren Ort und arbeitet nur mit den jeweiligen Kopien. Regelmäßig führt er Sicherungen seiner Festplatten-Daten auf Disketten durch, wobei er darauf achtet, noch mindestens zwei ältere Sicherungszustände einige Zeit verfügbar zu halten. Wichtige Daten archiviert er langfristig, entsprechend der betrieblichen oder gesetzlichen Bestimmungen, außerhalb des Mikrocomputers. Von Zeit zu Zeit bereinigt er die gespeicherten Daten auf der Platte und entfernt diejenigen, die nicht mehr benötigt werden.

Für die zweckmäßige Anpassung von Anwendungen an die Aufgabenstellung und seine Gerätekonfiguration ist der Anwender verantwortlich. Er verwendet nur Original-Software, da er den Wert einer guten Dokumentation zu schätzen weiß und sicherstellen will, daß nicht über Raubkopien sogenannte „Computer-Viren" in sein System eingeschleust werden. Computer-Viren sind böswillige Modifikationen von Programmen oder Ergänzungen von Programmen, die bei der Ausführung eines derart veränderten Programms für ihre eigene Verbreitung sorgen, indem sie sich in andere Programme auf der Festplatte hineinkopieren. Ausgelöst durch ein bestimmtes Ereignis, wie beispielsweise die 99. Programmausführung oder das Datum 11.11.1999 oder irgendeinen anderen vorher festgelegten Datenwert, beginnen sie ihr zerstörerisches Werk. Sie verfälschen oder zerstören Daten und löschen bestimmte Programme.

Falls sich mehrere Benutzer einen Computer teilen, sollte für jeden ein Unterverzeichnis mit eigenen Daten angelegt werden. Eine minimale Dokumentation darüber, wie der Mikrocomputer eingerichtet und organisiert ist und wann welche Sicherungen durchgeführt worden sind oder was bei bestimmten Problemsituationen in der Anwendung am besten getan werden sollte, ist dann besonders wünschenswert. Für Arbeitsgänge, die sich besonders häufig wiederholen, sollten entsprechende Prozeduren erstellt werden.

Professionelle Anwendungen

Professionelle Anwendungen basieren in der Regel auf Standard-Software, die sich an bestehenden Normen, Standards und Vorschriften orientiert. Dabei werden bekannte Benutzeroberflächen wie GEM, Microsoft-Windows oder X-Windows zusammen mit etablierten Datenbanksystemen wie etwa dBASE III oder der Industriestandard SQL für Zugriffe auf Datenbanken verwendet.

Diese Programme passen sich der Gerätekonfiguration weitgehend automatisch an, erkennen beispielsweise selbständig, welcher Grafikmodus verfügbar und welcher Drucker angeschlossen ist. Sie unterstützen alle möglichen Grafikmodi und alle gängigen Druckertypen und können, falls hochwertige Grafik benötigt wird, die Drucker-Steuersprache POSTSCRIPT und die Plotter-Steuersprache HP-GC verwenden.

Professionelle Programme verwenden nur offizielle Dienstaufrufe des Betriebssystems, greifen also nicht direkt auf Hardware-Funktionen zu, sind in einer höheren Programmiersprache wie Pascal oder C geschrieben und in hohem Maße portabel, d. h. von einem Rechnermodell auf ein anderes zu übertragen. Außerdem sind sie für alle wichtigen Betriebssysteme wie UNIX, MS-DOS und OS/2 verfügbar. So vermeidet der Anwender eine zu große Abhängigkeit vom Hersteller.

Wichtig für den Anwender ist es auch, daß seine Standard-Software nicht nur gut mit den schon installierten Programmen zusammenarbeitet, sondern auch mit allen wesentlichen, marktgängigen Anwendungen in seinem Arbeitsbereich jetzt und in Zukunft.

Last not least muß ein gutes Programm alle wirklich benötigten Funktionen ohne überflüssige Schnörkel bereitstellen und nach ergonomischen Gesichtspunkten aufgebaut sein.

Das Betriebssystem

Der Zweck eines *Betriebssystems* besteht darin, dem Benutzer einfache Befehle zur Verfügung zu stellen, die es ihm ermöglichen, Programme auszuführen und die physischen Möglichkeiten des Computers zu nutzen. Dazu gehört zum Beispiel die Übertragung von Texten zum Drucker, das Einlesen von Daten über die Tastatur, das Senden von Informationen zum Bildschirm und die Verwaltung aller internen und externen Einheiten, unter anderem auch die der verfügbaren Speicherkapazitäten von Platten oder des Arbeitsspeichers.

Das Betriebssystem ist entweder bereits im Computer enthalten oder es muß nach dem Systemstart von der Diskette geladen werden. Bei Einsatz einer Festplatte wird es vom Anwender zweckmäßigerweise auf diese kopiert. Bevor es aber geladen werden kann, tritt ein anderes Programm in Aktion, denn sonst würde der Bildschirm nach dem Einschalten des Geräts dunkel bleiben. Die meisten Computer-Systeme sind mit einem kleinen Programm ausgestattet, das man *Urlader* oder *residenten Monitor* nennt und das sich im ROM befindet. Wenn der Computer eingeschaltet wird, übernimmt dieses kurze Programm die Steuerung und versucht, das Betriebssystem von der Diskette zu laden.

Sobald das Betriebssystem in den Arbeitsspeicher geladen ist, bildet es einen Teil des Gesamtsystems und stellt dem Benutzer fortan alle Systemfunktionen zur Verfügung. Man kann es beispielsweise benutzen, um ein Anwendungsprogramm zu starten. Sobald das Anwendungsprogramm beendet ist, übernimmt das Betriebssystem wieder die Steuerung und wartet auf den nächsten Systembefehl des Benutzers. Das Betriebssystem kann so als ein ständig verfügbares Dienstprogramm angesehen werden, das immer dann zu neuen Aufgaben bereit ist, wenn kein Anwendungsprogramm läuft.

Die meisten Rechner können mit verschiedenen Betriebssystemen betrieben werden. Auch diejenigen Computer-Modelle, die bereits ein Betriebssystem fest als Bestandteile integriert haben, können oft außerdem noch mit einem anderen arbeiten, das dann auch von Diskette geladen werden muß.

CP/M

Eines der ersten und damals weit verbreiteten Betriebssysteme war CP/M (Control Program for Microprocessors) von der Firma Digital Research. Es wurde bereits Mitte der Siebzigerjahre für die damals noch wenig leistungsfähigen 8-Bit-Mikroprozessoren entwickelt. Dieses Betriebssystem ist wie die meisten anderen auch im Laufe der Zeit immer weiterentwickelt und verbessert worden. Dabei ist es üblich, diese Entwicklung mit fortlaufenden Versionsnummern kenntlich zu machen, die jeweils in der Begrüßungsmeldung nach dem Programmstart angezeigt wird. Heute gibt es CP/M zwar auch für 16-Bit-Mikroprozessoren (CP/M 86, CP/M 68K), was aber nichts daran ändert, daß es sich im Prinzip um ein überholtes Betriebssystem handelt.

Dennoch gibt es in CP/M viele Merkmale, die wir auch in anderen Betriebssystemen wiederfinden. Es beginnt beispielsweise damit, daß die Bereitschaftsmeldung, nach dem Englischen auch *Prompt* genannt, in CP/M wie bei vielen anderen auch durch das Größerzeichen (>) signalisiert:

Praktischer Computer-Einsatz 197

A>

Der Buchstabe A steht für das Laufwerk A, und das Symbol > bedeutet, daß das System für die nächste Eingabe von Befehlen bereit ist. Wir können nun beispielsweise auf das Laufwerk B umschalten, indem wir den folgenden Befehl eingeben:

B:

und anschließend die Eingabetaste drücken. Das System meldet daraufhin:

B>

Mit dem Befehl DIR (Directory – Inhaltsverzeichnis) können dann beispielsweise alle Dateien des jeweiligen Laufwerks angezeigt werden. LOAD und SAVE dienen dem Laden und Speichern von Dateien, REN zum Umbenennen, und ca. 30 weitere Systembefehle stehen zur Verfügung.

MS-DOS

Das Betriebssystem MS-DOS (MicroSoft Disk Operating System) für Computer mit 16-Bit-Mikroprozessoren wurde erstmals im Jahre 1981 von der Firma Microsoft vorgestellt. Als PC-DOS wird dieses Betriebssystem auch mit dem IBM PC verkauft.

Dieses Betriebssystem, das zwar auf CP/M aufbaut, aber nicht alle dessen Nachteile aufweist, kann bereits gewisse Aufgaben quasi parallel abwickeln, obwohl es immer noch ein Einbenutzer- Betriebssystem bleibt. So kann beispielsweise eine Druckausgabe erzeugt werden, während gleichzeitig auf dem Bildschirm ein anderes Anwendungsprogramm läuft.

Ferner bietet MS-DOS die Möglichkeit, ein hierarchisches Dateisystem aufzubauen. Bisher hatte man auf jeder Platte immer nur ein einziges Inhaltsverzeichnis, was mit wachsender Plattengröße natürlich sehr unübersichtlich werden konnte. Ein hierarchisches Dateiverzeichnis ist ein logisch geordneter Datenbaum, bei dem über ein Hauptverzeichnis weitere Unterverzeichnisse angesprochen werden können, was wesentlich zu einer übersichtlichen Plattenorganisation beitragen kann.

Weiter können in MS-DOS landesspezifische Schreibweisen von Datum, Uhrzeit und Währungssymbolen vereinbart werden.

Ein wesentlicher Vorteil liegt außerdem in der Möglichkeit, über sogenannte *Pipes* die Ausgabe eines Programms direkt als Eingabe an ein anderes Programm zu übergeben, und zwar ohne Eingriff des Benutzers. Darüber hinaus kann die Eingabe von der Tastatur und die Ausgabe auf den Bildschirm auch in eine Datei umgeleitet werden.

MS-DOS kann jedoch die Leistungsfähigkeit der modernen Mikrocomputer nicht voll ausschöpfen, da es beispielsweise für einen Mehraufgabenbetrieb nicht über die notwendigen Eigenschaften verfügt.

OS/2

Aus diesem Grund hat die Firma Microsoft ein neues Betriebssystem entwickelt, das sich stark an dem großen Vorbild UNIX orientiert und gleichzeitig eine gewisse Kontinuität zur bisherigen MS-DOS-Welt wahrt. Dieses System ist nach langen Verzögerungen im ersten Halbjahr 1988 auch für Anwender erhältlich und ist auf verschiedenen Rechnern, die über einen Intel-Prozessor 80286 und 80386 verfügen, einsetzbar. Eine praktische Bedeutung wird es aber erst ab 1989 erlangen, wenn wichtige Komponenten, die heute noch fehlen wie die Window-Benutzeroberfläche und die Kommunikationsunterstützung erhältlich sein werden.

Die Firma IBM, von der die Entwicklung von OS-2 unterstützt wird, will dann auch eine Version des Betriebssystems offerieren, die um ein Datenbanksystem erweitert ist. Ab 1989 werden auch Anwendungen in nennenswertem Umfang verfügbar sein, die OS/2 voll nutzen können.

OS/2 kann mehrere Anwendungen gleichzeitig ausführen. Eine davon könnte z. B. eine konventionelle DOS-Anwendung sein, obwohl sonst DOS-Anwendungen nicht als normale OS/2-Anwendungen laufen können. In diesem Modus, der *DOS-Kompatibilitätsbox* genannt wird, kann aber jeweils nur eine DOS-Anwendung laufen, die außerdem nicht direkt auf Hardware-Funktionen zugreifen darf. Dies schließt leider einen großen Teil der bekannten Produkte auf dem Markt aus, da solche Hardware-Zugriffe wegen einer Leistungsschwäche des MS-DOS oft unvermeidbar waren, obwohl diese Arbeitsweise an sich Software-technisch sehr unschön ist.

Bisher standen noch viele Anwender einem OS/2-Einsatz noch zögernd gegenüber. Es ist viermal so teuer wie MS-DOS; für alte Anwendungen, die nur teilweise übernommen werden können, kann die Nutzung der Mehraufgabenfähigkeit nicht in Anspruch genommen werden, und es fehlt noch ein vergleichbar großes Software-Angebot. Außerdem ist für OS/2 praktisch noch keine Kommunikationslösung verfügbar.

Allerdings lassen sich MS-DOS-Anwendungen, von denen man den noch nicht übersetzten Quellcode besitzt, durch einfache Neuübersetzung und Einbinden von OS/2-Funktionen dorthin übernehmen, falls sie keine Hardware-Zugriffe enthalten.

Gegenüber MS-DOS bringt OS/2 allerdings große Fortschritte bei der Überwindung der zu eng gewordenen Grenzen unter MS-DOS, was den Arbeitsspeicher und die benutzbare Plattenspeicher-Kapazität betrifft. Die größere Leistungsfähigkeit von OS/2 erlaubt den Anwendungsprogrammen nur noch, die offiziellen Dienstaufrufe des Betriebssystems zu verwenden. Dies wird zu einer erhöhten Stabilität beim Betrieb von Anwendungen führen. Zudem besitzt OS/2 für den Mehraufgabenbetrieb – ähnlich wie UNIX – verschiedene Möglichkeiten, eine Datenkommunikation zwischen gleichzeitig oder versetzt ausgeführten Anwendungen durchzuführen. Der Fachmann spricht hierbei von *Interprozeß-Kommunikation*. Diese Tatsache ist auch für die Realisierung eines Mehrbenutzerbetriebs, der von OS/2 zur Zeit noch nicht unterstützt wird, eine wichtige Voraussetzung. Die bessere dynamische Verwaltung von Betriebsmitteln durch OS/2 ermöglicht auch die Abwicklung wesentlich komplexerer Aufgabenstellungen, als das heute auf Mikrocomputern noch üblich ist.

Weiter gestattet es OS/2 wie UNIX, verschiedenen Aufgaben unterschiedliche Prioritäten für die Bearbeitung durch den Mikrocomputer zu vergeben. Dadurch können wichtige Aufgaben beschleunigt abgewickelt werden, während andererseits eventuell brachliegende Restkapazitäten an Rechnerleistung durch eine nicht zeitkritische Aufgabe mit geringer Priorität genutzt werden können.

Ein Erfolg von OS/2 ist aufgrund der starken Marktstellung der Firmen Microsoft und IBM, die beide hinter diesem Produkt stehen, mittelfristig sehr wahrscheinlich.

Der Nachteil der jetzigen Version von OS/2 für Benutzer von Rechnern wie Commodore PC-80, Multitech 1100, Compaq 386/20 oder PS/2-80 ist es jedoch, daß es das Betriebssystem ausschließlich nur die Möglichkeiten des 80286 nutzt, die lediglich eine Untermenge der Funktionen des Intel-Prozessors 80386 darstellen. Dies ist einer der Gründe, warum aus technischen Gründen immer nur eine MS-DOS-Applikation gleichzeitig und mit starken Einschränkungen ablauffähig ist.

Diese aus marktpolitischen Gründen gewählte Zwischenlösung der OS/2-Realisierung erfreut zwar alle Besitzer von Rechnern mit 80286-Prozessoren, doch wird für eine volle Ausschöpfung des Leistungspotentials der 80386-Mikrocomputer zukünftig eine neue OS/2-Version notwendig.

Für das schon länger am Markt befindliche und in den letzten Jahren sich im Aufwind befindliche UNIX stehen heute schon 80386-Implementierungen, wie z. B. Merge 386 zur Verfügung, die eine einfache Übernahme bestehender MS-DOS-Anwendungen und ein gleichzeitiges Betreiben mehrerer solcher Applikationen erlauben. Für Merge 386, das dem offiziellen UNIX-Standard der Version V entspricht, gibt es schon eine Hersteller-unabhängige Benutzeroberfläche wie X-Windows.

UNIX

UNIX, Anfang der Achtzigerjahre in den Bell Laboratories entwickelt, ist ein Betriebssystem, das gleichzeitig mehrere Aufgaben bearbeiten (Multitasking-Betrieb) und auch für mehrere Benutzer arbeiten kann (Multiuser-Betrieb). Dabei wurde das Konzept befolgt, im eigentlichen Kern des Betriebssystems nur Routinen von wirklich zentraler Bedeutung für die Verwaltung von Prozessen und Daten zu integrieren. Alle anderen Funktionen werden von etwa 200 Dienstprogrammen wahrgenommen, was das Betriebssystem einerseits außerordentlich kompakt und homogen macht, andererseits aber auch flexibel und umfassend.

Mehr als 90 Prozent des Betriebssystemkerns wurde in der Programmiersprache C verfaßt. Die bereits erwähnte außerordentlich leichte Übertragbarkeit von C-Programmen von einem Rechner auf den anderen erleichtert so auch die Übertragbarkeit von UNIX selbst auf verschiedene Rechner. Dies erklärt auch, warum UNIX unter verschiedenen Namen auf einer Vielzahl von unterschiedlichen Computern verfügbar ist. Da adaptierte Versionen nicht UNIX genannt werden dürfen, heißt beispielsweise das UNIX-System von Microsoft XENIX. Andere Bezeichnungen sind AIX, EUNIX, MUNIX, SINIX, UNX/VS, Merge 386 und ZEUS.

UNIX ist ein Betriebssystem, das häufig ganze Anwendungen aus dem Arbeitsspeicher auf die Festplatte ein- und auslagert, wenn es zu Speicherengpässen kommt. Dabei werden die im Speicher befindlichen Programme und zugehörigen Daten auf die Festplatte geschrieben bzw. von dieser eingelesen. Daher ist eine sehr schnelle Festplatte für einen befriedigenden Betrieb wünschenswert. Auch sollte die Speicherkapazität der Festplatte mindestens 40 MB betragen. Diesen Platz benötig man neben dem UNIX- Betriebssystem für die große Anzahl von Dienstprogrammen, die sehr umfangreichen Hilfstexte und Systemdokumentation, für Anwendungen und Daten und als Reservebereich für das Ein- und Auslagern von Prozessen. *Prozesse* nennt man hierbei die in Bearbeitung befindlichen Programme.

Um die Frequenz des Ein- und Auslagerns möglichst gering zu halten, sollte man mindestens einen Arbeitsspeicher mit einer Million Speicherstellen (MBytes) verwenden. Das Ein- und Auslagern hat jedoch den Vorteil, daß mehrere Anwendungen gleichzeitig in Bearbeitung gehalten werden können, als eigentlich vom tatsächlich vorhandenen Arbeitsspeicher her möglich ist. Dies ist ein Verfahren, das von Großrechnern übernommen wurde.

Für UNIX sind eine Reihe sehr ausgereifter Datenbanksysteme mit mächtigen Hilfsmitteln für die Anwendungsentwicklung erhältlich, wie beispielsweise Informix, Ingres oder Oracle, und es gibt sehr viele technisch/wissenschaftliche Anwendungspakete.

Kaufmännische Anwendungen sind allerdings noch nicht in großem Umfang erhältlich. Allerdings führt das starke Engagement für UNIX von so bekannten Firmen wie NCR, Nixdorf und Siemens neben vielen anderen bedeutenden Computer-Herstellern gerade für den deutschsprachigen Raum zu einer sich deutlich verbessernden Situation. Für die Aufgaben im Bereich der Büro-Automatisierung, in dem sich UNIX ebenfalls mit beachtlichem Erfolg zu etablieren beginnt, gibt es integrierte Software-Pakete, wie z. B. ALIS, die den erfolgreichsten, vom PC-Bereich her bekannten Paketen um nichts nachstehen, sondern aufgrund der Mehraufgabenfähigkeit und höheren Leistungsfähigkeit von UNIX sogar teilweise noch übertreffen.

Andere Betriebssyteme

Neben UNIX, das als einziges Betriebssystem sowohl für die dominierenden Mikroprozessoren von Intel und Motorola sowie eine weitere Anzahl von Mikroprozessor-Typen bereits erhältlich ist, gibt es noch weitere Betriebssysteme, die sich in Teilbereichen erfolgreich gegenüber dem vom Markterfolg her übermächtigen MS-DOS behauptet haben.

Für den Mehraufgabenbetrieb mit zeitkritischen Aufgaben, die eine garantierte Bearbeitung im Sekundenbereich benötigen ist das Concurrent DOS 386 geeignet, das ebenfalls auch eine gleichzeitige Bearbeitung von mehreren MS-DOS-Anwendungen erlaubt. Für Rechner, die nur über einen 80286-Prozessor verfügen, bietet der Hersteller Digital Research ein Concurrent DOS 286 an, das aber wie OS/2 nur eine MS-DOS-Aufgabe gleichzeitig bearbeiten kann.

Für die sehr leistungsfähige Mikroprozessor-Familie 68000 von Motorola gibt es sehr gute Hersteller-spezifische Betriebssysteme für den Atari ST, für den AMIGA und für die Macintosh-Rechner.

Das AMIGA-DOS verfügt über ein mächtiges Mehraufgaben-Betriebssystem, das sogar mit einem Zusatzprogramm die Bearbeitung von einer MS-DOS-Anwendung erlaubt, über eine leistungsfähige Kommandosprache und eine komfortable Benutzeroberfläche verfügt.

Das dem Concurrent DOS von D. R. verwandte Atari ST-Betriebssystem TOS steht dem AMIGA-DOS kaum nach und verfügt mit GEM ebenfalls von D. R. über eine Standard-Benutzeroberfläche.

Das bekannteste dieser drei 68000er-Betriebssysteme ist das Betriebssystem des Macintosh, dessen Benutzeroberfläche sich zum allgemeinen Maßstab entwickelt hat, mit dem sich andere Benutzeroberflächen vergleichen lassen müssen. Für die Anwender dieses Betriebssystems wird ein etwas problemloserer Übergang auf die nächste Rechnergeneration in Form des Macintosh II möglich sein.

Bei den klassischen Heimcomputern hat das Betriebssystem für den C64/C128 zwar sehr große Stückzahlen erreicht, wobei aber die Frage gestellt werden muß, ob und wie man dieses evolutionär gewachsene Betriebssytem langfristig weiterentwickeln will.

WordStar – die klassische Textverarbeitung

Wenn man mit einem Textverarbeitungsprogramm arbeitet, dann macht man im großen und ganzen zunächst einmal nichts anderes, als wenn man auf einer Schreibmaschine schreiben würde. Der eingegebene Text erscheint hier jedoch nicht auf einem Blatt Papier, sondern erst einmal auf dem Bildschirm. Der Vorteil dabei ist offensichtlich. Man kann das Geschriebene beliebig umarbeiten, ohne daß unnötig alles neu getippt werden muß. Mit einer Textverarbeitung kann man z. B. folgendes tun:

- Wörter, Sätze oder ganze Absätze einfügen oder löschen,

- ein oder mehrere Wörter suchen und teilweise oder überall im Text in wenigen Sekunden abändern lassen,

- ganze Textabschnitte von einer Stelle im Text an eine andere verschieben (und nötigenfalls wieder zurückbringen) oder kopieren,

- den Text optisch ansprechend formatieren und

- abspeichern und in verschiedenster Form ausdrucken lassen.

Praktischer Computer-Einsatz 203

Wir wollen nun am Beispiel eines der ältesten und weit verbreitesten Textverarbeitungsprogramme, WordStar von der Firma MicroPro, zeigen, wie leicht es ist, mit einem solchen Programm zu arbeiten.

Zunächst wollen wir einen ersten Entwurf eintippen, diesen dann korrigieren und ausdrucken. Dabei kann eine Reihe von unterschiedlichen Formatierungsmöglichkeiten gewählt werden. So kann der Text links- und rechtsbündig oder auch zum Beispiel in Tabellenform ausgedruckt werden.

Wir rufen das Programm WordStar mit dem Namen „WS" auf:

```
A>WS
```

Sofort erscheint das Eingangsmenü auf dem Bildschirm, das uns die folgenden Optionen oder Auswahlpunkte anbietet:

```
            Kein Text in Bearbeitung
                     E I N G A N G S M E N Ü
D Text-Datei bearbeiten  H Hilfsstufe wählen     R Programm aufrufen
N Programm-Datei bearb.  L Laufwerk wechseln     M MailMerge aufrufen
O Datei kopieren         F Verzeichnis aus (EIN) S CorrectStar aufrufen
Y Datei löschen   E Datei umbenenn P Datei drucken X WordStar verlassen
```

Wir wollen hier nicht auf alle Befehle näher eingehen, sondern nur die wichtigsten erläutern. Wir betätigen die Buchstabentaste D, da wir eine Text-Datei erstellen wollen. Auf dem Bildschirm erscheint die Frage

```
    Name der Datei zum Bearbeiten?
```

Wir nennen unsere Datei „brief":

```
    Name der Datei zum Bearbeiten? brief
```

Nun erscheint das Hauptmenü auf dem Bildschirm

```
         C:TEXT SEITE 1 ZEILE 1 SPALTE 01          EINFG.
                          H A U P T M E N Ü
ZEIGER   : ^A Wort links  ^S Zchn links   ^D Zchn rechts ^F Wort rechts
                          ^E Zeile auf    ^X Zeile ab
BILD     : ^C Seite vor   ^Z Zeile vor    ^W Zeile rück  ^R Seite rück
LÖSCHEN  : DEL Zchn links ^G Zchn rechts  ^T Wort rechts ^Y Zeile total
BEFEHL   : ^V Einfüg e/a  ^N Einfüg Zeile ^I Tab vorw.   RET Ende Absatz
           ^B Formatiere  ^U Unterbreche  ^L Finde/Ersetze wiederholen
SUBMENÜ  : ^J HILFE... ^K BLOCK... ^O BILD... ^P DRUCK...^Q SCHNELL...
```

Dieses Menü umfaßt alle Befehle, mit denen ein Text erstellt und bearbeitet werden kann. Vor allen Befehlsbuchstaben steht ein ^-Zeichen. Dieses Symbol wird zur Darstellung eines Steuerzeichens benutzt. Es bedeutet, daß die Steuertaste (CONTROL oder CTRL) gleichzeitig mit der dahinterstehenden Buchstabentaste gedrückt werden muß. Im einzelnen bewirken die Befehle folgendes:

- ZEIGER: Diese Befehle bewegen den Positionsanzeiger (Cursor) auf dem Bildschirm. Auf dem Bildschirm erscheint der Cursor als hell blinkendes Rechteck, das die Stelle angibt, an der das nächste Zeichen geschrieben wird. Wir können den Cursor frei nach oben, unten, rechts und links bewegen.

- BILD: Diese Befehle steuern die Auf- und Abwärtsbewegungen des sichtbaren Bereichs der Textzeilen. Nachdem wir ein paar Zeilen Text eingetippt haben, wird der Bildschirm langsam voll. Wenn wir weiterschreiben, schieben sich die Zeilen nacheinander aus dem oberen Rand des Bildschirms hinaus. Diese Zeilen sind aber nicht verloren, sondern werden im Speicher des Computers festgehalten.

Wegen der begrenzten Bildschirmgröße kann immer nur ein Teil des Textes gleichzeitig angezeigt werden. Wenn wir den Anfang oder das Ende des Textes sehen wollen, müssen wir veranlassen, daß sich die Zeilen auf dem Bildschirm nach oben oder unten bewegen. Dies nennt man „Scrolling".

- LÖSCHEN: Diese Befehle dienen dem Löschen von Zeichen, Wörtern oder Zeilen.

- BEFEHL und SUBMENÜ: Unter diesen Menüpunkten finden wir weitere nützliche Funktionen mit unterschiedlichen Aufgaben, womit wir uns hier jedoch nicht weiter befassen wollen.

Mit unserem Textverarbeitungsprogramm wollen wir nun einen Geschäftsbrief schreiben. Bei Tippen des Briefes bewegt sich der Cursor automatisch nach rechts. Schauen Sie sich an, was auf dem Bildschirm passiert:

```
6. April 1988

ABC GmbH
Vogelsangstraße 45

3000 Hannover 91

Sehr geehrter Kunde,

wir möchten Sie hiermit darüber informieren, daß unser
neues Modell nun lieferbar ist. Einen mit einem Bestell-
schein vers
```

Praktischer Computer-Einsatz   205

Wenn wir das Wort „versehenen" zu Ende schreiben, werden die Buchstaben „vers" automatisch von der Zeile, an deren Ende sie zunächst standen, entfernt und an den Anfang der nächsten Zeile geschrieben. Gleichzeitig wird die verbleibende Restzeile so verändert, daß sie nunmehr die ganze Zeile füllt. Das ist auf eine Programmfunktion zurückzuführen, die man Blocksatz nennt.

```
        6. April 1988

        ABC GmbH
        Vogelsangstraße 45

        3000 Hannover 91

        Sehr geehrter Kunde,

        wir möchten Sie hiermit darüber informieren, daß unser
        neues Modell nun lieferbar ist. Einen mit einem Bestell-
        schein versehenen Katalog legen wir zu Ihrer gefälligen
        Bedienung bei.
```

Wir wollen nun unseren Brief beenden:

```
        Sehr geehrter Kunde,

        wir möchten Sie hiermit darüber informieren, daß unser
        neues Modell nun lieferbar ist. Einen mit einem Bestell-
        schein versehenen Katalog legen wir zu Ihrer gefälligen
        Bedienung bei. Die Lieferzahl ist begrenzt. Bestellen Sie
        sofort.

        Mit freundlichen Grüßen

        Maria Schmidt
        Kundendienst
```

Bitte beachten Sie, daß die Kopfzeilen des Briefes durch das automatische Scrolling automatisch vollständig vom Bildschirm verschwunden sind.

Nun wollen wir noch einen weiteren Satz in unseren Brief einfügen. Dazu setzen wir den Cursor mit Hilfe der Pfeiltasten (oder auch mit den Befehlen unter dem Stichwort ZEIGER) an die gewünschte Stelle im Text. Achten Sie darauf, daß in der obersten Bildschirmzeile das Wort „EINFG." angezeigt wird, was normalerweise standardmäßig der Fall ist. Dann befinden wir uns nämlich im „Einfügemodus" und können Text zwischen den bereits vorhandenen einfügen, wohingegen im „Überschreibmodus" der alte Text mit dem neuen überschrieben wird. Wenn die Anzeige „EINFG." fehlt, kann man sie durch Drücken der Ins-Taste oder durch den Befehl ^V aufrufen.

Wir schreiben jetzt die zusätzliche Briefzeile:

```
          C:TEXT SEITE 1 ZEILE 1 SPALTE 01          EINFG.
                      H A U P T M E N Ü
ZEIGER   :  ^A Wort links    ^S Zchn links    ^D Zchn rechts  ^F Wort rechts
                             ^E Zeile auf     ^X Zeile ab
BILD     :  ^C Seite vor     ^Z Zeile vor     ^W Zeile rück   ^R Seite rück
LÖSCHEN  :  DEL Zchn links   ^G Zchn rechts   ^T Wort rechts  ^Y Zeile total
BEFEHL   :  ^V Einfüg e/a    ^N Einfüg Zeile  ^I Tab vorw.  RET Ende Absatz
            ^B Formatiere    ^U Unterbreche   ^L Finde/Ersetze wiederholen
SUBMENÜ  :  ^J HILFE...  ^K BLOCK...  ^O BILD...  ^P DRUCK...^Q SCHNELL...
```

Sehr geehrter Kunde,

wir möchten Sie hiermit darüber informieren, daß unser neues Modell nun lieferbar ist. Einen mit einem Bestellschein versehenen Katalog legen wir zu Ihrer gefälligen Bedienung bei. Die Lieferzahl ist begrenzt. Bestellen Sie sofort.

Auf Bestellungen, die innerhalb von 10 Tagen bei uns eingehen, erhalten Sie einen Sonderrabatt von 10 Prozent!

Mit freundlichen Grüßen

Maria Schmidt
Kundendienst

So einfach ist das Einfügen von Text. Wenn wir einzelne Buchstaben korrigieren wollen, schalten wir den Einfügemodus mit ^V oder durch erneutes Drücken der Ins-Taste ab, positionieren den Cursor über das entsprechende Zeichen und tippen den korrekten Buchstaben.

Um ein Wort zu löschen und durch ein anderes zu ersetzen, stellen wir den Cursor an den Wortanfang und löschen das Wort mit ^T. Dann geben wir im Einfügemodus das neue Wort oder auch einen ganzen Satz ein. Nachdem alle Änderungen ausgeführt sind, verwenden wir den Befehl ^B, um den Absatz wieder zu formatieren.

Wenn uns die äußere Form des Briefes zufriedenstellt, können wir ihn auf der Platte speichern und dann ausdrucken. Dazu tippen wir den Befehl ^K, und es erscheint ein neues Menü auf dem Bildschirm:

```
^K          C:TEXT SEITE 1 Zeile 1 SPALTE 01          EINFG.
     ^K KOMMANDO                (Abbrechen mit Leertaste)
BEENDEN+SPEICHERN:  D=Ende Datei    X=Ende WS       S=Sichern         Q=Abbrechen
BLOCK-BEGRENZUNG:   B=Blockanfang   K=Blockende     H=Block sichtbar/unsichtbar
BLOCK-BEFEHLE:      V=Verschieben   K=Kopieren      Y=Löschen         W=Speichern
                    N=Spaltenblock ein (AUS)
TEXTBAUSTEINE       R=Einlesen      W=Speichern     J=Löschen
  & DRUCKEN:        O=Kopieren      E=Umbenennen    P=Datei drucken
DISKETTE:           L=Laufwerk wechseln             F=Inhaltsverz.    ein(AUS)
MERKER:             0-9 = Merker 0-9 setzen/löschen
```

Praktischer Computer-Einsatz 207

Um den Editiervorgang abzuschließen, wählen wir „D" (Ende Datei). Das System bestätigt dies und meldet sich mit folgender Bildschirmanzeige:

```
Speichern der Datei C:BRIEF
```

Nun ist unser Brief als Textdatei auf der Diskette gespeichert. Auf dem Bildschirm ist wieder das Eingangsmenü zu sehen:

```
      Kein Text in Bearbeitung
             E I N G A N G S M E N Ü
D Text-Datei bearbeiten  H Hilfsstufe wählen     R Programm aufrufen
N Programm-Datei bearb.  L Laufwerk wechseln     M MailMerge aufrufen
O Datei kopieren         F Verzeichnis aus (EIN) S CorrectStar aufrufen
Y Datei löschen          E Datei umbenenn P Datei drucken X WordStar verlassen
```

Wir antworten mit P, da wir den Brief drucken wollen. Daraufhin erscheint die folgende Abfragesequenz:

```
p           Kein Text in Bearbeitung

^S=Zeichen löschen         ^Y=Eingabe löschen          ^F=Inhaltsverzeichnis
^D=Zeichen wiederherstellen ^R=Eingabe wiederherstellen ^U=Befehl löschen

    Name der Datei zum Drucken? brief
Standard-Antwort auf jede Frage ist RETURN:
    Disketten-Datei Ausgabe (J/N):                 N
    Start mit Seite Nr. (RET= erste Seite)?
    Stop nach Seite Nr. (RET=letzte Seite)?
    Seitenvorschub verwenden (J/N):                N
    Formatierung unterdrücken (J/N):               N
    Pause für Papierwechsel zwischen den Seiten (J/N): N
RETURN, wenn Drucker bereit:
```

Nach Beantwortung dieser Fragen wird der Brief automatisch vom Drucker geschrieben. Er sieht perfekt aus. Sollte er uns aber doch nicht gefallen, so ist es ein leichtes, ihn mit dem Textverarbeitungsprogramm erneut zu ändern.

dBASE III – der Datenbankstandard

Neben Textverarbeitungsprogrammen sind Programme für Datenbankverwaltungen wohl diejenigen, die am häufigsten im kommerziellen sowie im privaten Bereich eingesetzt werden. Eine Datenbank ist im Prinzip nichts anderes als eine Sammlung von Informationen, wie z. B. Adressen, Telefonnummern, Termine, Kunden- oder Mitarbeiterdaten. Diese Daten können mit einem Datenbankverwaltungs-Programm außerordentlich komfortabel verwaltet werden. Man kann sie in Sekundenschnelle sortieren, neue einfügen, alte löschen, alle oder nur bestimmte ausdrucken, an andere Programme weitergeben oder von ihnen übernehmen usw.

Auf diesem Gebiet spielt das Datenverwaltungsprogramm dBASE von der Firma Ashton-Tate eine führende Rolle, und deshalb wollen wir es hier in der Version dBASE III PLUS mit einem Beispiel vorstellen.

Zunächst wollen wir eine neue Datenbank anlegen, die unsere Informationen aufnehmen soll. Wir rufen dBASE auf, springen im Hauptmenü mit Hilfe einer Pfeiltaste auf den zweiten Auswahlpunkt, der die Bezeichnung „Neu" trägt, und wählen dort die Option „Datenbank".

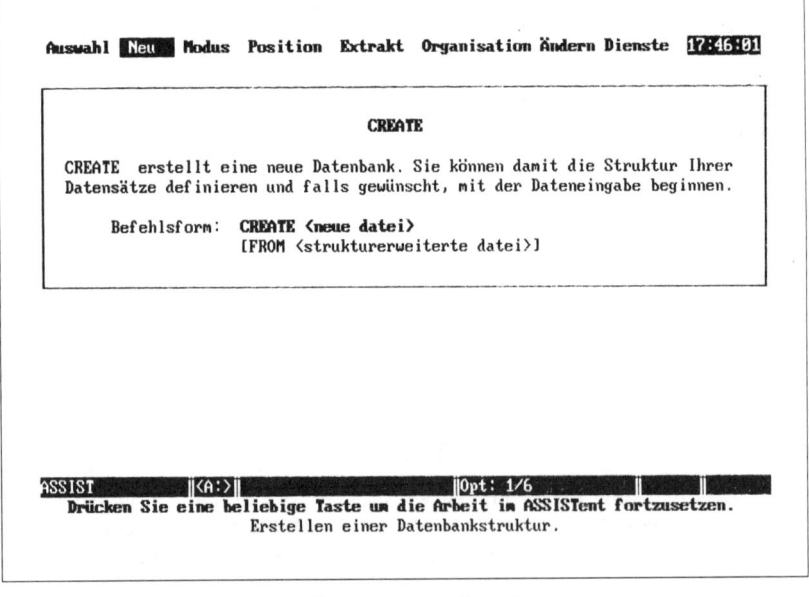

```
   Auswahl  Neu  Modus  Position  Extrakt  Organisation  Ändern  Dienste  17:46:01

                               CREATE

          CREATE   erstellt eine neue Datenbank. Sie können damit die Struktur Ihrer
          Datensätze definieren und falls gewünscht, mit der Dateneingabe beginnen.

                   Befehlsform:  CREATE <neue datei>
                                 [FROM <strukturerweiterte datei>]




   ASSIST           |<A:>|               |Opt: 1/6  |
        Drücken Sie eine beliebige Taste um die Arbeit im ASSISTent fortzusetzen.
                        Erstellen einer Datenbankstruktur.
```

Abb. 9.1: Hilfsbildschirm zum Erstellen einer neuen Datenbank

Als erstes werden wir nach einem Namen für unsere neue Datenbank gefragt. Wir wollen sie „Adresse" nennen. Danach möchte dBASE die Datenbankstruktur erfahren. Für jede Datenbank muß der Benutzer eine bestimmte Struktur festlegen, damit das System weiß, welche Informationen an welcher Stelle und in welcher Länge zu finden sind.

Eine Datenbank besteht aus Datensätzen, und jeder Datensatz wiederum aus Feldern. Von jedem Feld muß dBASE Namen, Typ, Feldlänge und Anzahl der Dezimalstellen kennen. Diese Angaben können wir auf dem Bildschirm, wie er in Abb. 9.2 gezeigt ist, eintragen.

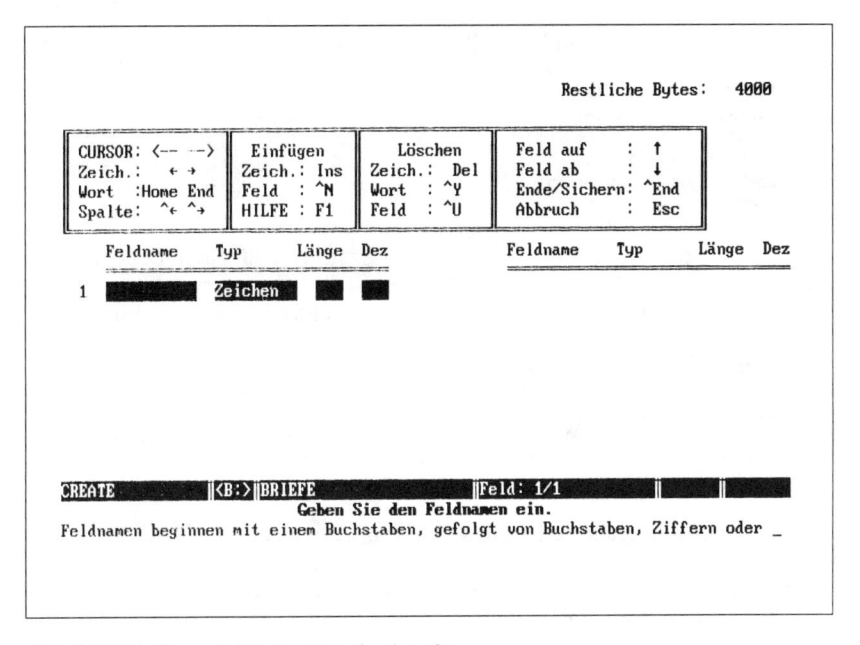

```
                                        Restliche Bytes:    4000

  CURSOR: <-- -->  | Einfügen      | Löschen       | Feld auf     :  ↑
  Zeich.:  ← →     | Zeich.: Ins   | Zeich.: Del   | Feld ab      :  ↓
  Wort  :Home End  | Feld  : ^N    | Wort  : ^Y    | Ende/Sichern : ^End
  Spalte:  ^← ^→   | HILFE : F1    | Feld  : ^U    | Abbruch      : Esc

      Feldname    Typ     Länge   Dez        Feldname    Typ     Länge  Dez

  1              Zeichen



  CREATE          <B:>  BRIEFE              Feld: 1/1
                        Geben Sie den Feldnamen ein.
  Feldnamen beginnen mit einem Buchstaben, gefolgt von Buchstaben, Ziffern oder _
```

Abb. 9.2: *Eingabemaske für die Datenbankstruktur*

Wir wollen die Datenbank in unserem Beispiel folgendermaßen strukturieren:

```
    Feldname    Typ       Länge   Dez

1   NNAME       Zeichen    15
2   VNAME       Zeichen    10
3   STRASSE     Zeichen    20
4   PLZ         Zeichen     7
5   ORT         Zeichen    15
6   LAND        Zeichen    15
```

Da wir mit diesen Informationen keine Berechnungen ausführen wollen, haben wir bei allen als Typ „Zeichen" angegeben. Mit <RETURN> beenden wir die Eingabe und werden vom Computer gefragt:

```
Wollen Sie jetzt Datensätze eingeben? (J/N)
```

Wir antworten mit „J", und nun können wir die Informationen für den ersten Satz eingeben.

Der Cursor wartet im Feld NNAME:

```
NNAME     Schmidt
VNAME     Johannes
STRASSE   Bahnhofstr. 3
PLZ       2000
ORT       Hamburg
LAND      Deutschland
```

Wir haben unseren ersten Datensatz ausgefüllt, und nach Drucken von <RETURN> erhalten wir eine neue leere Maske für den zweiten Satz. Für unser Beispiel geben wir nun nacheinander die folgenden Adreßdaten ein:

```
NNAME      VNAME      STRASSE         PLZ     ORT        LAND
Andersen   Gerda      Skolegade 17    DK6200  Aabenraa   Dänemark
Schmidt    Christian  Mühlenkamp 10   5600    Wuppertal  Deutschland
SCHMIDT    Barbara    Hafenstr. 10    1000    Berlin     Deutschland
Schmidtke  Margitta   Pappelallee 25  2000    Wedel      Deutschland
Dankert    Ruth       Kreuzweg 67     8000    München    Deutschland
```

Um die Namenseingabe zu beenden, drücken wir wieder <RETURN>.

Wenn wir die ESC-Taste drücken, gelangen wir in den Befehlsmodus. Auf dem Bildschirm erscheint ein Punkt, der uns mitteilt, daß dBASE auf die Eingabe eines Befehls wartet. Mit QUIT können wir beispielsweise dBASE verlassen. Eine Datei kann mit dem Befehl USE geladen werden, z. B.:

```
USE C:ADRESSE
```

Danach kann man ihren Inhalt mit LIST angezeigen lassen:

```
LIST
```

Nun werden alle Sätze unserer Datenbank aufgelistet:

```
Satznummer NNAME      VNAME      STRASSE         PLZ     ORT        LAND
         1 Schmidt    Johannes   Bahnhofstr. 3   2000    Hamburg    Deutschland
         2 Andersen   Gerda      Skolegade 17    DK6200  Aabenraa   Dänemark
         3 Schmidt    Christian  Mühlenkamp 10   5600    Wuppertal  Deutschland
         4 SCHMIDT    Barbara    Hafenstr. 10    1000    Berlin     Deutschland
         5 Schmidtke  Margitta   Pappelallee 25  2000    Wedel      Deutschland
         6 Dankert    Ruth       Kreuzweg 67     8000    München    Deutschland
```

Da der Bildschirm nicht breit genug ist, steht das Land jeweils unter der jeweiligen Satznummer. Mit LIST können aber auch einzelne Informationen aus den Sätzen angezeigt werden. Die Vor- und Nachnamen erhalten wir beispielsweise durch Eingabe des folgenden Befehls:

```
LIST VNAME,NNAME
```

Praktischer Computer-Einsatz 211

Das Ergebnis sieht wie folgt aus:

```
Satznummer VNAME      NNAME
    1      Johannes   Schmidt
    2      Gerda      Andersen
    3      Christian  Schmidt
    4      Barbara    SCHMIDT
    5      Margitta   Schmidtke
    6      Ruth       Dankert
```

Wie Sie sich denken können, sind die Möglichkeiten vielfältig. Wenn zusammen mit dem Befehl LIST der Zusatz FOR gebraucht wird, kann man die Datenbank nach bestimmten gemeinsamen Kriterien durchsuchen. Wir geben als Beispiel den folgenden Befehl ein:

```
LIST FOR PLZ ='2000'
```

Auf dem Bildschirm sehen wir dann:

```
Satznummer NNAME      VNAME     STRASSE           PLZ  ORT      LAND
    1      Schmidt    Johannes  Bahnhofstr. 3     2000 Hamburg  Deutschland
    5      Schmidtke  Margitta  Pappelallee 25    2000 Wedel    Deutschland
```

Wir können auch den Befehl LOCATE zum Suchen von Datensätzen aufgrund besonderer Merkmale benutzen. Dann werden uns jedoch als Ergebnis die Nummern der betreffenden Sätze mitgeteilt, die wir dann, falls gewünscht mit dem Befehl DISPLAY ansehen können. Die gerade aufgezeigten Möglichkeiten zum Selektieren einer Datenbank sind von großem Nutzen, da es zu den alltäglichen Aufgaben beim Arbeiten mit Datenmengen gehört, diese nach unterschiedlichen Kriterien zu filtern, um beispielsweise Briefe an einen bestimmten Personenkreis zu schicken oder auch um Zusammenhänge transparent zu machen.

Ein weiteres wichtiges Hilfsmittel ist durch die Sortiermöglichkeiten eines Datenbankverwaltungsprogramms gegeben. Der Befehl SORT ON kann auf- oder absteigend nach den jeweils angegebenen Kriterien sortieren, und diese umsortierten Daten werden in einer neuen Datei abgelegt. Wir wollen unsere Datei ADRESSE beispielsweise absteigend (/D für engl. descending) nach Postleitzahlen sortieren und in einer Datei mit dem Namen TEMP ablegen. Der Befehl dazu lautet:

```
SORT ON PLZ/D TO C:TEMP
```

Nach Beendigung des Sortiervorgangs schreiben wir:

```
USE C:TEMP
COPY TO C:ADRESSE
USE B:ADRESSE
LIST
```

und wir erhalten die folgende Liste:

```
1 Andersen   Gerda     Skolegade 17    DK6200  Aabenraa  Dänemark
2 Dankert    Ruth      Kreuzweg 67     8000    München   Deutschland
3 Schmidt    Christian Mühlenkamp 10   5600    Wuppertal Deutschland
4 Schmidt    Johannes  Bahnhofstr. 3   2000    Hamburg   Deutschland
5 Schmidtke  Margitta  Pappelallee 25  2000    Wedel     Deutschland
6 SCHMIDT    Barbara   Hafenstr. 10    1000    Berlin    Deutschland
```

Beim Sortieren kann ferner angegeben werden, ob zwischen Klein- und Großbuchstaben unterschieden werden soll, ob auf- oder absteigend sortiert werden soll, und es kann auch nach mehreren Kriterien sortiert werden, wobei als erstes immer der sogenannte „Primärschlüssel" stehen muß.

Dieser erste Eindruck eines Datenverwaltungsprogramms hat Ihnen vielleicht gezeigt, wie vielfältig und komfortabel das Arbeiten mit einem solchen Programm sein kann. Es muß wohl nicht extra erwähnt werden, daß besonders bei größeren Datenmengen der Einsatz eines solchen Programms von bedeutendem Vorteil ist.

Framework II – ein Universalpaket

Das Programm Framework II von der Firma Ashton-Tate gehört zu den sogenannten „integrierten Programmpaketen". Ein Paket ist es deshalb, weil hier quasi fünf Programme zu einem einzigen zusammengefaßt sind. Im einzelnen enthält Framework II eine Textverarbeitung, eine Tabellenkalkulation, eine Datenbankverwaltung, ein Grafikprogramm und ein Datenübertragungsprogramm. Die Vorteile bei einem solchen Programmpaket sind die durchgängig gleichbleibende Bedienungsführung und die leichte Übertragbarkeit von Daten zwischen den einzelnen Programmfunktionen. So können beispielsweise Zahlentabellen und Grafiken in Texte eingefügt werden; mit den Daten aus der Datenbank können statistische Berechnungen durchgeführt werden; Texte, Tabellen und Grafiken können an andere Rechner geschickt oder von ihnen empfangen werden usw.

Framework II zeichnet sich dadurch aus, daß der Bildschirm im Prinzip die Arbeitsfläche eines Schreibtischs nachbildet, auf dem für jede Aufgabe ein Arbeitsblatt angelegt wird, das hier Frame heißt und optisch durch einen Rahmen dargestellt wird.

Als Beispiel wollen wir einen Frame für eine „Tabellenkalkulation" anlegen. Tabellenkalkulationsprogramme gibt es auch außerhalb von integrierten Programmpaketen. Bekannt ist beispielsweise das Programm Multiplan. Ein Ta-

Praktischer Computer-Einsatz 213

bellenkalkulationsprogramm wird, wie schon sein Name sagt, überwiegend für das Rechnen mit Zahlen in Tabellenform eingesetzt. Neben einfachen arithmetischen Berechnungen können Funktionen aus der Statistik, Finanzmathematik, Datums- und Zeitfunktionen eingesetzt werden. Bedeutsam für das komfortable Arbeiten mit einem Tabellenkalkulationsprogramm ist die automatische Neuberechnung von Ergebnissen, nachdem Werte in der Tabelle verändert worden sind.

Wir wollen nun Framework II laden und im Hauptmenü den Menüpunkt NEU anwählen. Ein Menüpunkt kann in Framework II dadurch angesprochen werden, indem die Ctrl-Taste zusammen mit der Buchstabentaste gedrückt, wird, die den Anfangsbuchstaben des Menüpunktes repräsentiert. Wir drücken also

```
Ctrl und N
```

Alternativ zu dieser Vorgehensweise kann man die Taste mit der Aufschrift „Ins" drücken, die in Framework auch Menütaste heißt. Auf dem Bildschirm erscheint unter der Option NEU ein Untermenü, das wiederum mehrere Punkte zur Auswahl stellt (Abb. 9.3).

Ein hell leuchtender Balken hebt jeweils den Menüpunkt hervor, der im Moment aktuell ausgewählt ist. Das ist im Untermenü NEU zu Anfang die Option „Frame/leer Text", mit der man einen Frame für Texte erstellen kann.

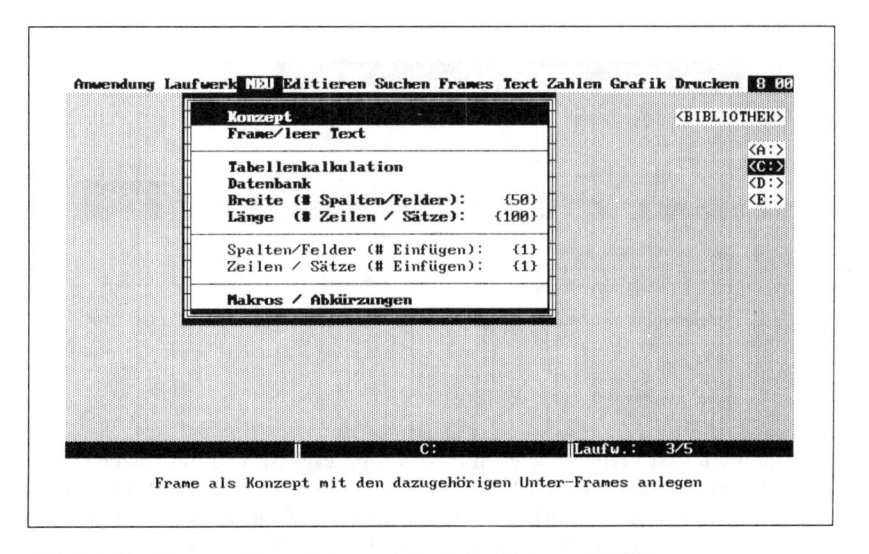

Abb. 9.3: Das Hauptmenü von Framework II mit dem Untermenü NEU

Wir wollen jedoch in unserem Beispiel mit einem Tabellenkalkulations-Frame arbeiten, der als dritter Untermenüpunkt angeboten wird. Zuvor müssen wir jedoch seine Breite und Länge festlegen. Diese beiden Optionen können durch Drücken von

```
Ctrl und B
```
und
```
Ctrl und L
```

aufgerufen werden, oder der optische Marker kann mittels der Cursortasten auf den jeweiligen Menüpunkt gesetzt werden, wonach dieser mit <RETURN> aktiviert werden kann.

Die Breite, die auch die Anzahl der Spalten für die Tabelle angibt, wollen wir mit 5 und die Länge oder die Anzahl der Zeilen mit 10 festlegen (Abb. 9.4).

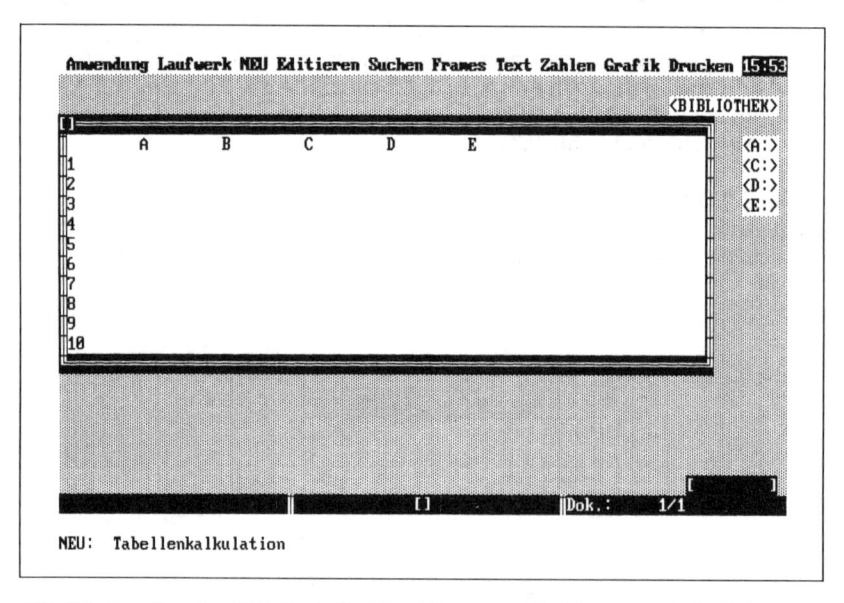

Abb. 9.4: Erstellen eines Tabellenkalkulations-Frames mit fünf Spalten und zehn Zeilen

Durch Eingabe von
```
Ctrl und T
```
erzeugen wir den Frame, wie er in Abb. 9.4 gezeigt ist. Die fünf Spalten sind mit den fortlaufenden Buchstaben A bis E und die zehn Zeilen mit den Zahlen 1 bis 10 gekennzeichnet. Auf diese Weise kann jede Zelle der Tabelle eindeutig über eine Buchstaben/Zahlen-Kombination angesprochen werden, was für spätere Bezüge auf diese Zelle wichtig sein kann. Mit C3 ist beispielsweise die

Praktischer Computer-Einsatz 215

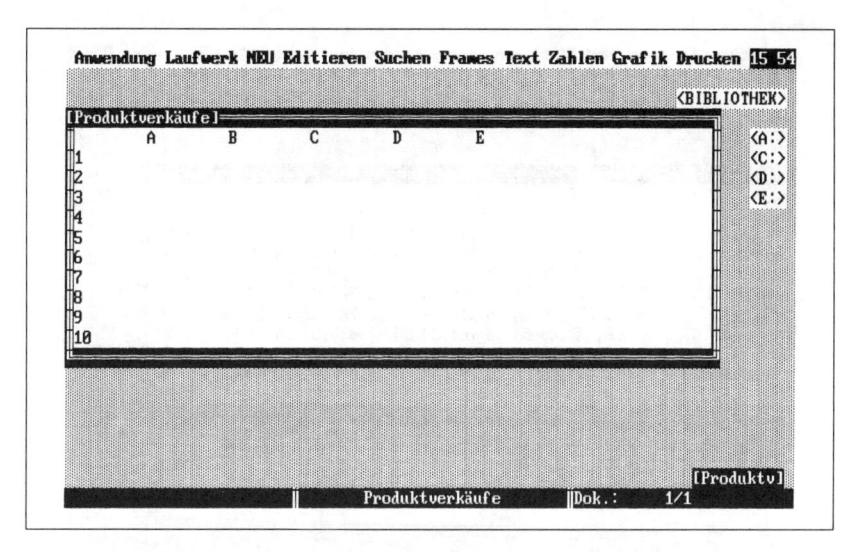

```
Anwendung Laufwerk NEU Editieren Suchen Frames Text Zahlen Grafik Drucken 15 54
                                                              <BIBLIOTHEK>
[Produktverkäufe]
        A       B       C       D       E                    <A:>
  1                                                          <C:>
  2                                                          <D:>
  3                                                          <E:>
  4
  5
  6
  7
  8
  9
 10


                                                              [Produktv]
              Produktverkäufe      Dok.:    1/1
```

Abb. 9.5: Ein leerer Tabellen-Frame mit dem Namen „Produktverkäufe"

dritte Zelle in der Spalte C gemeint. Die Spalten der Tabelle können so vergrößert oder verkleinert werden, daß sie für die Aufnahme der betreffenden Daten passen. Nachträglich können auch noch Spalten oder Zeilen eingefügt oder gelöscht werden.

Auf dem Rahmen des Frames befinden sich in der oberen linken Ecke zwei eckige Klammern, in denen ein Name für den Frame aufgenommen werden kann. Einen solchen Namen tippt man einfach über die Tastatur ein, während der Frame-Rahmen hell markiert ist, was gleich nach seiner Neuerstellung der Fall ist.

Wir haben unseren Frame „Produktverkäufe" genannt, wie auch in der Abb. 9.5 zu sehen ist. Dieser Frame-Namen dient der eindeutigen Zuordnung eines Frames, wenn man beispielsweise Daten von ihm in einen anderen Frame übernehmen will.

Als nächstes wollen wir unseren Tabellen-Frame mit Daten füllen. Dazu müssen wir den Cursor in das Innere des Frames bringen. Dorthin gelangt man durch Drücken der Abwärts-Taste, die auf dem Ziffernblock der Tastatur durch die +–Taste repräsentiert wird. Umgekehrt gelangt man wieder auf den Rahmen des Frames durch Drücken der Aufwärts-Taste, die mit dem Minuszeichen (–) beschriftet ist.

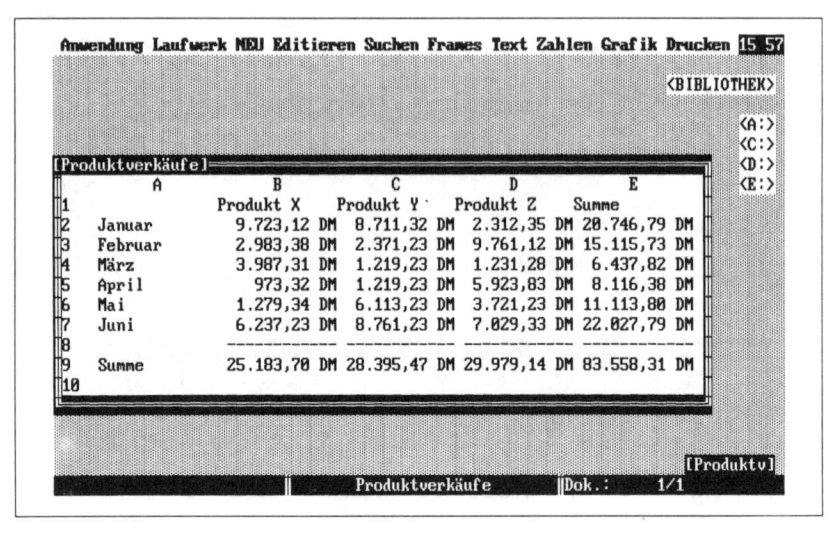

```
Anwendung Laufwerk NEU Editieren Suchen Frames Text Zahlen Grafik Drucken 15 57
                                                                  <BIBLIOTHEK>
                                                                  <A:>
                                                                  <C:>
  [Produktverkäufe]                                                <D:>
         A          B           C           D           E          <E:>
  1                 Produkt X   Produkt Y   Produkt Z   Summe
  2  Januar         9.723,12 DM 8.711,32 DM 2.312,35 DM 20.746,79 DM
  3  Februar        2.983,38 DM 2.371,23 DM 9.761,12 DM 15.115,73 DM
  4  März           3.987,31 DM 1.219,23 DM 1.231,28 DM  6.437,82 DM
  5  April            973,32 DM 1.219,23 DM 5.923,83 DM  8.116,38 DM
  6  Mai            1.279,34 DM 6.113,23 DM 3.721,23 DM 11.113,80 DM
  7  Juni           6.237,23 DM 8.761,23 DM 7.029,33 DM 22.027,79 DM
  8                 ----------- ----------- ----------- -----------
  9  Summe         25.183,70 DM 28.395,47 DM 29.979,14 DM 83.558,31 DM
 10

                                                               [Produktv]
                    Produktverkäufe       Dok.:     1/1
```

Abb. 9.6: Ein ausgefüllter Tabellen-Frame

Im Inneren des Tabellen-Frames erscheint nun der hell leuchtende Balken, der immer anzeigt, wo im Moment eine Eingabe gemacht werden kann, und zwar in der Zelle A1. Er kann nun komfortabel schritt- oder sprungweise zu anderen Zellen bewegt werden, wo dann jeweils die Eingabe von Daten durch einfaches Eintippen und nachfolgendes Drücken der Return-Taste erfolgen kann.

In Abb. 9.6 sehen wir den ausgefüllten Tabellen-Frame. Die Beträge werden in einem speziellen DM-Format angezeigt, was wahlweise auch in anderen Währungen und Formaten erfolgen kann. Zahlen und Texte können nach Belieben rechts-, linksbündig oder zentriert, fettgedruckt oder unterstrichen und in vielen anderen Formen angezeigt werden.

Die Zahlen für die Summen wurden selbstverständlich nicht eingetippt. Hier verbirgt sich in jeder Zelle eine Formel, die die jeweilige Summe berechnet. In der Zelle E2 steht beispielsweise die Formel

```
@sum(B2:D2)
```

was bedeutet, daß die Werte der Zellen B2 bis D2 summiert und in E2 angezeigt werden sollen. Formeln lassen sich in Framework II auf einfache Weise in andere Zellen oder ganze Zellenbereiche kopieren, so daß man bei umfangreicheren Formeln viel Schreibarbeit sparen kann. Selbstverständlich werden dann die jeweiligen Bezüge entsprechend angepaßt. In Zelle E3 steht dann z. B. die Formel

```
@sum(B3:D3)
```

Praktischer Computer-Einsatz   217

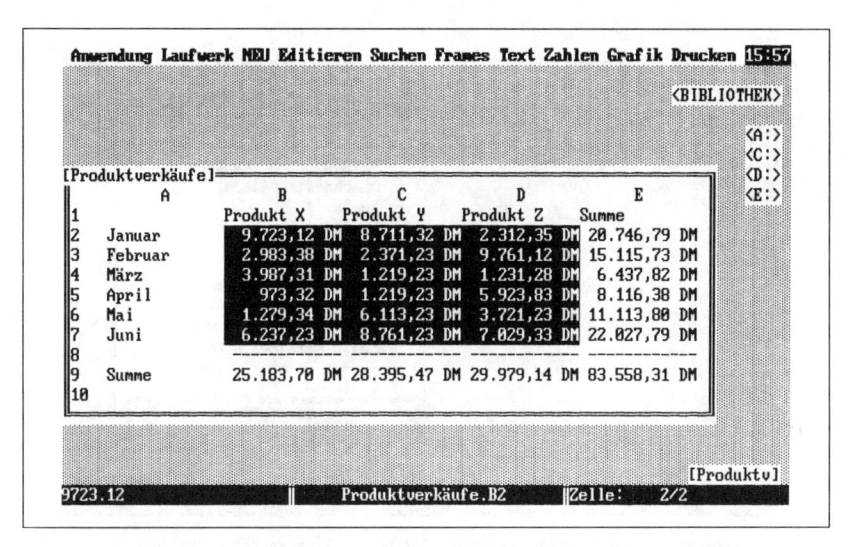

```
Anwendung Laufwerk NEU Editieren Suchen Frames Text Zahlen Grafik Drucken 15:57
                                                                    <BIBLIOTHEK>
                                                                         <A:>
                                                                         <C:>
  [Produktverkäufe]                                                      <D:>
        A            B              C              D              E      <E:>
  1              Produkt X      Produkt Y      Produkt Z      Summe
  2  Januar       9.723,12 DM    8.711,32 DM    2.312,35 DM   20.746,79 DM
  3  Februar      2.983,38 DM    2.371,23 DM    9.761,12 DM   15.115,73 DM
  4  März         3.987,31 DM    1.219,23 DM    1.231,28 DM    6.437,82 DM
  5  April          973,32 DM    1.219,23 DM    5.923,83 DM    8.116,38 DM
  6  Mai          1.279,34 DM    6.113,23 DM    3.721,23 DM   11.113,80 DM
  7  Juni         6.237,23 DM    8.761,23 DM    7.029,33 DM   22.027,79 DM
  8              ------------   ------------   ------------   ------------
  9  Summe       25.183,70 DM   28.395,47 DM   29.979,14 DM   83.558,31 DM
 10

                                                                   [Produktv]
 9723.12               | Produktverkäufe.B2   |Zelle:     2/2
```

Abb. 9.7: Markierung der Zahlen für die Balkengrafik

An dieser Stelle wird deutlich, wie es funktioniert, daß bei Verändern eines Wertes das betroffene Ergebnis automatisch neu berechnet wird. Vielleicht haben Sie bis jetzt schon einen ersten Eindruck darüber erhalten, wie vielfältig und praktisch die Einsatzmöglichkeiten eines Tabellenkalkulationsprogramms sein können.

Wie bereits zu Anfang erwähnt, bietet ein Programmpaket wie Framework II darüber hinaus Funktionen an, die ein leichtes Übertragen von Daten auf andere Verarbeitungsprogramme ermöglichen. Wir wollen an dieser Stelle ein Beispiel dafür zeigen, wie man aus den Tabellendaten, mit denen wir gerade gearbeitet haben, ganz einfach eine eindrucksvolle Balkengrafik erstellen kann.

Zunächst einmal müssen wir uns überlegen, welche Zahlen für die Grafik zugrunde gelegt werden sollen. Diese müssen für den weiteren Verarbeitungsvorgang markiert werden. In unserem Fall wollen wir die Verkaufsbeträge für die drei Produkte (Produkt X, Produkt Y und Produkt Z), grafisch darstellen. Es sollen also die Zellen B2, C2, D2 bis B7, C7, D7 markiert werden. Wir setzen den hell leuchtenden Balken zuerst auf die Zelle B2. In Framework II gibt es eine spezielle Funktionstaste, mit der man nun diesen Markierungsbalken beliebig ausdehnen kann. Das ist die Funktionstaste F6, auch Auswahltaste genannt. Nachdem wir diese betätigt haben, drücken wir fünfmal die Cursortaste mit dem abwärts zeigenden Pfeil und zweimal die Cursortaste mit nach rechts zeigenden Pfeil. Die Markierung umfaßt nun alle gewünschten Zellen (Abb. 9.7).

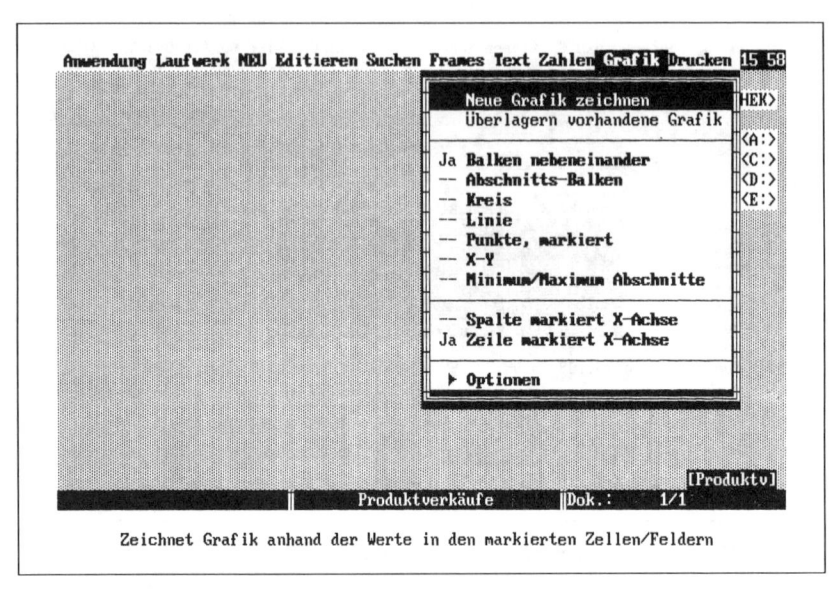

Abb. 9.8: Das Untermenü Grafik

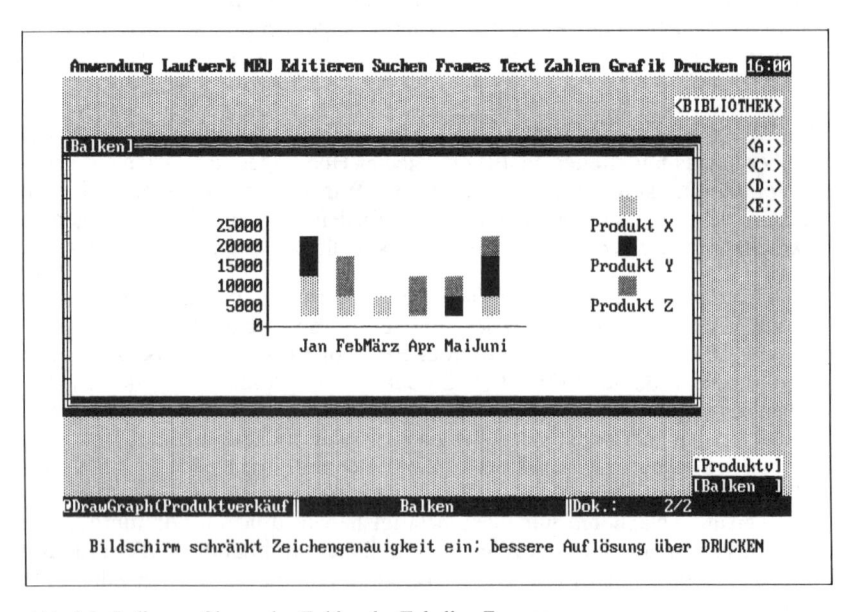

Abb. 9.9: Balkengrafik aus den Zahlen des Tabellen-Frames

Nun öffnen wir das Untermenü Grafik, indem wir die Tasten Ctrl und G drükken (Abb. 9.8).

Um die Grafik nach unseren Vorstellungen auszugeben, drücken wir nacheinander

    A   für Abschnitts-Balken

    S   für Spalte markiert X-Achse

    N   für Neue Grafik zeichnen

Das Ergebnis ist in Abbildung 9.9 zu sehen.

Zusammenfassung

Der praktische Einsatz eines Mikrocomputers setzt das abgestimmte Zusammenspiel vieler Elemente voraus. Die technischen Komponenten wie Betriebssystem, Hardware, Datenbanksystem und Anwendung legen zwar in hohem Maß die Art und Weise fest, wie Aufgabenstellungen in der Praxis mit Mikrocomputern bewältigt werden können. Die professionelle organisatorische Einbettung des Mikrocomputers in sein Arbeitsumfeld und sein sachgemäßer Betrieb durch den Anwender tragen wesentlich zum Erfolg einer Mikrocomputer-Anwendung bei.

Kapitel 10

Die Zusatzausrüstung

Einleitung

Die Auswahl von geeigneten Peripheriegeräten kann komplizierter sein als die des Hauptprozessors, d. h. des eigentlichen Mikrocomputers. Sie hat für gewöhnlich auch einen großen Einfluß auf die Kosten und die Benutzbarkeit des Systems.

In diesem Kapitel werden alle üblichen Peripheriegeräte untersucht und bewertet, beginnend mit Eingabegeräten (Tastatur), dann Ausgabegeräten (Bildschirm, Drucker), Massenspeichergeräten (Disketten- und Festplattenlaufwerken) bis hin zu Spezialgeräten (Maus, Joystick und andere). Zum Schluß wollen wir untersuchen, wie man den Computer selbst aufrüsten und erweitern kann.

Die Tastatur

Oft ist die Tastatur in das Prozessorgehäuse oder in das Bildschirmgerät eingebaut. Die meisten Tastaturen sind jedoch separate Einheiten.

Bei der Auswahl einer Tastatur existieren glücklicherweise relativ wenige Wahlmöglichkeiten. Die Auswahlkriterien für eine Tastatur ergeben sich aus dem gesunden Menschenverstand. Sie muß stabil und zuverlässig sein und gute Kontaktgebung haben. Das Layout muß für die geplante Anwendung zweckmäßig sein. Ein Punkt, den man beachten sollte, ist die *elektronische Verriegelung* der einzelnen Tasten. Das Problem taucht auf, wenn mehrere Tasten gleichzeitig oder beinahe gleichzeitig gedrückt werden. Dies kann beispielsweise während einer schnellen Dateneingabe vorkommen. Einfache Tastaturen können die zusätzlich gedrückten Tasten ignorieren oder blockieren bzw. abschalten. Eine „verriegelte" Tastatur dagegen wird automatisch mehrfache Tastenanschläge speichern, solange sie nicht gleichzeitig erfolgen.

Für den kommerziellen Anwender ist eine einfache alphanumerische Tastatur nicht ausreichend. Man benötigt eine vollständige „kommerzielle Tastatur", bestehend aus:

- üblichen alphanumerischen Tasten,

- einem separaten Ziffernblock, Cursorsteuerung für den Bildschirm (aufwärts, abwärts, links, rechts) plus Steuertasten (Löschen etc.) sowie

- mindestens zehn Funktionstasten, die auf Tastendruck komplexere Befehle ausführen können.

Für Terminal-Anwendungen sind meist 12 bis 24 Funktionstasten erforderlich. Für spezielle Anwendungen gibt es programmierbare Tastaturen, die z. B. für Textverarbeitung das Auslösen einer großen Anzahl von Kommandos durch Drücken von Tasten und Tastenkombinationen erlauben.

Die Bildschirmanzeige

Die Bildschirmanzeige ist zum universellen Ausgabemedium für Mikrocomputer-Systeme geworden. Das kommt daher, daß sie leise ist und eine große Menge Text in kurzer Zeit anzeigen kann. Dies geschieht durch vertikale Verschiebung (*Scrollen* des Textes genannt. Außerdem kann ein monochromer Bildschirm-Monitor bereits für weniger als 300,- DM gekauft werden. Wir unterscheiden vier Typen von Anzeigegeräten:

- das normale Fernsehgerät

- das Sichtgerät (Bildschirmterminal)

- den einfachen Monitor

- der hochauflösende Monitor

Diese vier Möglichkeiten sollen im folgenden untersucht werden.

Das normale Fernsehgerät

In dem Maße, in dem es „frei" verfügbar ist, ist es das wohl preiswerteste Gerät. Wenn man es jedoch direkt über den Antenneneingang anschließt (wie bei Telespielen), führt dies dazu, daß die Bandbreite eingeschränkt wird, was im Ergebnis auf die Darstellung weniger Zeichen pro Bildschirmzeile hinausläuft.

Im Fall von Farbanzeigen sind die Alternativen jedoch so kostspielig, daß das Farbfernsehgerät vorzuziehen ist. Man sollte aber daran denken, daß die Begrenzung auf kurze Zeilen bleibt. Außerdem ist natürlich für intensives Arbeiten das Fernsehbild auf die Dauer für die Augen schädlich.

Im Hinblick auf die sehr niedrigen Kosten für die Monochrom-Monitor (und seine größere Bandbreite) hat ein Schwarzweiß-Fernseher dagegen keinen Vorteil.

Das Sichtgerät (Bildschirmterminal)

Das Sichtgerät ist ein Terminal, das aus einem Monitor, einer Tastatur und einer Steuerelektronik (Cursorsteuerung, Tastatursteuerung, Bildschirmfunktionen und lokaler Speicher) gebaut ist. Es ist das herkömmliche Terminal, um mit einem Computer-System zu kommunizieren. Wegen seines professionellen Designs und seiner komfortablen Möglichkeiten ist es am besten für die kommerzielle Anwendung geeignet. Es wird für Mikrocomputer nur bei Mehrbenutzersystemen eingesetzt. Häufig wird es jedoch von Mikrocomputern für einen Terminalbetrieb simuliert.

Eine Kombination von einer Tastatur, einem Video-Monitor und von Software kann gleiches leisten.

Der Video-Monitor

Ein Video-Monitor ist einfach ein Fernsehgerät ohne Empfangsteil, Trennstufe und Verstärkerelektronik (d. h. ohne Lautsprecher, Kanalwähler usw.). Da er keine UHF/VHF-Signale empfangen muß, hat der Monitor einen direkten Video-Eingang und kann daher Signale von viel größerer Bandbreite als ein reguläres Fernsehgerät aufnehmen. Im allgemeinen sind 80 Zeichen pro Zeile möglich.

Der große Preisunterschied liegt hier zwischen dem einfarbigen Monochrom-Monitor (grün oder bernsteinfarben) und einem Farbmonitor.

Jedes Fernsehgerät enthält einen Monitor und kann für die direkte Video-Eingabe umgebaut werden.

Der hochauflösende Monitor

Der hochauflösende Monitor ist ein speziell für Computer-Anzeigen entwikkelter Bildschirm mit besonders ruhigem und stabilem Bild. Er kann bei manchen Modellen bis zu 132 Zeichen pro Zeile und 70 Zeilen erreichen. Er kann einige hunderttausend bis weit über eine Million Bildpunkte monochrom oder in bis zu 2048 Farben bei Hochleistungsgeräten anzeigen. Ein solcher Monitor kostet einige hundert bis einige tausend Mark.

Die Anzeige eines Textes auf einem Bildschirmgerät

Lassen Sie uns nun die gemeinsamen Eigenschaften aller Bildschirmgeräte untersuchen. Die Aufgabe eines jeden Bildschirmgerätes liegt darin, einen Text anzuzeigen und, wenn möglich, etwas Grafik darzustellen.

Bei traditionellen Fernsehgeräten werden die Bilder dadurch erzeugt, daß winzige Punkte auf der Mattscheibe beleuchtet werden, um Zeichen anzuzeigen. Bei dem Betrieb als Bildschirmgerät sind die Punkte allerdings viel größer, damit die Zeichen klarer sichtbar sind. Jedes Zeichen ist als eine Punktmatrix definiert. Ein Beispiel ist in Abbildung 10.1 zu sehen. Jedes Zeichen wird dadurch angezeigt, daß die Punkte in einem Rechteck beleuchtet werden; so hat man z. B. sieben Zeilen mit jeweils fünf Punkten.

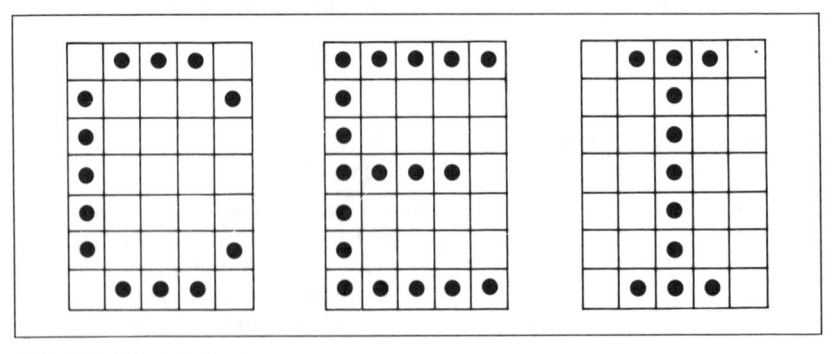

Abb. 10.1: Eine 5x7-Punktmatrix

Für eine klarere Anzeige werden mehr Punkte benötigt, z. B. eine 10x12-Punktmatrix. Dies reduziert jedoch die maximale Anzahl von Zeichen einer gegebenen Größe, die auf dem Schirm gezeigt werden kann. Bei Niedrigpreis-Systemen wird die 5x7-Matrix benutzt. Es ist mit so wenigen Punkten aber schwierig, Kleinbuchstaben von Großbuchstaben korrekt zu unterscheiden und die Unterlängen von Kleinbuchstaben korrekt abzubilden (z. B. beim „g").

Eine technisch interessante Frage ist die folgende: Wir haben gezeigt, daß ein Bildschirm vom Computer die Zeichen als Bytes empfängt, d. h. als Gruppen von jeweils 8 Bits (jedes Zeichen entspricht im ASCII-Code einer bestimmten 8-Bit-Kombination). Wie werden diese 8 Bits in 35 oder mehr Punkte auf dem Bildschirm umgewandelt?

Die Antwort lautet: einfach durch den Gebrauch von ROM-(Speicher-)Chips. Für jeden 8-Bit-Code hält eine Gruppe von Speicherplätzen verschiedene Punktmuster bereit.

Dies hat eine wichtige Konsequenz: Weil man ein ROM-Chip einfach austauschen kann, ist es einfach, einen Zeichensatz zu ändern. Professionelle Bildschirmgeräte können alternative Zeichensätze anbieten, die von APL bis zu fremden Sprachen reichen.

Wie viele Zeilen und wie viele Zeichen?

Natürlich will der Benutzer so viele Zeichen und Zeilen wie möglich haben. Im Falle eines Fernsehgerätes, bei dem der Computer an den Antenneneingang angeschlossen ist, beschränkt die begrenzte Bandbreite die Wiedergabe auf ungefähr 25 Zeilen von je 40 Zeichen, vorausgesetzt, es handelt sich um ein Qualitätsgerät. Es können ein 5x7-Punktmatrix und Großbuchstaben abgebildet werden. Ein Umfang von 24 Zeilen ist normal.

Im Fall eines Monitors oder eines Datensichtgerätes ist der Computer direkt mit dem Video-Eingang verbunden, was die Bandbreite bedeutend verbessert. 24 Zeilen von je 80 Zeichen (Groß- und Kleinbuchstaben) sind beinahe Standard.

Für den kommerziellen Anwender ist ein Fernsehgerät nicht akzeptabel, wenn dieses nicht für direkten Video-Anschluß umgebaut wurde. In diesem Fall wird es dann als Monitor benutzt. Für kommerzielle Zwecke werden 24 Zeilen als die minimale Zeilenanzahl angesehen, und die Standard-Zeilenlänge beträgt 80 Zeichen, im Idealfall 120 bis 132 Zeichen.

Zusätzliche Eigenschaften von Bildschirmgeräten

Die meisten zusätzlichen Eigenschaften werden durch ein Programm realisiert, manchmal auch durch eine komplexere Steuerkarte:

- Jedes Bildschirmgerät muß einen Positionsanzeiger (Cursor) haben, um eine Stelle auf dem Schirm anzuzeigen, gewöhnlich diejenige, an welcher das nächste Zeichen erscheinen wird. Der Cursor wird gewöhnlich als Rechteck oder als Unterstrich dargestellt. Sein Aussehen kann programmiert werden, und er kann blinken.

- Das System kann zwei Helligkeitsstufen anbieten, grau und weiß. Diese werden gewöhnlich dazu benutzt, Fragen von Antworten zu unterscheiden. Es kann auch eine inverse Darstellung erfolgen, schwarz auf weiß.

- Zeichen oder Cursor können auf Wunsch blinken.

- Begrenzte grafische Darstellungsformen können verfügbar sein. Normalerweise werden sie dadurch erzeugt, daß bestimmte Punkte der Punktmatrix aktiviert werden, um ein Grafikzeichen anzuzeigen.

- Objekte können farbig dargestellt werden.

Dumme versus intelligente Bildschirm-Controller

Zusätzliche Eigenschaften kann man erhalten, indem man dem Bildschirm-Controller, einer speziellen Steuerkarte oder einem speziellen Grafik-Chip, einge der Funktionen überträgt, die sonst der Mikrocomputer ausführt.

Ein intelligenter Bildschirm-Controller ist normalerweise so konstruiert, daß er viele Funktionen eigenständig ausführt. Er bietet einen lokalen Speicher für die Datenspeicherung und spezielle Funktionen für schnelle Bildtransformationen.

Mit dem Bildschirm sprechen

Es gibt mehrere Eingabegeräte, die man an bestimmten Stellen der Tastatur anschließen kann. Die am häufigsten benutzten werden am Ende dieses Kapitels beschrieben. Es gibt u. a. den Lichtgriffel (engl. Light Pen), den Steuerknüppel (engl. Joystick) und die sogenannte „Maus".

Die Zusatzausrüstung 227

Zusammenfassung zur Bildschirmanzeige

1. *Für den privaten Benutzer:* Bei Farbe ist die preiswerteste Alternative das häusliche Farbfernsehgerät. Bei Monochrom-Darstellung ermöglicht ein handelsüblicher Schwarzweiß-Fernseher lediglich die Darstellung von 16 Zeilen von je höchstens 32 Zeichen. Ein Monitor ist daher empfehlenswert.

2. *Für professionelle Benutzer:* Für einfache Textbearbeitung ist ein einfacher Monitor normalerweise ausreichend. Er wird 24 Zeilen mit je 80 Zeichen in Groß- und Kleinschreibung zur Verfügung stellen. Achten Sie auf eine vollständige Normtastatur mit deutschen Umlauten. Ein 30-cm-Bildschirm ist optimal. Die Darstellung von Zeichen in einer 7x9-Punktmatrix oder eine noch größere ist erforderlich, um eine gute Lesbarkeit zu erreichen.

Der Drucker

Ein Bildschirmgerät liefert sogenannte „weiche Kopien" oder „Softcopies". Informationen können schnell über den Bildschirm bewegt werden und bildschirmweise weitergeblättert werden. Gewöhnlich ist es aber für den kommerziellen Bereich wünschenswert oder unerläßlich, über „harte Kopien" oder „Hardcopies" auf Papier zu verfügen. In fast allen Fällen ist ein *Drucker* erforderlich.

Warum benutzen Sie nicht einfach die elektrische Büroschreibmaschine? Wenn sie über einen passenden Anschluß verfügt, kann sie durchaus verwendet werden! Sie ist jedoch teuer und relativ langsam (höchstens 80 Zeichen in der Sekunde). Wir wollen einmal alle möglichen Lösungen genau abwägen.

Die Anforderungen sind:

- niedrige Kosten
- hohe Druckqualität
- hohe Geschwindigkeit
- Zuverlässigkeit
- geringe Lärmentwicklung

Es können vier hauptsächliche Druckersysteme unterschieden werden:

- thermische (elektrosensitive) Drucker
- Vollzeichen-Anschlagdrucker
- Matrixdrucker
- anschlagfreie Hochgeschwindigkeitsdrucker

Thermische und elektrosensitive Drucker

Thermodrucker benötigen ein besonderes, hitzeempfindliches Papier, in das sie die Zeichen „einbrennen". Das Druckelement hat Punkte oder Segmente, die auf das Papier gepreßt werden. Die jeweilige Kombination der Segmente wird erwärmt, um das erforderliche Zeichen wiederzugeben.

Weil das Druckelement einfach ist und keine beweglichen Teile hat, sind diese Drucker preiswert und leise. Sie bieten jedoch nur eine mittlere Druckqualität (verglichen mit einer guten Kugelkopf-Schreibmaschine). Sie können wegen der Zeit, die für das Einbrennen erforderlich ist, nicht mit hoher Geschwindigkeit arbeiten und erfordern besonderes Papier.

Elektrosensitive Drucker und die meisten Thermodrucker werden als Niedrigpreisdrucker verwendet, die nur eine minimale Leistung haben (kurze Zeilenlänge, niedrige Geschwindigkeit). Eine Fortentwicklung dieses Druckprinzips mit Wärme stellt der Thermotransfer-Drucker dar. Bei diesen Druckern wird Farbe durch Hitzeeinwirkung aus dem Farbband geschmolzen und bleibt am Papier haften. Diese Technik ermöglicht eine hohe Druckqualität in Farbe.

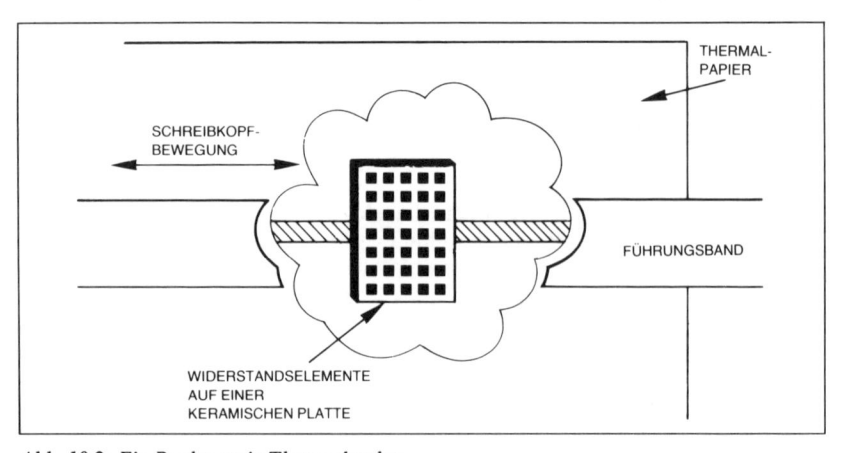

Abb. 10.2: Ein Punktmatrix-Thermodrucker

Anschlagdrucker

Anschlagdrucker werden so genannt, weil die Zeichendarstellung auf dem Papier durch ein Schlagen des Farbbandes gegen das Schreibpapier wie bei einer Schreibmaschine erzielt wird. Von dieser Druckerart sind heute zwei Arten vorherrschend: der Vollzeichentyp und der Matrixtyp. Beim ersteren gibt es drei Bauarten: Kugelkopf-, Zylinderkopf- und Typenraddrucker.

Die Zusatzausrüstung 229

Der zylindrische Druckkopf

Diese ist die Technik, die auch von einem der ersten Computer-Terminals benutzt wird, dem Fernschreiber. Es wird ein zylindrischer Druckkopf verwendet (siehe Abb. 10.3). Der Zylinder trägt vier Zeichenzeilen, kann sich um seine Achse rotierend in 17 Positionen bewegen und kann angehoben werden. Um ein Zeichen zu drucken, wird der Zylinder in die gewünschte Position gedreht, auf die erforderliche Ebene gehoben und dann mit einem Hammerwerk angeschlagen. Dabei preßt das Zeichen das Farbband gegen das Papier. Alle Verbindungen sind elektromechanisch und benutzen Noppen, die elektromagnetisch in Bewegung gesetzt werden.

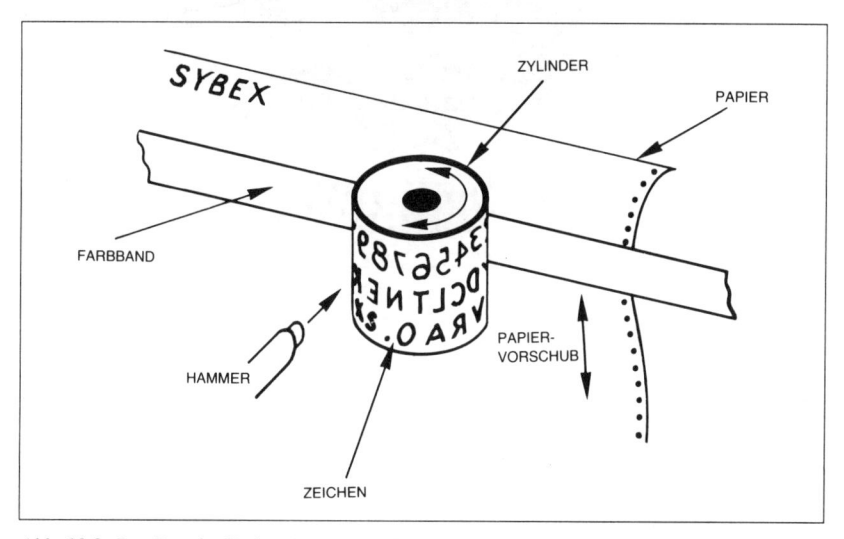

Abb. 10.3: Der Druckzylinder eines Fernschreibers

Zylinderkopfdrucker sind in ihrer Technik überholt. Sie liefern meist nur wenige Zeichen, allerdings in einem ausgezeichnet lesbaren Schriftbild. Sie sind preiswert und zuverlässig, aber laut und langsam und keineswegs für kommerzielle Anwendungen geeignet.

Die Kugelkopfschreibmaschine

Praktisch jede Kugelkopfschreibmaschine kann mit einer Schnittstelle versehen und an einen Mikrocomputer angeschlossen werden. Die Maschine benutzt einen mit Metall überzogenen Plastikkugelkopf, der sich neigen und rotieren kann. Sie hat kleine und große Buchstaben, Umlaute und austauschbare Druck-

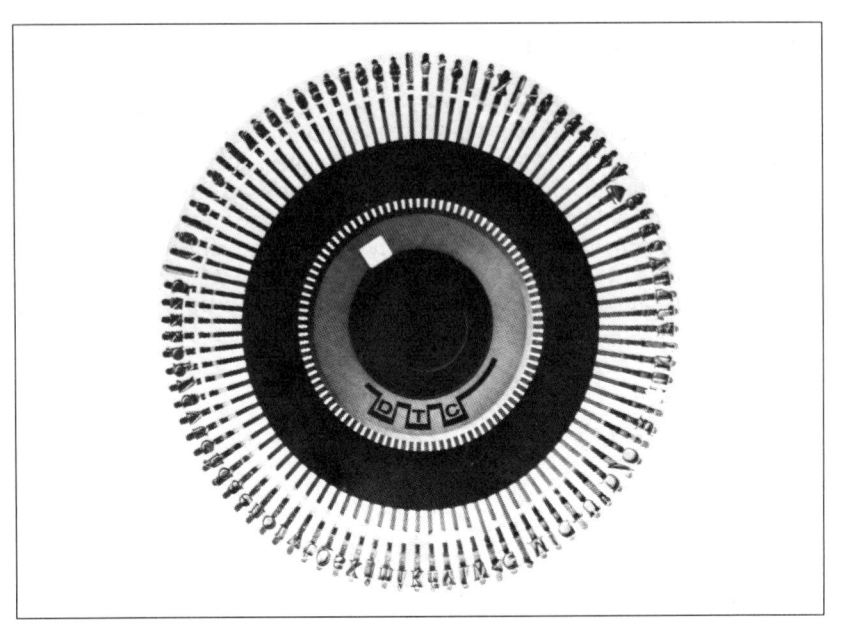

Abb. 10.4: Ein Typenrad

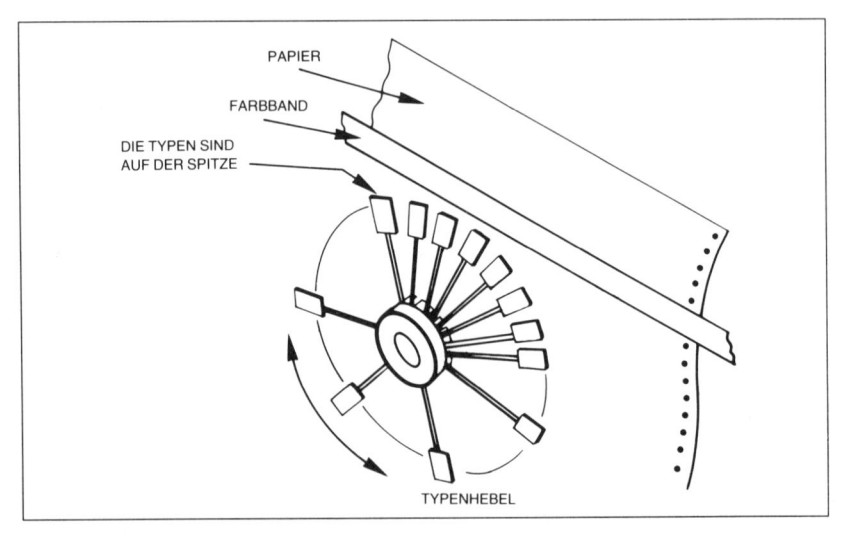

Abb. 10.5: Das Typenrad dreht sich im Kreis

köpfe. Die Kugelkopfschreibmaschine ist langsam (15 bis 30 Zeichen pro Sekunde), bietet aber eine Druckqualität, die der einer Büroschreibmaschine entspricht. Außerdem kann die Maschine weiterhin als normale Büroschreibmaschine verwendet werden. Die Kosten liegen etwas höher als beim Zylinderkopfdrucker, dafür kann sie aber bei kleinen kommerziellen Anwendungen eingesetzt werden. Sie ist jedoch nicht für einen ununterbrochenen Betrieb oder lange Listen geeignet.

Der Typenraddrucker

Der Typenraddrucker verwendet ein Rad mit bis zu 100 Zeichen (siehe Abb. 10.4). Jedes Zeichen ist an einem eigenen Arm befestigt, so daß nur eine Drehebene nötig ist. Das Hammerwerk schlägt jeweils auf eine einzige Type. Außerdem wird eine genaue Stellung und gleichmäßiger Anschlag garantiert. Dies ermöglicht einen schnellen, ruhigen und zuverlässigen Betrieb mit einer ausgezeichneten Druckqualität.

Die Typenräder sind austauschbar, so daß verschiedene Zeichensätze benutzt werden können, die für mehrere Hersteller standardisiert sind (Diablo, Qume). Die Druckqualität ist so hochwertig, daß man ein photosatzfertiges Schriftbild erhält.

Auch für den kommerziellen Anwender ist ein Typenraddrucker empfehlenswert, wenn Schönschriftqualität ausschlaggebend ist. Allerdings ist ein Typenraddrucker nicht billig. Generell gilt, daß ein guter Drucker leicht den höchsten Anschaffungspreis aller Peripheriegeräte fordern kann.

Der Matrixdrucker

Ein Matrixdrucker benutzt Nadeln, um ein Punktmuster auf das Papier zu drucken. Die Zeichen werden genauso wie beim Bildschirmgerät erzeugt, indem die jeweilige Kombination von Nadeln in einem Rechteck von fünf Spalten mal sieben Zeilen oder sieben Spalten mal neun Zeilen ausgewählt wird. Jede Nadel ist mit einer elektromagnetischen Wicklung versehen.

Wenn wir Strom zuführen, wird die Nadel gegen das Farbband geschleudert, wo sie einen Punkt druckt. Für jedes Zeichen müssen sieben oder neun Punktzeilen gedruckt werden. Die Trägheit der Nadeln ist so minimal, daß ein schneller Betrieb möglich ist.

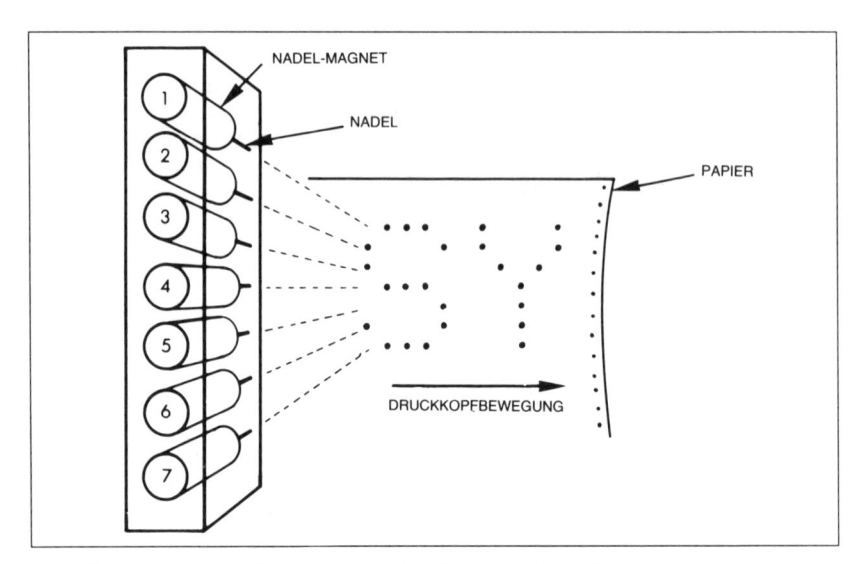

Abb. 10.6: Sieben Nadeln können das Papier gleichzeitig bedrucken

Bei einem preiswerten System wird nur ein einziger Druckkopf verwendet, der Zeichen für Zeichen druckt und sich auf dem Papier hin und her bewegt.

Bei einem teueren System ist eine ganze Zeile Nadeln vorhanden für 80 bis 120 Zeichen. Eine ganze Zeile wird in nur sieben bis neun Schritten gedruckt. Dies ist in Abbildung 10.7 dargestellt.

Die Vorteile sind ein relativ niedriger Preis, hohe Geschwindigkeit und ein leiser Betrieb. Der Hauptnachteil ist die relativ geringe Druckqualität. Es muß betont werden, daß die Druckqualität für das Auge ausreicht, aber nicht für die Reproduktion oder für Geschäftsbriefe.

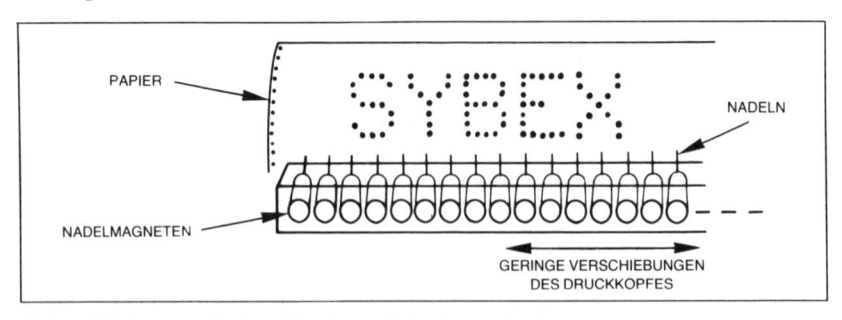

Abb. 10.7 Eine ganze Zeile mit Punkten wird auf einmal gedruckt

Die Zusatzausrüstung 233

Abb. 10.8: *Der LX-800 von Epson ist ein preiswerter, sehr leistungsfähiger Drucker mit 9-Nadeltechnik. Er verfügt über einen Schönschriftmodus und druckt in Entwurfsqualität 180 Zeichen pro Sekunde.*

Bekannte Hersteller für Matrixdrucker sind die Firmen Epson und NEC, die eine Reihe preiswerter Drucker von hoher Qualität herstellen.

Der meist kostengünstige Matrixdrucker stellt auch für den kommerziellen Anwender eine gut Alternative zum Typenraddrucker dar. Die Qualität ist in der Regel für allgemeine Korrespondenz-Erfordernisse ausreichend.

Anschlagfreie Schnelldrucker

Bei Großrechenanlagen, wo der Preis eine geringere Rolle spielt, werden nichtmechanische Drucker benutzt, um extrem hohe Geschwindigkeiten zu erzielen. Ein *Tintenstrahldrucker* arbeitet, indem er kleinste Tintentröpfchen erzeugt und sie elektronisch gegen das Druckpapier lenkt. Geschwindigkeiten von 800 Zeichen pro Minute werden von den Spitzengeräten für Mikrocomputer erreicht.

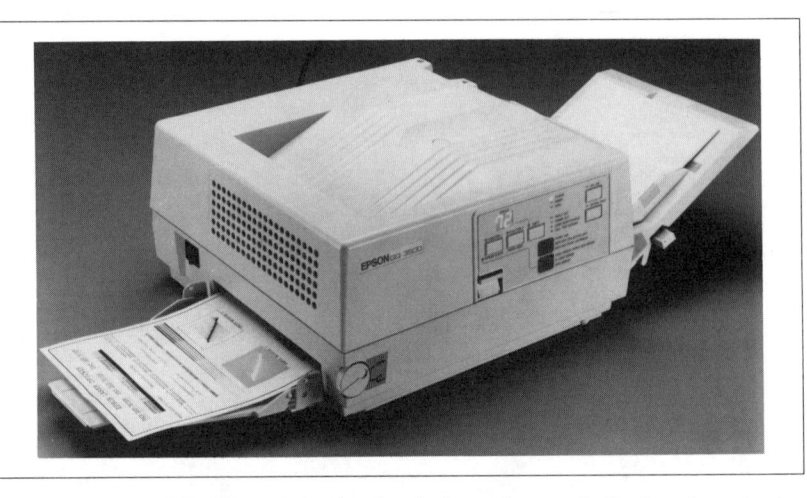

Abb. 10.9: Der GQ-3500 von Epson ist ein sehr kompakter, preisgünstiger Laserdrucker der mittleren Leistungsklasse

In einem *Laserdrucker* wird das Papier elektronisch aufgeladen und zieht trockenes Toner-Puder wie in einem Fotokopiergerät an. Der Buchstabe wird dann in das Papier eingebrannt. Viele Zeichen werden gleichzeitig gedruckt. Laserdrucker für Mikrocomputer liegen im Leistungsbereich von 3 bis 30 Seiten pro Minute.

Drucker für kommerzielle Zwecke – Eine Zusammenfassung

Die meisten Anwendungen für kleinere Unternehmen brauchen die Eigenschaften von mehreren Druckertypen. Es könnte sogar tatsächlich das beste sein, sowohl einen Matrix- als auch einen Typenraddrucker anzuschaffen. Der Matrixdrucker kann dann für interne Papiere und der Typenraddrucker für Geschäftsbriefe eingesetzt werden. Falls es auf Geschwindigkeit und Schönschrift ankommt, dann ist ein Laserdrucker stets die beste Wahl. Soll zwar leise, aber in Farbe gedruckt werden, so kann ein Thermotransfer- oder Tintenstrahldrucker verwendet werden.

Achten Sie bitte darauf, daß wichtige Zusatzausrüstungen, die manchmal nur gegen Aufpreis zu erhalten sind, wie eine Einzelblattzufuhr oder eine Traktorführung für randgelochtes Endlospapier für das von Ihnen ausgesuchte Gerät

Die Zusatzausrüstung 235

erhältlich ist. Dies gestattet u. a. die Beschriftung von Formularen, Schecks und Adressenaufklebern. Der Papiertransport über Druckwalzen kann den Anforderungen an die Positionierungsgenauigkeit bei professionellen Anwendungen kaum genügen. In der Papierdurchlaßweite nicht verstellbare Traktorführungen, mit denen einige Drucker ausgestattet sind, bieten nicht so eine große Breite der Anwendungsmöglichkeiten, wie das bei Druckern mit einer über einen größeren Bereich veränderbaren Führung der Fall ist.

Magnetplatten

Weil der Hauptspeicher eines Mikrocomputers beschränkt ist und bei den meisten Systemen ohne Strom die Daten verlorengehen, müssen große Programme und Datenbereiche auf ein Medium mit dauerhafter Speicherfähigkeit gesichert werden. Üblicherweise werden hierfür Magnetplatten oder Kassetten eingesetzt. Der vorteilhafteste Einsatz der einzelnen Medien wird im folgenden erörtert.

Eine Speicherplatte ist eine runde, feste oder flexible Scheibe, die an einer oder beiden Seiten mit einer magnetischen Oxydschicht versehen ist und sich ständig dreht. Ein Schreib-Lesekopf, dem Tonkopf eines Tonbandgerätes sehr ähnlich, wird über eine „Spur" der Magnetplatte gestellt. Die Daten können dann als eine Folge von Bits auf der Magnetplatte „geschrieben" werden.

Die Nullen und Einsen werden auf die Oberfläche der Spur geschrieben, indem die Partikel in die eine oder andere Richtung magnetisiert werden. Information, die auf diese Weise gespeichert wird, ist „dauerhaft", jedenfalls so lange, wie die Magnetplatte keinem starken Magnetfeld ausgesetzt wird.

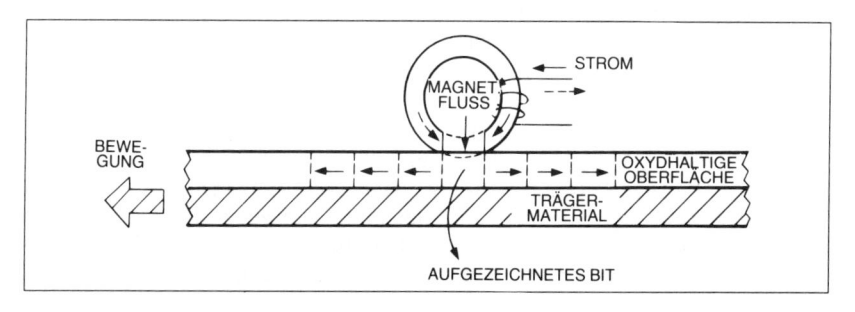

Abb. 10.10: Speicherung eines Bits auf Magnetplatte

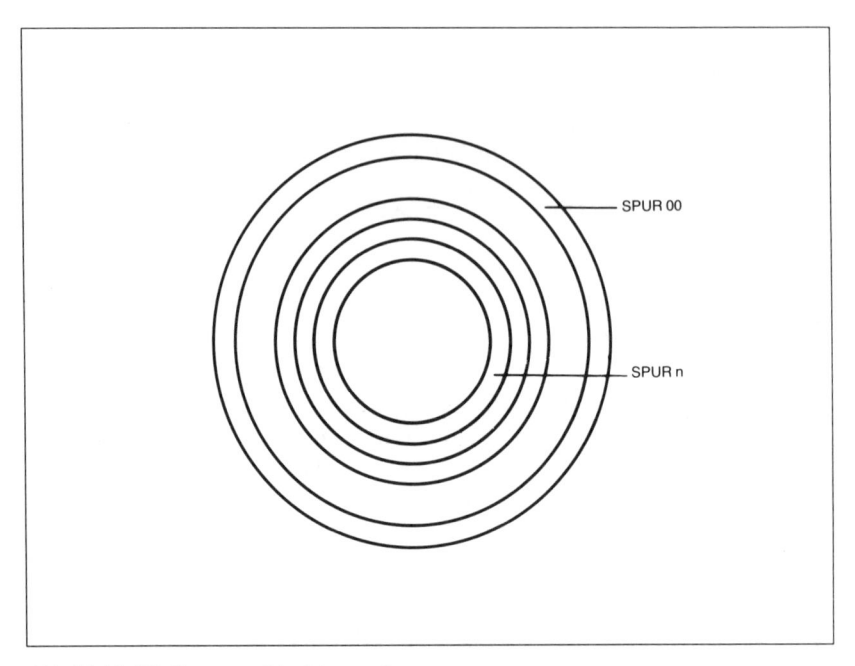

Abb. 10.11: Die Spuren auf der Magnetplatte

In Abb. 10.11 sind die konzentrischen Spuren auf einer Magnetplatte gezeigt.

Um Informationen auf einer Magnetplatte wiederfinden zu können, muß man wissen, auf welcher Spur und wo genau auf der Spur sie gespeichert sind.

Damit man eine Information bequem auf einer Spur suchen kann, ist es zum Standard geworden, eine Spur in Sektoren zu unterteilen. Dies wird in Abbildung 10.12 illustriert. Ein typischer Sektor hat 128 Bytes. Die Information wird über die Sektor- und über die Spurnummer wiedergefunden.

Natürlich möchte sich niemand, der ein Mikrocomputer-System benutzt, um die genaue Zuordnung eines Sektors innerhalb einer Datei sorgen müssen: Ein gutes DOS-Programm (Plattenbetriebssystem, engl. Disk Operating System) wird die Arbeit mit Magnetplatten erleichtern und ein FMS (Dateiverwaltungssystem, engl. File Management System) bereithalten. Es reicht dann beispielsweise, den folgenden Befehl über die Tastatur einzugeben:

```
LOAD "TEST.BAS"
```

Die Zusatzausrüstung 237

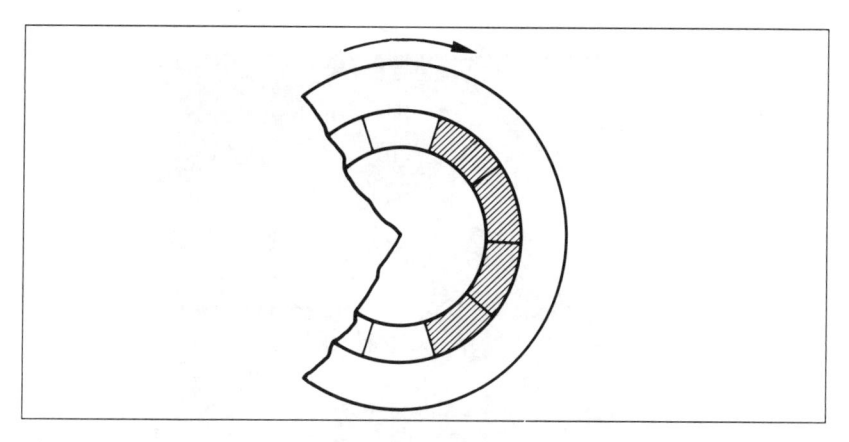

Abb. 10.12: Eine aus vier Blöcken bestehende sequentielle Datei ist in vier Sektoren gespeichert

Das DOS wird automatisch alle Sektoren finden, die zu TEST.BAS gehören, und auch in der richtigen Reihenfolge zur Verfügung stellen. Man nennt dies symbolische Dateibezeichnung.

Die Festplatte (engl. Hard Disk) ist eigentlich eines der am besten für die Massenspeicherung geeigneten Medien. Sie ist sehr schnell und bietet eine hohe Speicherkapazität. In den Anfangszeiten war sie sehr teuer, aber jetzt sind Festplatten auch für Mikrocomputer-Systeme in einem vernünftigen Preisrahmen verfügbar geworden.

Die Diskette

Eine Diskette funktioniert genauso wie eine Festplatte, sie ist nur kleiner und flexibel. Die Diskette ist biegsam und befindet sich ständig in einer Schutzhülle. Innerhalb dieser Schutzhülle dreht sich die Diskette. Deswegen ist die Innenseite der Schutzhülle mit einem besonders reibungsarmen Material ausgeschlagen und hat eine Öffnung, durch die der Schreib-Lesekopf mit der Diskette in Kontakt kommen kann.

Die *Minidiskette*, die heute am weitesten verbreitet ist, hat eine Größe von 5 1/4 Zoll, etwa 13 cm. Sie wurde im Herbst 1976 von Shugart eingeführt und standardisiert. Diese Diskette hatte in der Mikrocomputer-Industrie einen gro-

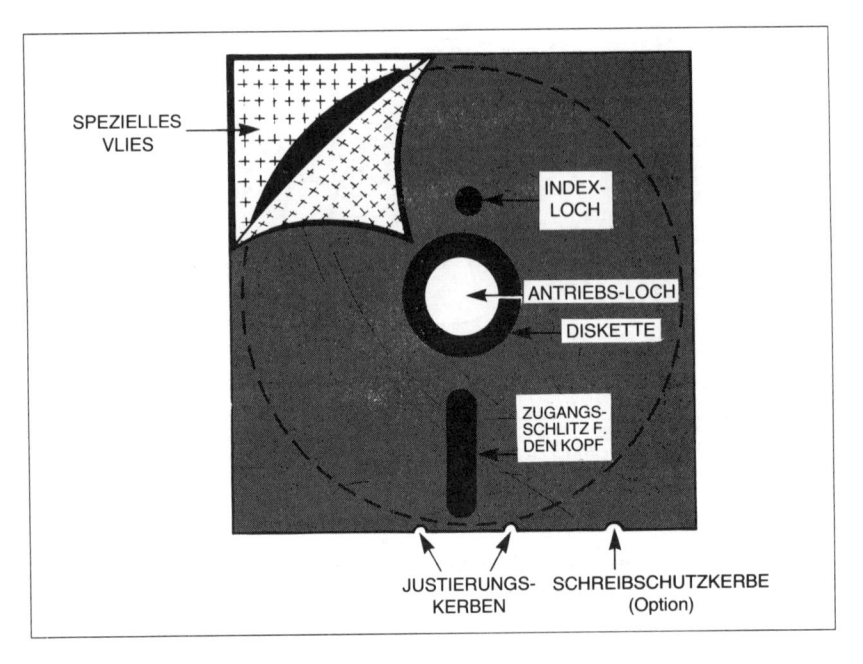

Abb. 10.13: Die Teile einer Diskette

ßen Erfolg, da sie die Massenspeicherung zu niedrigen Preisen ermöglicht. Eine einzelne Diskette kostet je nach Qualität ca. 1,– bis 4,– DM. Sie hat üblicherweise 35 bis 40 Spuren, in Abhängigkeit von dem Mechanismus, der den Schreib-Lesekopf in Position bringt.

Einige Hersteller bieten Disketten mit 80 Spuren an, d. h. die doppelte Speichermenge, die trotzdem noch zuverlässig arbeiten. Auf diese Disketten können von manchen Diskettenlaufwerken mehr als 1,4 Millionen Zeichen abgespeichert werden.

Für den kommerziellen Anwender sind Disketten mit einer solch hohen Speicherkapazität für eine Vielzahl von Anwendungen geeignet. Bei den älteren Versionen der 5¼-Zoll-Disketten, die heute noch häufig in kleineren Heimcomputer-Systemen anzutreffen sind und die eine Speicherfähigkeit von etwa 200 000 Zeichen haben, ist jedoch von einem Einsatz für Anwendungen, die in stärkerem Maße Daten ein- und ausgeben, abzuraten, denn diese verfügen in der Regel auch über eine geringere Datenübermittlungs-Geschwindigkeit.

Die Erweiterung der Speicherkapazität

Es gibt zwei Möglichkeiten, den verfügbaren Speicherplatz zu verdoppeln: doppelte Schreibdichte und beidseitige Aufzeichnung.

Doppelte Schreibdichte ermöglicht die Aufzeichnung von doppelt so vielen Daten auf einer Diskette. Dies kann allerdings auf Kosten der Zuverlässigkeit gehen.

Bei der beidseitigen Aufzeichnung werden beide Seiten der Diskette benutzt. Diese bringt zusätzliche mechanische Probleme mit sich.

Beide Techniken sind jedoch heute ausgereift und können mit einer akzeptablen Zuverlässigkeit benutzt werden.

Ein oder zwei Diskettenlaufwerke?

Wenn Sie vorhaben, ein Programm oder eine Datei von einer Diskette auf eine andere zu kopieren, dann benötigen Sie zwei Laufwerke. Wenn Sie alphabetisch sortieren oder zwei Dateien mischen müssen, dann brauchen Sie ebenfalls zwei Laufwerke. Wenn Sie mehr sofort verfügbaren Speicherraum benötigen, dann brauchen Sie zwei, drei oder vier Diskettenlaufwerke oder – noch besser – eine Festplatte dazu.

Jedes Mikrocomputer-System sollte mindestens zwei Diskettenlaufwerke besitzen. Für einfache private Anwendungen ist aber eins ausreichend, lediglich für den kommerziellen Anwender sind zwei Diskettenlaufwerke unbedingt erforderlich.

Mikrodisketten

Im Heimcomputer-Bereich werden die populären 5 1/4-Zoll-Disketten teilweise durch Disketten mit einem Durchmesser von 3 oder 3 1/2 Zoll abgelöst. Die Hüllen dieser kleineren Disketten sind im Gegensatz zu den Minidisketten nicht mehr flexibel, sondern aus Hartplastik hergestellt. Heimcomputer wie der Schneider CPC arbeiten mit 3-Zoll-Disketten. 3 1/2-Zoll-Disketten werden bereits in vielen modernen Computern wie Macintosh, Atari ST, Amiga und den tragbaren Computern verschiedener Hersteller, sogar auch von IBM, eingesetzt. IBM hat sich mit der Ankündigung der PS/2-Mikrocomputer-Familie zum 3 1/2-Zoll-Diskettenformat für Standard-Mikrocomputer bekannt.

Abb. 10.14: Ein Mikro-Diskettenlaufwerk von Mountain für 3 1/2-Zoll-Disketten mit zugehöriger Controllerkarte für den PC-Bus

Festplatten

Festplatten sind 1956 von IBM eingeführt und zunächst als schnelle Massenspeicher für Großcomputer eingesetzt worden.

Die in jüngster Zeit entwickelte Winchester-Technologie entstand wegen einiger Probleme, die mit der herkömmlichen Konstruktion von harten Magnetplatten verbunden waren, und um die Aufzeichnungsqualität zu verbessern. Der Schreib-Lesekopf hat eine sehr geringe Masse. Wenn die Platte stillsteht, liegt der Kopf auf der Oberfläche auf. Beim Drehen der Platte schwebt er von selbst auf einer dünnen Luftschicht. Die Winchester-Platten sind so konstru-

Die Zusatzausrüstung 241

Abb. 10.15: Die 3 1/2-Zoll-Winchesterfestplatte von LAPINE hat eine Speicherkapazität von 20 MegaBytes und eine Zugriffszeit von 60 Millisekunden

iert, daß der Schreib-Lesekopf immer von einem reservierten Bereich der Platte abhebt und auch wieder dort landet. Dadurch wird das Risiko, die auf der Platte gespeicherten Daten zu beschädigen, minimiert.

Kopf und Schreibarm sind in die Platteneinheit integriert, so daß das Problem der Feinabstimmung der Platten entfällt. Außerdem sind die Module versiegelt, um sie vor Verunreinigungen zu schützen.

Winchester-Plattenlaufwerke sind leise, sehr zuverlässig, leicht und sehr schnell. Auch die 5 1/4-Zoll-Version ist gut für die meisten kommerziellen Anwendungen geeignet. Es gibt Laufwerke mit einer Kapazität von 5 bis 50 MegaBytes.

Das Datensicherungsproblem

Im Vergleich zu üblichen Diskettenlaufwerken wirft der Betrieb von Festplatten-Laufwerken ein neues Problem auf: Man benötigt ein Zusatzspeichersystem für die Datensicherung. Für den Fall, daß eine Fehlfunktion des Festplatten-Laufwerks oder irgendeine Betriebsstörung auftritt, ist es notwendig, eine komplette Kopie der gespeicherten Daten auf einem anderen Medium verfügbar zu haben. Üblicherweise gibt es hierfür zwei Lösungsmöglichkeiten: eine austauschbare Platteneinheit oder ein Magnetbandgerät.

Es gibt heute als Zusatzspeicher für Festplatten-Laufwerke geeignete neuartige Magnetbandgeräte.

Der private Benutzer kann natürlich auch mehrere Disketten verwenden, um eine Kopie von der Festplatte zu erstellen. Dabei muß er selbst darauf achten, welche Dateien geändert worden sind und daher gesichert werden müssen. Diese Arbeit könnte natürlich auch durch ein leistungsfähiges Betriebssystem automatisch erledigt werden.

Wenn man jedoch in einem Unternehmen den ganzen Inhalt der Platteninhalte regelmäßig auf Disketten sichern wollte, müßte das betreffende Unternehmen ständig umziehen, weil der verfügbare Raum nicht ausreichen würde, um alle Disketten aufzubewahren. Disketten sind daher wegen ihrer begrenzten Speicherkapazität im kommerziellen Bereich nicht als Zusatzspeicher-Medium brauchbar. Sie können lediglich eingesetzt werden, wenn nur bestimmte Dateien gesichert werden sollen, und dies auch nur dann, wenn diese Dateien relativ klein sind.

Daher gibt es Festplatten-Laufwerke mit austauschbaren Plattenkassetten, die das Datensicherungsproblem vereinfachen. Professionelle Datensicherung geschieht heute jedoch überwiegend mit Streamer Tapes, die allerdings den Gesamtpreis der Anlage ebenso wie die Festplatten wesentlich erhöhen. Bei einem Data Streamer Drive können ca. 18 MByte in etwa 30 Minuten auf einer Magnetbandkassette gesichert werden. Diese Art der Sicherung ist die beste, da eine Sicherungskassette örtlich getrennt aufbewahrt werden kann.

Festplatten – Eine Zusammenfassung

Die wichtigste hardwaremäßige Beschränkung der kommerziellen Einsatzmöglichkeit von Mikrocomputern lag anfangs im begrenzten Speicherplatz einer Magnetplatte. Die Winchester-Technologie löst dieses Problem zu niedrigen Kosten. Aber auch der Inhalt von Festplatten muß gesichert werden.

Wenn ein Mikrocomputer-System für kommerzielle Zwecke eingesetzt wird und die Führung umfangreicher Dateien erforderlich ist, wird die Gesamtgeschwindigkeit des Systems von der Geschwindigkeit der Plattenlaufwerke abhängen. Deswegen ist hier der Einsatz von Festplatten gerechtfertigt. Es werden auch Systeme für Teilnehmerbetrieb angeboten, wobei sich mehrere Terminals eine gemeinsame Plattenstation teilen.

Die Zusatzausrüstung

Magnetplatten – Eine Zusammenfassung

Das Diskettenlaufwerk ist zum Standardmassenspeicher für Mikrocomputer geworden. Ein Doppellaufwerk ist für einen effizienten Betrieb erforderlich. Für kommerzielle Zwecke sind aber große Festplatten unbedingt erforderlich.

Kassetten

Ein normaler Kassettenrecorder kann als billiges Speichermedium für den privaten Gebrauch genutzt werden. Der größte Nachteil dabei ist, daß der Computer den Recorder nur an- oder abschalten kann; die anderen Steuerungen müssen manuell ausgeführt werden. Außerdem neigen Kassettensysteme dazu, unzuverlässig und sehr langsam zu sein.

Vorsicht: Ein Standard-Kassettenrecorder benötigt einen Fernbedienungsanschluß und darf während des Vor- und Rückspulens nicht angeschlossen sein.

Es gibt auch Digital-Kassettenrecorder. Auch sie haben den Nachteil einer langen Zugriffszeit und sequentieller Datenanordnung (kein wahlfreier Zugriff).

Neue Massenspeicher

Seit 1987 sind Schreib-Leseplatten mit optischen Aufzeichnungsverfahren als Standard-Peripheriegeräte verfügbar. Sie bieten enorme Speicherkapazitäten BM mit 200 und werden in den nächsten Jahren eine große Bedeutung erlangen, weil sie völlig neue Anwendungsbereiche für Mikrocomputer erschließen. Diese Platten eignen sich auch für Sicherungszwecke.

Spezialperipherie

Das Modem

Ein Modem wird gebraucht, um Computer-Daten an akustische Signale umzuwandeln, so daß sie über eine Telefonleitung geschickt werden können. Am Bestimmungsort werden diese Töne wieder durch ein Modem in Daten zurückverwandelt. Die Übertragungsgeschwindigkeit kann dabei je nach Gerätekonfiguration zwischen 75 und 9600 Baud schwanken. Für wechselseitige Datenübermittlung wird ein Modem auf „Senden" geschaltet, das andere auf „Empfang", so daß verschiedene Frequenzen erzeugt werden.

Abb. 10.16: Optische Wechselplatte von IBM mit 200 MB Speichervermögen

Akustische Modems haben Schalen für Telefonhörer; die modernen direkt angeschlossenen Modems sind unmittelbar in einen modularen Telefonanschluß eingestöpselt. In dieser Form sind sie als separate Geräte aber auch als Einbaukarten erhältlich.

Modems können in jedem Computer-System außerordentlich nützlich sein, da sie beispielsweise den Zugriff zu Rechnernetzen, Datenbanken sowie Datenservice-Büros erlauben.

Der Lichtstift

Der Lichtstift ist ein Eingabegerät, das zusammen mit einer Bildschirmanzeige benutzt wird. Er ist ein leistungsfähiges und bequemes Kommunikationsgerät, mit dem eine bestimmte Stelle auf dem Bildschirm aktiviert werden kann. Er arbeitet so, daß er das Licht wahrnimmt, wenn die Stelle, auf die er gerichtet ist, durch den Strahl beleuchtet wird, der ununterbrochen den Bildschirm abtastet. Die Zeit, die vom Standpunkt des Strahls am Schirmanfang vergeht, bis das Licht wahrgenommen wird, erlaubt es dem Computer oder eigentlich dem Programm, annähernd die Stelle auf dem Bildschirm zu berechnen.

Der Lichtstift ist besonders für Auswahlvorgänge bequem: Man braucht mit ihm nur auf ein Wort am Bildschirm zu zeigen. Dies ermöglicht auch nichtausgebildetem Personal einen schnellen und bequemen Dialog mit dem Computer.

Der Lichtstift ist in seiner Genauigkeit aber sehr begrenzt. Man sollte ihn nur dann einsetzen, wenn auf einen bestimmten Bereich des Bildschirms gezeigt werden muß, nicht aber, um einen einzelnen Punkt zu treffen. Der Lichtstift wird selten zusammen mit Heimcomputern benutzt.

Auch für die kommerzielle Anwendung muß ein Lichtstift nicht unbedingt praktisch sein. Der Bediener kann wirkungsvoll über die Tastatur mit dem System kommunizieren und kann dabei jede Auswahl bestätigen. Wenn mit dem Lichtstift auf die falsche Wahlmöglichkeit auf dem Bildschirm gezeigt wird, wäre es notwendig, die ganze Auswahlprozedur neu zu beginnen, um den Fehler zu korrigieren. Bei der Tastatur wartet das Programm auf das Drücken der Return-Taste, bevor es die Eingabe ausführt, und bietet so Zeit für die Bestätigung oder Korrektur.

Bei der Anwendung für Ausbildungszwecke ist der Lichtstift ideal, da der unerfahrene Anwender davon befreit wird, die Tastatur zu benutzen, und die Irrtümer nicht so nachteilig sind. Ein Kind kann dann beispielsweise auf die „richtige" Antwort zeigen, ohne sich mit der Tastatur auszukennen.

Der Steuerknüppel

Ein Steuerknüppel (engl. Joystick) ist ein Hebel, der nach rechts, links, vorwärts oder rückwärts oder in jede dazwischenliegende Position bewegt werden kann. Er ist ideal geeignet, um einen Punkt schnell über den Bildschirm zu bewegen. Er wird vor allem für Computer-Spiele benutzt und ist sehr preiswert, dafür aber recht ungenau.

Abb. 10.17: Typische Form eines analogen (Mitte) und zweier digitaler Joysticks

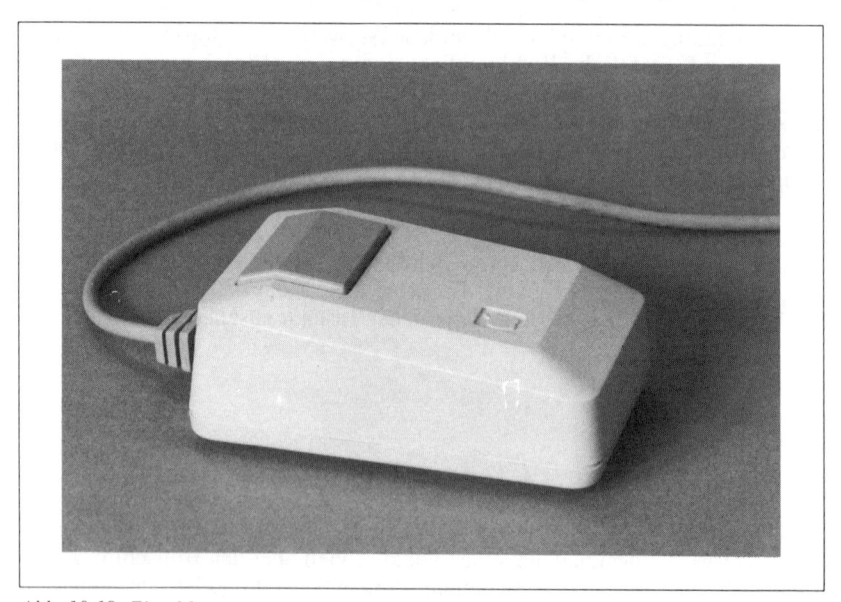

Abb. 10.18: Eine Maus

Koordinatenbezogene Eingabegeräte, die je nach Bauart auch als Paddles (Drehregler) oder Trackball (Rollkugel) bezeichnet werden, sind seit geraumer Zeit Standard bei allen Heimcomputern.

Die Maus

Die Maus ist ein präzisere Version des Steuerknüppels. Sie ist im wesentlichen ein kleines Gerät, das mit Rädern ausgerüstet ist und von Hand auf einer Fläche in alle Richtung bewegt werden kann. Die Bewegung der Räder kann genau gemessen werden, und ein Punkt wird genau in der Weise auf dem Bildschirm bewegt, wie auch die Maus bewegt wird. Seinen Namen erhielt dieses Gerät als Spitznamen in den sechziger Jahren aufgrund seiner Größe und der Art seiner Bewegung.

Die Maus gehört zur Standardausrüstung moderner Mikrocomputer mit komfortabler Benutzerführung.

Die sensorische Tafel (Grafiktablett)

Es existieren viele Typen von digitalen Tafeln, auf die man im wesentlichen schreiben oder auf denen man einen besonderen „Stift" bewegen kann. Die Position des Stifts wird abgetastet und mit einer Position auf dem Bildschirm in Beziehung gebracht. Je feiner die Auflösung, desto teurer ist die Tafel. Eine sensorische Tafel ist besonders hilfreich, wenn auf dem Farbbildschirm Grafiken aufgebaut werden sollen.

Die Spracheingabe

Mit einem geeigneten Stimmenanalysator und dem dazugehörigen Programm ist es möglich, verbale Befehle in einen Computer einzugeben, und zwar zu einem Mikrocomputern angemessenen Preis.

Ein solches System akzeptiert, nach einer „Lernphase" für jeden neuen Benutzer des Programms, ein begrenztes Vokabular gut gesprochener kurzer Befehle. Die erforderliche Verarbeitungsdauer kann so kurz sein, daß der Auftrag nur wenige Sekunden, nachdem der Befehl gesprochen wurde, ausgeführt wird.

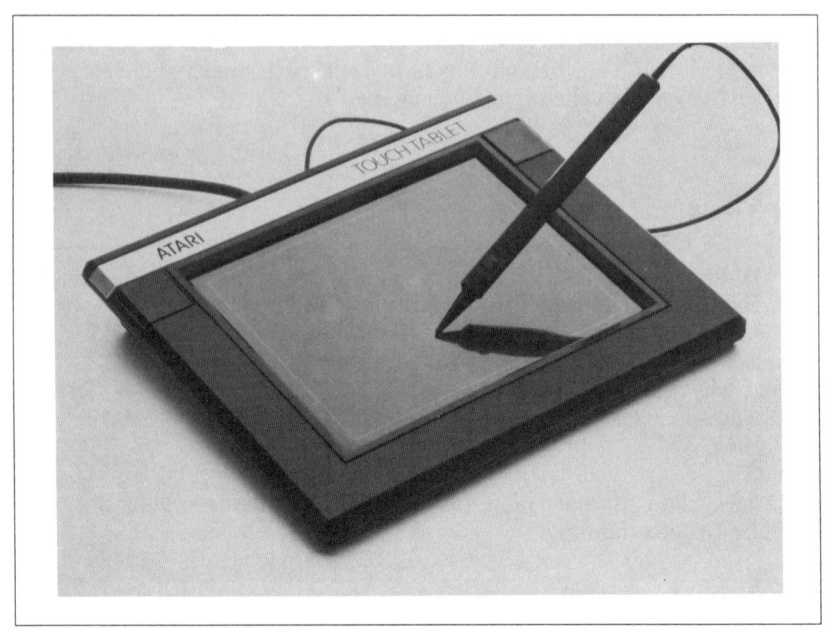

Abb. 10.19: Grafiktablett für den Atari 800 XL

Solche Karten sind im Handel erhältlich und können einem geeigneten System hinzugefügt werden. Beispielsweise sind sie für den Apple-, den C 64- und den IBM PC-Bus erhältlich.

Die Sprachausgabe

Eine Stimme kann künstlich erzeugt werden, und ein Programm kann eine annehmbar klingende Stimme als Antwort auf eine bestimmte Verschlüsselung von Phonemen (elementare Spracheinheiten) herstellen.

Man benötigt dazu eine Synthesizer-Karte, ein gutes Analyseprogramm, das die Phoneme beim Sprechen entschlüsselt, und ein großes Programm für die Wiedergabe. Der Klang der Stimme kann ganz gut sein. Das Hauptproblem liegt in der guten Stimmanalyse, bei der alle Eigenarten korrekt verschlüsselt werden müssen. Ein Überarbeiten kann notwendig sein, wenn eine spezielle Stimme imitiert werden soll.

Digital-Analog-Wandler und Analog-Digital-Wandler

Die Messung der Spannung mit einem digitalen Voltmeter ergibt beispielsweise 12,5 V. Die Spannung ist eine *analoge* (d. h. ständig variierende) Größe. 12,5 V ist ein *digitalisierter* Wert, der eine annähernde Messung mit 0,1 V Genauigkeit gibt. Ein Digital-Analog-Wandler wird erforderlich, wenn Sie wollen, daß Ihr Computer ein analoges Signal erzeugt, das ständig variieren kann.

Ein Analog-Digital-Wandler ist z. B. für das Voltmeter erforderlich. Einen Analog-Digital-Wandler braucht man für die Messung jeder physikalischen Größe, z. B. Temperatur, Druck oder Intensität. Preiswerte Analog-Digital-Wandler sind auf einem Chip erhältlich.

Steuerungssysteme

Auf dem deutschen Markt sind von der Firma Fischertechnik Steuerungssysteme verfügbar, die an die marktgängigen Heimcomputer anschließbar sind. Diese Anschlußeinheiten ermöglichen im Zusammenspiel mit der mitgelieferten Software die Steuerung von Miniatur-Robotern oder anderer mit Fischertechnik aufgebauter, motorisch betriebener Modelle.

Von der Firma Märklin ist eine Anschlußeinheit zur Überwachung und Steuerung von elektrischen Modelleisenbahnen erhältlich.

Darüber hinaus werden von amerikanischen Firmen Bausätze oder Fertiggeräte für Alarmanlagen zum Anschluß an Mikrocomputern angeboten.

Digitalisierungssysteme

Von verschiedenen Firmen werden Digitizer für Fernsehbilder angeboten, die eine Umwandlung von Videosignalen in durch den Computer weiterverarbeitbare Bitmuster zur Darstellung am Bildschirm, zum Ausdruck, zum Abspeichern auf Platte und natürlich zur Bearbeitung, d. h. Veränderung durch Computer-Programme, ermöglichen.

Zum Erfassen von Texten und Bildern auf Papier werden Erfassungsgeräte (engl. Scanner) zum Anschluß an Mikrocomputer angeboten, die analog wie die Video-Digitizer arbeiten.

Ähnlich funktionieren auch sogenannte Digitizer-Tabletts, die eine manuelle Erfassung von Vorlagen im Durchpause-Verfahren auf einem druckempfindlichen Sensorbrett gestatten. Sie bieten außerdem in Verbindung mit besonderen Malprogrammen die Möglichkeit zur Erstellung von Freihandzeichnungen.

Kommunikationsanschlüsse

Über den klassischen Anschluß für einfache Kommunikations-Anforderungen werden die Zeichen seriell mit Geschwindigkeiten bis zu 19200 Zeichen pro Sekunde übertragen. In den meisten Computern ist diese Schnittstelle schon vorhanden.

Professionelle Computer erlauben es, weitere RS-232-Schnittstellen einzubauen.

Für den Anschluß an lokale Netze werden spezielle Anschlußadapter benötigt, die LAN-spezifisch sind. Sie werden wie zusätzliche serielle Schnittstellen in die Erweiterungsstecker gesteckt. Für den Anschluß an Großrechner gibt es ebenfalls spezielle Adapter, die wie die LAN-Anschlüsse eingesteckt werden. Diese Einsteckkarten sind meist ebenfalls spezifisch auf den Anschluß an einen bestimmten Großrechnertyp und eine bestimmte Anschlußart ausgerichtet.

Für die Postdienste Btx, Telex und Teletex werden ebenfalls entweder spezielle Adapterkarten oder auch eigenständige Kommunikationseinheiten in separaten Gehäusen an den Mikrocomputer angeschlossen.

Einer der flexibelsten Kommunikationsanschlüsse ist ein Datex-P-Anschluß, da über ihn verschiedene Postdienste und auch Großrechner verschiedener Hersteller angesprochen werden können.

Alle diese Anschlüsse erfordern zu ihrem Funktionieren speziell auf sie abgestimmte Software. Es ist durchaus möglich, an einem Mikrocomputer mehrere Kommunikationsanschlüsse gleichzeitig anzuschließen. Dies ist teilweise auch erforderlich, wenn Mikrocomputer die Funktion eines Netzwerkübergangs zwischen zwei Netzwerken erfüllt.

Die Kommunikationsadapter stellen teilweise recht unterschiedliche Anforderungen an ihren Gastgeber Mikrocomputer. Einige sind praktisch selbst leistungsfähige Rechner mit großem Arbeitsspeicher, andere benötigen den Arbeitsspeicher des Gastgebers und wieder andere müssen sogar dessen Mikroprozessor mitbenutzen. In einem solchen Fall sind die Bearbeitungsmöglichkeiten von anderen Aufgabenstellungen sehr eingeschränkt.

Die Zusatzausrüstung 251

Speichererweiterungen

Möglichkeiten für Speichererweiterungen gibt es für Computer aller Klassen wie man am Beispiel Commodore sehen kann. Dieser Hersteller bietet für den C128 und den AMIGA 500 jeweils zwei verschiedene Speichererweiterungs-Module an, die einfach nur in besondere Schächte gesteckt werden müssen – natürlich wie immer bei ausgeschaltetem Computer. Nach dem Einschalten ist der zusätzliche Speicher sofort verfügbar.

Etwas komplizierter funktioniert es beim Commodore AT 40, bei dem zusätzlicher Speicher in Form einer Speichererweiterungs-Karte in einen Erweiterungsstecker gesteckt werden muß. Zusätzlich ist aber noch die Veränderung von Schaltern auf dem sogenannten *Mäuseklavier* auf der Systemplatine des Rechners erforderlich, bevor der neue Speicher genutzt werden kann.

Bei anderen Systemen muß der Benutzer Speicher-Chips in leere Fassungen stecken oder Speicher-Chips geringerer Kapazität gegen solche mit höherer Kapazität austauschen.

Damit eine Speichererweiterung auch genutzt werden kann, muß allerdings auch das Betriebssystem von dem zusätzlichen Speicher Kenntnis nehmen, wobei es allerdings hierfür manchmal recht enge Grenzen gibt. So kann man einen C64 nur mit Tricks zur Nutzung von mehr als 64000 Speicheradressen bewegen. Ähnliches gilt auch für MS-DOS, das höchstens 640 000 Speicherstellen akzeptiert. Bei MS-DOS-Computern kann man jedoch bei einem Engpaß ein anderes Betriebssystem einsetzen.

Grafikkarten

Bei den meisten Mikrocomputern ist man auf die fest vorgegebenen Grafikmöglichkeiten beschränkt. Die offene Architektur der MS-DOS-Computer hat jedoch einen großen Markt von speziellen Grafikkarten entstehen lassen. Dies führt aber auch zu Problemen, weil manche Anwendungen nur mit ganz bestimmten Grafikkarten zusammenarbeiten, so daß sich Einsatz von Anwendungen manchmal aus diesem Grunde wechselseitig ausschließt.

Zwar gibt es auf diesem Gebiet so etwas wie einen „de facto"-Standard, allen voran der sogenannte Herkules-Standard für monochrome Grafik mittlerer Auflösung, daneben gibt es aber allein von IBM mehrere verschiedene Grafikmodi, die ursprünglich einmal durch ganz bestimmte Grafikkarten definiert waren. Aufgrund verschiedener, zueinander nicht immer verträglicher Erweiterungen dieser Modi durch verschiedene Anbieter ist eine etwas unübersichtliche Situation entstanden, denn die Grafikkarte muß nicht nur zu der Anwendung, sondern auch zum Monitor passen.

Einen Ausweg aus diesem Dilemma weisen Monitore, die sich selbst an die Karte adaptieren, und Karten, die in einer Vielzahl von Modi betrieben werden können und sich automatisch den Erfordernissen der Anwendung anpassen.

Bussysteme und Kompatibilität

Ein großer Vorteil der MS-DOS-Rechner mit Intel-Prozessoren war es bisher, daß sich die überwältigende Mehrzahl dieser Systeme am Busstandard der IBM PCs und IBM ATs orientierte. Dies ermöglichte den Herstellern, nur einen Kartentyp für alle diese Rechner anzubieten.

Beim Übergang vom 8-Bit-Bus der PC-Systeme auf den 16-Bit-Bus der AT-Systeme wurde deshalb die Verträglichkeit beider Bussysteme gewahrt. Dies bedeutet, daß die 8-Bit-Steckplätze des PC-Busses einen Teil des 16-Bit-Busses des AT darstellen und folglich PC-Steckkarten im AT-Bus verwendet werden können.

Leider hat IBM diese Politik bei dem 32-Bit-Bus für die neuen Systeme im Gegensatz zu anderen Herstellern nicht beibehalten. Die bislang für ATs erhältlichen Karten können daher in den PS/2-Systemen von IBM nicht verwendet werden.

Kapitel 11

Die Auswahl eines kompletten Systems

Einleitung

Wenn Sie ein Auto erwerben, wählen Sie das für Sie passende Modell bewußt oder unbewußt nach einer Anzahl von Kriterien aus. Dabei führen diese Selektionsüberlegungen zu sehr unterschiedlichen Auswahlpunkten, je nachdem, ob Sie den zukünftigen Wagen beruflich nutzen werden, einen Sportwagen zu Ihrem Vergnügen erwerben wollen oder ganz pragmatisch eine Familienkutsche suchen. Es können natürlich auch Mischungen der Einsatzformen vorkommen, was sich dann bei der Wahl des Grundmodells und der Sonderausstattung bemerkbar machen kann.

Die Auswahl eines komplett neuen Systems läßt natürlich viele Möglichkeiten zu, um eine Kombination von Soft- und Hardware zusammenzustellen, die optimal auf ein Aufgabenspektrum abgestimmt ist. Geht es dagegen nur um die Ergänzung eines schon bestehenden Mikrocomputer-Systems, der eine zusätzliche Aufgabe übernehmen soll, dann ist die Auswahlmöglichkeit mehr eingeschränkt.

Vorüberlegungen zu den Anforderungen

Die meisten Mikrocomputer-Systeme sind schrittweise erweiterbar, so daß man mit einer kleinen Grundausstattung beginnen kann. Das ist sicherlich insbesondere für den Privatgebrauch von Mikrocomputern ein sinnvolles Verfahren, um sich, den jeweiligen Möglichkeiten des Geldbeutels angepaßt, allmählich der Wunschkonfiguration zu nähern.

Will man seinen Mikrocomputer jedoch beruflich einsetzen, dann sollte man versuchen, einen klaren Überblick über die Gesamtkosten verschiedener Alternativen zu gewinnen und die Kosten für alle benötigten Komponenten zusammenstellen. Nur so kann man realistisch abschätzen, unter welchen Umständen ein Mikrocomputer-Einsatz wirtschaftlich ist.

Aus diesen Gründen ist es unabdingbar, daß man einmal detailliert aufschreibt, was man mit dem Rechner alles anfangen will, und daraus Anforderungen an die Systemeigenschaften ableitet.

Wenn man beispielsweise erst nach längerer Arbeit mit einem Drucker feststellt, daß man eigentlich einen viel schnelleren Drucker braucht, und dann wieder etwas später, daß man gerne farbige Folien für Präsentationszwecke erstellen möchte, so kann es ungünstigenfalls geschehen, daß man nacheinander drei Drucker kauft. Hätte man sich von vornherein alle Anforderungen an die Druckausgabe überlegt, dann hätte man sicher gleich einen etwas teureren Drucker gekauft, der alle drei Anforderungen befriedigen kann.

Genauso teuer kann es werden, wenn man in Unkenntnis der technischen Zusammenhänge ein hervorragendes Textsystem und einen sehr teuren Laserdrucker kauft, der aber leider nicht ohne Probleme mit dem Textsystem zusammenarbeitet oder sich so erweitern läßt, daß er die Grafiken des Malprogramms ausgeben kann.

Es ist also auch wichtig, darauf zu achten, daß man die Geräte später ausbauen kann, auch wenn man manche Dinge zunächst nicht benötigt. Ein billiges Text- oder Grafikprogramm wird zur Fehlinvestition, wenn es der teure Laserdrucker nicht richtig ansteuern kann. Es ist also auf eine gute Abstimmung und Verträglichkeit aller Komponenten zu achten.

Ein weiteres typisches Problem besteht darin, daß man glaubt, ein Gerät der Heimcomputer-Klasse, das man günstig erworben hat, für eine sehr anspruchsvolle Anwendung nutzen zu können. Anfangs läßt man sich auf einige Kompromisse ein, bastelt aber dann ständig an dem System herum, um doch noch die eine oder andere Unzulänglichkeit auszugleichen.

Abgesehen von der wertvollen Zeit, die man hierbei verliert, kommt man schließlich doch auf die Kosten eines professionellen Systems, ohne jedoch eine gleichwertige Leistung zu erzielen. Vor allen Dingen werden zwischen den Anwendungen und den verschiedenen Hardware-Komponenten stets Systembrüche zu verzeichnen sein, da sich diese nicht optimal aufeinander abstimmen lassen.

Die Auswahl eines kompletten Systems 255

Systematik der Auswahl

Nachdem man seine Anforderungen aufgeschrieben hat, wählt man zuerst die Anwendungen aus, die man benötigt. Danach entscheidet man sich für die eventuell noch notwendige anwendungstragende Software, wie beispielsweise für ein Datenbanksystem oder eine LAN-Software.

Als nächstes wählt man die Rechnermodelle aus und legt in Abhängigkeit von dem zu erwartenden Datenvolumen und dem Bedarf der Anwendungen die Größe des Arbeitsspeichers und der Plattenlaufwerke fest. Die benötigte Grafikauflösung der Anwendung bestimmt die Art der Grafikkarte, den Typ des Bildschirms und des Druckers. Für diesen sind außerdem noch das Druckvolumen, Schönschreib-Anforderungen, die Anzahl der erforderlichen Farben sowie Art des geforderten Papiertransports ausschlaggebend.

Zum Schluß muß noch festgelegt werden, welche Kommunikationsanschlüsse benötigt werden und welches Sonderzubehör, wie z. B. Maus, Grafiktablett oder Blattleser, noch gewünscht wird.

Hat man die Auflistung sorgfältig erarbeitet, stellt man meist fest, daß es mehrere Varianten für eine Lösung gibt, die sich sicher auch im Preis unterscheiden.

Bewertung von Alternativen

Meist werden Sie feststellen, daß die Lösungen nicht in allen Punkten voll vergleichbar sind, was aber teilweise daran liegt, daß einige Elemente bei bestimmten Lösungen nur in einer Form angeboten werden. Das muß nicht unbedingt störend sein, wenn man statt einer benötigten 40 MB-Platte nur eine mit 70 MB bekommen kann, solange die erhöhte Kapazität nicht deutlich mehr als bei einer Konkurrenzlösung kostet.

Unterstellen wir einmal, daß zwei Varianten gleich teuer sind. Dann muß man einige zusätzliche Überlegungen anstellen:

- Welche Unterstützung, welchen Service kann ich erwarten?
- Wie benutzerfreundlich ist das System?
- Wie zukunftssicher, d. h. ausbaufähig, marktkonform, basierend auf Standards ist das System?
- Wie leistungsfähig ist das System?
- Wie groß ist das Software-Angebot für das Betriebssystem?
- Wie groß ist das Angebot an Hardware für diesen Rechner?

Als Entscheidungshilfe für Ihre persönliche Auswahl sind die folgenden Tabellen gedacht, die eine Übersicht über das Mikrocomputer-Angebot und eine Bewertung erleichtern sollen.

Einsatzart	Kennzeichnung
Computerspiele	H1
Erster Kontakt zu Computern und Programmen mit geringem Einsatz	H2
Einsatz für kleine persönliche Anwendungen; vernachlässigbare Mengengerüste	H3
Teilweiser Einsatz für berufliche Zwecke zu Hause; kleine Mengengerüste	S1
Intensive Auseinandersetzung mit Computern als Hobby und für Ausbildungszwecke	S2
Dezidierter Einsatz für isolierte Anwendungen mit spezieller Software in Unternehmen und Verwaltungen mit nicht zu großem Datenvolumen und kleinem Druckvolumen	S3
Mobiler Einsatz für kleine persönliche Anwendungen; minimale Mengengerüste	T1
Dezidierter mobiler Einsatz, isolierte Anwendungen für Freiberufler, Mitarbeiter von Dienstleistungsunternehmen und wissenschaftliche Feldforschung	T2
Einsatz einer großen Anzahl von gleichartigen Geräten für Außendienstmitarbeiter von größeren Unternehmen; kleine Datenmengen, Datenerfassung für zentrale Anwendungen auf Großrechnern	T3
Häufige professionelle Nutzung, breites Einsatzspektrum, aber nicht sehr große Dateien, mittleres Druckvolumen in kleinem Büro, Amt, Firma oder zu Hause	P1
Intensive professionelle Nutzung, Einsatz mehrerer Computer, größere Dateien und hohes Druckaufkommen	P2
Nutzung vieler gleichartiger Geräte in großem Unternehmen oder größerer Verwaltung, Zugriffsmöglichkeiten zu großen Datenmengen, enges Zusammenspiel mit Großcomputer-Anwendungen	P3

Tabelle 11.1: Klassifizierung des Einsatzes von Mikrocomputern

Die Auswahl eines kompletten Systems

Computer-klasse	Verarbeitungs-breite	interner Arbeits-speicher	Anzeige-möglichkeiten	typischer Massenspeicher	typischer Drucker	typische Kommunikations-ausstattung	Preis für komplettes System
H	8-16 Stellen	32000-512000 Zeichen frei verfügbar 32000-128000 Festwert-speicher	40x25-80x32 Zeichen Text 320x200-640x400 Punkte-Grafik 16-128 Farben an Fernseher anschließbar	Diskettenlaufwerk 170000-720000 Zeichen Kassettenlaufwerk 32000-1 Mio. Zeichen	Drucker bis zu 180 Zeichen pro Sekunde Semischönschrift teilweise Farbe einfache Grafik oder langsamer Schönschreib-drucker 20 Zeichen/Sekunde	Btx Mailbox Informations-datenbanken über Akustikkoppler 75-600 Zeichen pro Sekunde	200-2000
S	8-32 Stellen	512000-4000000 Zeichen frei verfügbar 32000-1 Mio. Zeichen Bildschirm-speicher 32000-512000 Festwert-speicher	80x25-132x40 Zeichen Text 600x200-800x650 Punkte-Grafik 16-256 Farben Fernseher nur als Notlösung möglich	Diskettenlaufwerk 720000-20 Mio. Zeichen Festplatte 20 Mio.-80 Mio. Zeichen	Drucker bis zu 300 Zeichen mit Fast-Schönschrift und hoher Grafikauf-lösung 8-256 Farben oder Schönschreib-drucker mit 40-100 Zeichen pro Sekunde	Btx Modem 300-2400 Zeichen pro Sekunde Datex-P-Anschluß Vernetzung über eingebaute Stan-dardschnittstelle	600-9000
T	8-16 Stellen	64000-2 Mio. Zeichen frei verfügbar	40x25 Zeichen 60x32 Text 200x150-750x480 Punkte-Grafik auf eingebautem Flachbildschirm	Diskettenlaufwerk 360000-1,4 Mio. Zeichen Festplattte 10 Mio.-40 Mio. Zeichen Kassettenlaufwerk 32000-1 Mio. Zeichen	langsamer Drucker 80-120 Zeichen pro Sekunde anschlagfreier, eingebauter Drucker mit Entwurfsqualität Thermo, Transfer Tintenstrahl	Einbaumodem 300-1200 Zeichen pro Sekunde Anschluß für lokale Vernetzung	700-11000
P	16-64 Stellen	640000-32 Mio. Zeichen frei verfügbar 64000-4 Mio. Zeichen Bildschirm-speicher 8000-64000 Zeichen Festwert-speicher	80x25-144x80 Zeichen Text 750x480-1024x1024 Punkte-Grafik 64-2048 Farben/Schattierungen	Diskettenlaufwerk 1,2 Mio.-10 Mio. Zeichen Festplatte 40 Mio.-800 Mio. Zeichen optische Platte 200 Mio.-2 Mia. Zeichen schnelle Magnet-bandlaufwerke 10 Mio.-100 Mio. Zeichen	Drucker bis zu 800 Zeichen mit sehr hoher Auflösung exzellente Schönschrift 8-512 Farben spezielle Ausgabegeräte für Zeichnungen	Datex-P-Anschluß oder Hersteller-spezifischer Anschluß an Großcomputer sehr leistungs-fähige, lokale Vernetzung	15000-80000

Tabelle 11.2: Klassifizierung der technischen Merkmale

Kommunikationstyp	Kennzeichnung	Kommunikationsanforderungen	Vernetzungsart
isolierter Einzel-Arbeitsplatzrechner	E1	Austausch von Daten und Programmen über Diskette	-
Einzelarbeitsplatz mit Zugang zu öffentlichen Kommunikationsdiensten	E2	gelegentliche Nutzung als Datensichtgerät an Großrechner oder Btx, Mailbox, Telebox, Telex, Teletex, Informationsdatenbanken	Akustikkoppler Modem Datex-P-Anschluß
Einzelarbeitsplatz, verbunden mit direktem Anschluß zu fernen internen Großcomputern, keine Querverbindung zu anderen Mikrocomputern	E3	häufige Nutzung als Datensichtgerät für Großcomputer, Transfer von Daten und Programmen vom und zum Großrechner	Modem Datex-P-Anschluß Anschluß an Steuereinheit von Druckern
Einzelarbeitsplatz mit direktem Anschluß zu firmeninternen Großcomputer und für gelegentlichen Bedarf an Querkommunikation zu anderen Mikrocomputern	G1	häufige Nutzung als Großcomputer Transfer von Daten und Programmen vom und zum Großrechner, gelegentlicher Transfer von Daten, Dokumenten, Nachrichten von und zu anderen Mikrocomputern	Anschluß an DECNET, SNA oder TRANSDATA Querverbindung zum Großrechner, digitale Nebenstellenanlagen oder Inhouse-X.25-Netzwerk
Einzelarbeitsplatz, verbunden mit 3 bis 7 anderen Arbeitsplatzrechnern im Nahbereich (Büro, Gebäude)	G2	gemeinsame Nutzung von Zusatzgeräten, insbesondere von einigen Dateien und Programmen gelegentlicher Austausch von Dokumenten	RS-232-Verbindung LAN mit Datenrate kleiner als 1MBit pro Sekunde
Einzelarbeitsplatz, verbunden mit 5 bis 800 anderen Arbeitsplätzen in einem größeren Gebäude oder in Gebäudegruppen	G3	gemeinsame Nutzung von Zusatzgeräten und Kommunikationsanschlüssen häufige Nutzung gemeinsamer Daten intensiver Austausch von Daten/Dokumenten Zusammenspiel von Anwendungen auf verschiedenen Arbeitsplatzrechnern leistungsfähige Anbindung an Großcomputer-Netzwerke	Hochleistungs-LAN mit Datenrate größer als 4 MBit pro Sekunde Verbindung zu öffentlichen Diensten und Großrechnern über dezidierte Mikrocomputer

Tabelle 11.3: Klassifizierung der Kommunikationsanforderungen

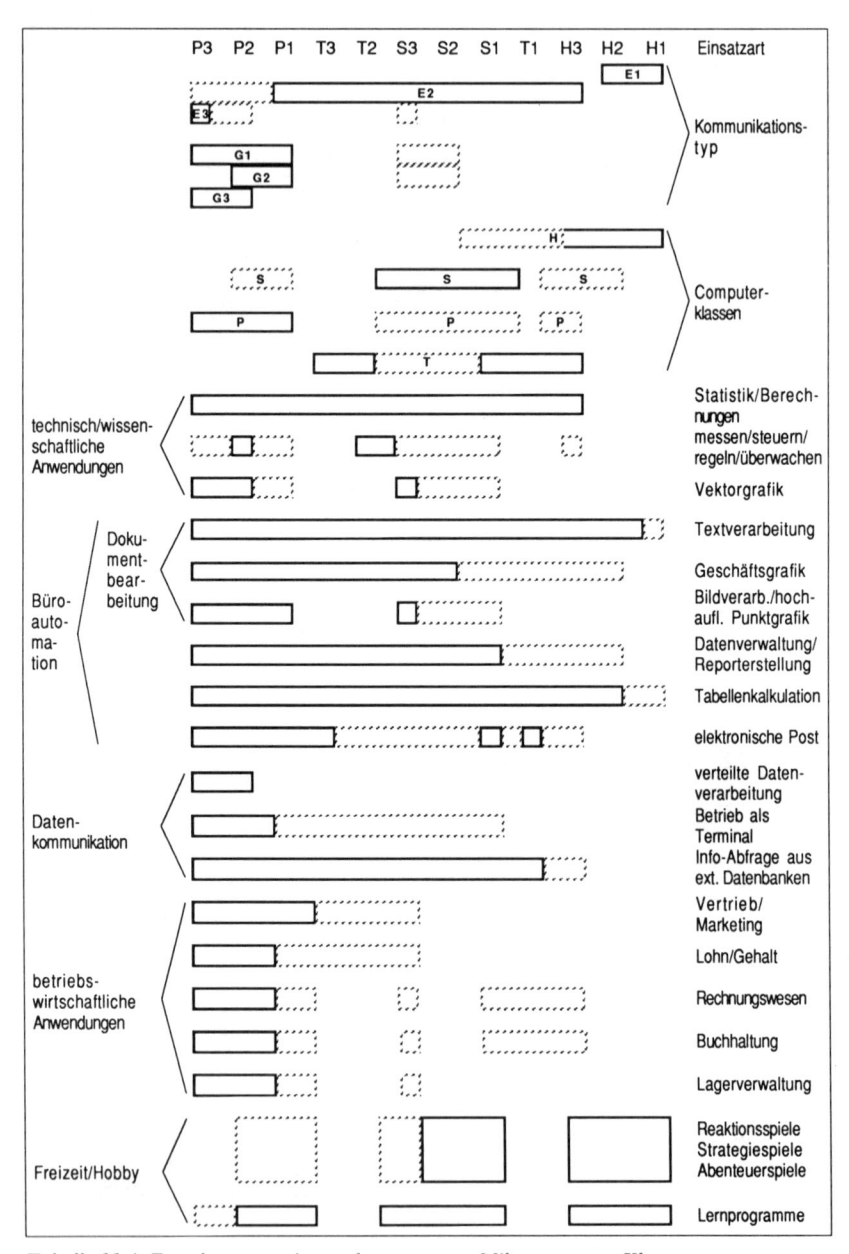

Tabelle 11.4: Zuordnung von Anwendungstypen zu Mikrocomputer-Klassen

Kapitel 12

Fehlervermeidung und Fehlerbehandlung bei professionellen Systemen

Einleitung

Als „Fehler" sollen hier alle Probleme im Zusammenhang mit der Benutzung eines Mikrocomputer-Systems bezeichnet werden, die „zufällig", d. h. durch eine Fehlfunktion hervorgerufen werden. Dieses Kapitel untersucht die Fehlerquellen. Jeder Benutzer eines kommerziellen Systems sollte sich über diese Fehlermöglichkeiten im klaren sein, um sie zu vermeiden.

Die grundlegende Aussage aller Erklärungen, die im folgenden gegeben werden, ist, daß ein kommerzielles System *sicher und zuverlässig* sein sollte. Das Versagen wird auf die drei wesentlichen Quellen zurückgeführt: Hardware, Software und Verarbeitung.

Fehler in der Hardware

Wir wollen annehmen, daß das System in einem einwandfreien Zustand geliefert worden ist. Die ersten 100 bis 200 Stunden des Betriebs werden „Einbrennphase" genannt. Während dieser Zeit ist es wahrscheinlich, daß die schlechten Bauteile ausfallen. Deshalb sollte man ein neues Gerät in der Anfangszeit lange eingeschaltet lassen, damit diese Ausfälle noch in der Garantiezeit des Geräts auftreten. Keinesfalls sollten Sie in dieser Garantiezeit das Gehäuse Ihres Computers öffnen, um nachzusehen, wie es da drinnen aussieht. Dann erlischt nämlich der Garantie-Anspruch.

Lassen Sie uns nun die häufigsten Hardware-Mängel betrachten, die während der Lebensdauer der Anlage auftreten können.

Mechanische Mängel

Mechanische Mängel sind normalerweise am häufigsten, und zwar insbesondere bei Druckern. Um solche Fehler auszuschließen, können eine Reihe von vorbeugenden Wartungsarbeiten ausgeführt werden: Mechanische Teile werden in regelmäßigen Abständen untersucht, gesäubert und justiert. Firmen schließen dafür meistens einen Wartungsvertrag ab. Dieses Vorgehen fängt die meisten Fehlfunktionen auf, bevor sie passieren können.

Beschädigte Disketten stellen die zweithäufigste Fehlerquelle dar. Dies geht fast immer auf eine falsche Behandlung der Disketten zurück. Verursacher von Störungen können hier Wärme, Staub, Flüssigkeiten, Dämpfe, elektrische und elektromagnetische Störungen, unsachgemäßer Versand oder falsche Lagerung sein.

Mängel innerhalb der Umgebung

Alle Bestandteile des Systems benötigen einen bestimmten Temperaturbereich und einen bestimmten Feuchtigkeitsgrad. Logischerweise müssen diese Betriebsbedingungen eingehalten werden. Fehlfunktionen, die auf kurzfristig geänderte Betriebsbedingungen zurückzuführen sind, treten im allgemeinen nur vorübergehend auf und beeinträchtigen das System nicht dauerhaft.

Elektronische Mängel

Wie in jedem komplexen System können einige der elektronischen Komponenten fehlerhaft arbeiten. Eine allgemeine Empfehlung ist, die Diagnose und Reparatur dem Lieferanten zu überlassen.

Zusammenfassung der Hardware-Mängel

Vorausgesetzt, daß ein Mikrocomputer-System entsprechend den allgemeinen Richtlinien für zuverlässige Arbeitsweise gebaut ist oder den Ruf hat, zuverlässig zu sein, ist es wahrscheinlich, daß Hardware-Mängel minimal sein werden, wenn erst einmal die Einbrennphase verstrichen ist. Defekte Geräte werden dem Reparaturdienst des Herstellers oder eines örtlichen Händlers anvertraut. Für ein kommerzielles System ist es von großer Bedeutung, daß ein lokaler Service vorhanden ist, da längere Ausfallzeiten nicht toleriert werden können.

Fehler in der Software

Jedes komplexe Programm sollte zunächst für fehlerhaft gehalten werden, wenigstens in einem mathematischen Sinn. Es wird fast immer einige Kombinationen von Ereignissen geben, die in einem Programm zu Fehlfunktionen führen. Die Wahrscheinlichkeit, daß dies eintritt, ist jedoch klein und der daraus entstehende Schaden überschaubar.

Weil es keine Garantie dafür gibt, daß irgendein langes Programm (wie jedes von Menschen gebaute komplexe System) vollständig fehlerfrei ist, wird jedes Mikrocomputer-System manchmal unter Software-Fehlern zu leiden haben. Es ist üblich, daß die Hersteller für ihre Programme, in denen bedeutende Fehler gefunden worden sind, periodisch Korrekturen liefern. Zum Beispiel wird fast jeder BASIC-Interpreter, der neu auf den Markt kommt, zu Fehlern führen, wenn eine bestimmte Folge von Befehlen benutzt wird. Diese Probleme werden in der Regel zu einem späteren Zeitpunkt korrigiert.

Die Weiterentwicklung eines Programms ist für den Benutzer an einer *Versionsnummer* erkennbar. Beispielsweise war die Version 1.0 die erste verfügbare Version des Betriebssystems MS-DOS. Version 1.05 war eine kostenlose Nachlieferung. Wesentliche Verbesserungen brachte die Version 1.1. Bei der

Fehlervermeidung und Fehlerbehandlung 263

Version 2.0 hat sich so viel verändert, daß man es auch an der Nummer kenntlich machte. Inzwischen ist Version 3.2 verfügbar. Achten Sie also immer darauf, daß Sie die neueste Version eines Programms erwerben, da Sie damit nicht nur verbesserte Funktionen, sondern auch weniger Fehler erwarten können.

Von jeder Software, die noch nicht von einer großen Anzahl von Benutzern getestet worden ist, muß angenommen werden, daß sie Fehler enthält. Daher sollte im kommerziellen Bereich jeder Einsatz von neuer Software mit größter Vorsicht erfolgen. Will man beispielsweise ein älteres Programm durch ein neues ersetzen, so ist es üblich, beide Programme eine Zeitlang parallel laufen zu lassen. Auf diese Weise können die Ergebnisse verglichen werden, und bei Ausfall des neuen Programms steht immer noch das alte zur Verfügung. Vorsichtigen Anwendern soll daher empfohlen werden, neue Programmversionen nur dann produktiv einzusetzen, wenn diese mindestens schon ein Jahr auf dem Markt sind. Konservative Unternehmen setzen aus den vorangegangenen Überlegungen heraus so weit wie möglich Standard-Software ein. Der Vorteil gegenüber eigenentwickelter Software besteht insbesondere darin, daß sich die Firma nicht selbst um die Weiterentwicklung und Pflege und vor allem um die Fehlerkorrektur der Anwendung zu kümmern braucht. Die den Software-Anbietern hierfür entstehenden Kosten verteilen sich überdies auf viele Anwender.

Große Systeme sind für Fehlfunktionen anfälliger und erfordern eine Anzahl von Techniken zur Steigerung der Zuverlässigkeit, die wir im folgenden betrachten wollen.

Besondere Techniken zur Steigerung der Zuverlässigkeit

Die *Paritätsprüfung* war lange die bevorzugte Technik für die Kontrolle der korrekten Übertragung und Speicherung von Information. Das bedeutet, daß an jedes Datenbyte ein Extrabit angehängt wird (Prüfbit), um seinen Inhalt zu verifizieren. Bei *gerader Parität* wird eine Null als Prüfbit verwendet, wenn die Gesamtsumme aller Einsen im Byte gerade ist, andernfalls wird eine Eins angehängt. Mit anderen Worten: Dieses Verfahren garantiert, daß die Summe aller Bits in einem Byte gerade ist. Entsprechend funktioniert das Prinzip der *ungeraden Parität*, das ebenfalls angewendet wurde.

Mit dieser Technik können Übertragungs- und Speicherfehler von einzelnen Bits entdeckt werden, die häufig auftreten. Wenn ein Bit seinen Zustand ändert, kann die Paritätsprüfung das Prüfbit mit dem im Byte gespeicherten vergleichen und so den Fehler entdecken.

Paritätsprüfungen werden hauptsächlich in mittleren und großen Systemen benutzt. Sie wurden bislang selten in Mikrocomputern durchgeführt. Dafür gibt es zwei Gründe:

1. Mikroprozessorsysteme sind sehr viel zuverlässiger, einfach weil sie viel weniger Bauteile benutzen. Die Fehlerquote steigt mit der Anzahl der Teile und Zwischenverbindungen sehr schnell an.

2. Eine gesteigerte Zuverlässigkeit erhöht immer wesentlich den Preis und die Komplexität eines Systems.

Einer der für Fehler anfälligsten Bereiche ist der Speicher des Systems, und zwar vor allem deswegen, weil er aus vielen Bauteilen besteht. Ein vorübergehender Ausfall während eines Spiels ist nicht tragisch, das Spiel wird eben wieder neu begonnen. Aber ein Ausfall, der die gesamten Debitorenkonten löscht, hat ernste Konsequenzen.

Da kommerzielle Systeme mehr RAM-Speicher erfordern als Spiele, tauchen hier Speicherfehler wohl am häufigsten auf. Es gibt bereits einige Speichersysteme für Mikroprozessoren, die mit Paritätsprüfungen ausgestattet sind, um die Zuverlässigkeit zu erhöhen.

Paritätsprüfungen arbeiten auf Byte-Ebene. Bei Massenspeichern jedoch, wie Diskette oder Magnetband, ist es nicht möglich, diese Funktion einem Extrabit zuzuordnen. In diesem Fall wird ein ganzes Byte (oder mehrere Bytes) an das Ende eines bestimmten Datenblocks gehängt. Dieses Byte enthält eine *Prüfsumme* oder die Information zur *zyklischen Redundanzprüfung* (CRC, eng. Cyclic Redundancy Check).

Die Prüfsumme wird nach einer einfachen Formel berechnet, in die die vorangegangenen n Bytes einbezogen sind (wobei die Anzahl n vom System abhängt). Wenn sich ein Byte ändert, dann ändert sich auch die Prüfsumme, und die Prüfsummen-Kontrolle wird es feststellen, wenn der Datenblock gelesen wird. Die zyklische Redundanz verwendet eine etwas komplexere Technik für die Berechnung der Prüfbytes.

Beide Prüftechniken werden nur für Disketten und Magnetbänder benutzt. Die Prüfsummentechnik ist die einfachere Methode, die zyklische Redundanzprüfung die zuverlässigere.

Ein weiteres gutes Verfahren ist das *Prüflesen* (engl. read after write). Jedesmal, wenn ein Datenblock geschrieben wurde, wird er wieder gelesen. Dieses Verfahren wird manchmal bei Disketten angewendet und sollte beim Speichern aller wichtigen Dateien benutzt werden.

Die Verarbeitung

Hier müssen verschieden Bereiche unterschieden werden, da dies wahrscheinlich das Gebiet ist, auf dem die meisten Mängel auftreten.

Da es schwierig ist, einige Verfahren strikt von ihrer Software-Realisierung zu trennen, werden auch hier viele Aspekte der Software diskutiert.

Disziplin des Bedieners

Der Bediener des Computers sollte immer allen Anweisungen des Herstellers bezüglich der Aufstellung, der Hardware und der Software des System folgen.

- Disketten sollten immer mit besonderer Sorgfalt behandelt werden. Sie sollten von Staub und Magnetfeldern ferngehalten werden.
- Alle Druckereinstellungen sollten korrekt erfolgen.
- Lüftungsschlitze dürfen nicht abgedeckt werden.
- Am Ende jedes Tages sollte eine Sicherungskopie der Festplatte, jeder Diskette oder jedes Bandes erstellt werden, damit eine beschädigte oder zerstörte Datei wieder erzeugt werden kann.
- Die Abwicklung von Anwendungen, die mit Dateien arbeiten, darf niemals durch Ausschalten des Computers oder durch Betätigen des Reset-Schalters gestört werden.
- Separate Disketten- oder Festplattenlaufwerke dürfen bei laufender Anwendung nicht ausgeschaltet werden oder gar die Disketten aus dem Laufwerk entnommen werden.
- Alle Eingabedaten sollten auf einer Protokolldatei festgehalten werden, um die Wiederherstellung eines korrekten Datenzustands nach Störungen zu unterstützen.

Fehlerfreiheit der Daten

Daten sollten schon zum Zeitpunkt ihrer Eingabe kontrolliert werden, und zwar mit speziellen Eingabetests und Grenztests. Ein *Eingabetest* kann z. B. sicherstellen, daß eine Zahl nicht versehentlich Buchstaben oder zwei Dezimalkommas enthält. Der *Grenztest* wird auch „Plausibilitätstest" genannt. Beispielsweise sollten bei einem Datum die Zahlen für die Tage nur Werte von 1 bis 31 und für die Monate nur Werte von 1 bis 12 annehmen. Eine Eingabe, die unter oder über diesen Bereichen liegt, muß abgefangen werden.

Verstärkte Kontrolle

Aufgabenteilung ist ein allgemeines Geschäftsprinzip: Die Person, die die Daten überprüft, sollte nicht dieselbe sein, die sie eingibt. Dies mindert das Risiko von zufälligen Fehlern und bietet eine Kontrolle gegen kriminelle Eingriffe.

Vom Verarbeitungsstandpunkt her gesehen ist es eine lebenswichtige Geschäftspraxis, daß innerhalb jeder Datei ein *Kontrollabschnitt* eingefügt ist, d. h. alle Dateien und Transaktionen müssen geeignete Hinweise auf die Ursprungsdatei oder -dokumente enthalten, die eine Überprüfung ermöglichen.

Ein einfaches Beispiel ist, daß der Eintrag einer Zahlung mindestens aus dem Datum, der Schecknummer und der Rechnungsnummer bestehen muß. Genauso muß eine Provisionsliste mit den Umsätzen in Beziehung gebracht werden, die den Provisionen zugrunde liegen. Mit anderen Worten: Es müssen genug Querverweise aufgezeichnet werden, um die vollständige Überprüfbarkeit aller Daten zu ermöglichen.

Prüfziffern

Im Fall, daß lange Codes benutzt werden, wie z. B. bei Bestandslisten, ist es erforderlich, entweder Redundanz-Codes oder Prüfzeichen zu benutzen. Beispiele für Redundanz-Codes sind:

```
ROHR - 204211
BOLZ - 418182
MONT - 881921
RAHM - 329137
```

Die Buchstaben am Anfang des Codes machen das Produkt für den Benutzer erkennbar. Jedes „ROHR" beginnt mit den drei Ziffern 204. Jeder „BOLZen" hat einen 418-Code. Das Programm überprüft, ob der Code zu den Bezeichnungen paßt. Fehler werden hauptsächlich innerhalb der verschiedenen ROHR- und BOLZentypen auftauchen, d. h. im Bereich der letzten drei Ziffern.

Diese Methode ist leicht durchführbar, verschwendet aber einigen Platz.

Eine *Prüfziffer* ist eine Extraziffer, die dem Code beigefügt ist und Übertragungsfehler oder Fehler in einzelnen Zeichen aufdecken soll, z. B.

```
881921-9
```

Die Prüfziffer lautet in diesem Fall 9. Sie wird in einem ganz einfachen Verfahren aus der Endziffer der Quersumme bestimmt:

```
8+8+1+9+2+1=29
```

Bei solch einer simplen Vorgehensweise werden natürlich nicht alle Übertragungsfehler aufgedeckt. Beispielsweise bleibt ein Vertauschen von zwei Ziffernpositionen unentdeckt:

```
889121-9
```

Eine Prüfziffer für eine Zahl kann deshalb beliebig kompliziert und aufwendig berechnet werden, indem zum Beispiel eine Wertigkeit für die einzelnen Ziffernpositionen mit einfließt, was dann auch die oben gezeigte Vertauschung ans Tageslicht bringen würde.

Datenschutz

Dateien sollten sowohl gegen Fehlfunktionen von Maschinen als auch gegen menschliche Irrtümer oder andere Störungen gesichert sein. Es ist selbstverständlich, daß alle wichtigen Dateien in regelmäßigen Abständen dupliziert und gesichert werden. Für ein gutes Dateiensystem ist es außerdem wichtig, daß Software-Sicherungen, wie z. B. durch Kennwörter oder andere Zugriff-Schutzmechanismen, verfügbar sind.

Ein Kennwort oder Passwort kann für jeden bestimmten Zugriff auf eine Datei eingeführt werden. Es sollte nicht am Bildschirm angzeigt werden und darf nicht innerhalb des Systems nicht unverschlüsselt im Klartext zugänglich sein. Wenn eine Datei mit einem Kennwort versehen worden ist, kann sie auf diese Weise gut gegen unberechtigten Zugriff und Änderungen von nichtberechtigten Personen geschützt werden.

Dateischutzmaßnahmen innerhalb eines Systems bieten die Möglichkeit, Zugriffsbeschränkungen zu schaffen, die mit einer Datei verbunden werden, wie z. B. Schreibschutz, Schutz vor Kopieren usw. Bei Datenbanksystemen ist es teilweise möglich, noch feinere Zugriffsabstufungen zu unterscheiden, die bis auf Feldebene von Datensätzen hinabreichen und auch noch vom Inhalt des Datenfeldes abhängen können. Klassisches Beispiel ist die Lesebeschränkung für Gehälter über 10.000 DM auf Mitglieder der Geschäftsleitung.

Außerdem sollten auch so einfache Möglichkeiten wie ein Einschaltschloß für ein Terminal nicht unterbewertet werden. Eine weitere Schutzmaßnahme ist die Ablage von Daten in verschlüsselter Form. Für die Entschlüsselung bei der Verwendung dieser Daten muß der berechtigte Benutzer im Besitz eines passenden Schlüsselcodes sein, damit der wieder Klartext erhält. Die Verschlüsselung wird auch bei der Übertragung vertraulicher Daten über Leitungen eingesetzt. Ein einfaches, aber wirkungsvolles Verfahren besteht darin, die eigenen vertraulichen Daten nur auf einer Diskette zu speichern, die man nach der Verwendung wieder aus dem System entfernt und an einem sicheren Ort aufbewahrt.

Computer-Schock

Die Folgen der Einführung von Computern können schwerwiegend sein. Wenn das Bedienungspersonal nicht auf die Umstellung vorbereitet ist, können anfangs bedeutende Betriebsunterbrechungen auftreten, so daß für eine Zeitlang die Leistung des Betriebs herabgesetzt wird. Normalerweise werden diese anfänglichen Schwierigkeiten jedoch schnell überwunden und durch eine höhere Leistungsfähigkeit kompensiert, vorausgesetzt, die Umstellung wurde sorgfältig geplant und durchgeführt.

Zusammenfassung

Einige Hard- und Software-Mängel sind zu erwarten. Wenn die hier aufgezeigten Vorsichtsmaßregeln getroffen werden, sollten sie die Funktionsfähigkeit eines Systems jedoch nicht besonders beeinträchtigen.

Fehlervermeidung und Fehlerbehandlung

Das größte Risiko liegt normalerweise in den Verfahren (sowohl in der Programmierung als auch in der Bedienung), die mit einem neuen System eingeführt werden. Gesunder Menschenverstand und der Rat eines erfahrenen Benutzers sind die Hilfsmittel, die erforderlich sind.

Wenn Sie an einer ausführlichen Beschreibung darüber, wie man Systemfehlern vorbeugt, interessiert sind, sei hier auf das Buch „Vorsicht! Computer brauchen Pflege", Ref.-Nr. 3013, erschienen im SYBEX-Verlag, verwiesen.

Kapitel 13

Hilfen

Informationsbeschaffung

Heute gibt es viele Möglichkeiten, wo Sie sich Informationen beschaffen können, wenn Sie eine Kaufentscheidung treffen wollen:

- Computer-Clubs
- Computer-Läden
- Berater
- Bildungseinrichtungen und -firmen
- Zeitschriften
- Programmverzeichnisse

Die wichtigsten Quellen wollen wir ein bißchen näher vorstellen.

Clubs und Computer-Läden

In Deutschland sind inzwischen eine Vielzahl von Hobbyvereinen gegründet worden. Ihre Adressen werden regelmäßig in den entsprechenden Fachzeitschriften abgedruckt.

Außer spezialisierten Computer-Läden gibt es viele andere Geschäfte, in denen Computer-Systeme und deren Zubehör nicht nur verkauft werden, sondern in denen man auch unter Umständen einen Fachmann antrifft, der Fragen beantworten und Ratschläge erteilen kann. Dazu gehören häufig Fotogeschäfte, Elektronikläden und Kaufhäuser. Manche Firmen wie IBM, Tandy oder Apple eröffnen eigene Computer-Läden zum Verkauf ihrer Systeme. Wenn man dort eine Unterstützung zur Kaufentscheidung sucht, wird man vielleicht keine objektive Beratung erwarten können.

Berater

Üblicherweise stellen Betriebsberater eine Quelle dar, auf die man zurückgreifen kann, wenn man Rat benötigt, um eine mittlere oder große Computer-Anlage zu installieren.

Diese Berater sind aber für die Benutzer von Mikrocomputer-Systemen einfach zu teuer. Der kostenlose Berater von heute ist der kompetente Besitzer eines Computer-Ladens oder sein Verkäufer.

Ausbildung

Ausbildung war schon immer die beste Geldanlage vor einem Kauf oder, falls nötig, auch danach. Auf diesem Gebiet gibt es eine Menge verschiedener Möglichkeiten. Universitäten, Computer-Läden, angesehene Firmen oder auch z. B. die Volkshochschule bieten oft Kurse an. Außerdem gibt es Bücher und Kurse für das Selbststudium, die für eine richtige Auswahl und für ein gutes Verständnis nahezu unumgänglich sind. Für den ersten Einstieg unerläßlich ist ein gutes deutschsprachiges Handbuch des gekauften Systems.

Die heranwachsende Generation hat hier wesentlich weniger Schwierigkeiten als ältere Interessierte. Für die Schulen fast aller Richtungen ist das Fach Informatik heute in den Richtlinien fest verankert. Leistungskurse und Arbeitsgemeinschaften erweitern und vertiefen darüber hinaus das Anfangswissen.

Computer-Messen und -Ausstellungen

In Deutschland finden seit 1978 Ausstellungen für Hobby-Elektroniker statt. Inzwischen gibt es in jedem Jahr in fast jeder größeren Stadt mehrere dieser Ausstellungen.

Die beiden größten Messen dieser Art sind die „Systems", die alle zwei Jahre in München stattfindet, und die „Cebit", die sich aus der jährlich stattfindenden Hannover Messe entwickelt hat. Ursprünglich nur in einer Halle während der Hannover Messe untergebracht, ist diese Ausstellung so groß geworden, daß man eine eigene Messe dafür veranstalten mußte. Dazu gibt es eine Vielzahl von lokalen Ausstellungen und Messen, von denen wegen ihrer Größe vielleicht noch die „Orgatechnik" in Köln erwähnenswert ist.

Computer-Ausstellungen bieten eine einmalige Gelegenheit, die neuesten Entwicklungen auf dem Markt zu sehen und dabei ausreichende Informationen und Unterlagen zu erhalten. Manche dienen dabei nur Ausstellungszwecken, während man auf anderen auch preisgünstig einkaufen kann. Ihre Termine werden regelmäßig in den Mikrocomputer-Zeitschriften abgedruckt.

Zeitschriften

Die Flut von Zeitschriften, die sich mit dem Thema Mikrocomputer befassen, ist für den Laien fast unüberschaubar. Ständig erscheinen neue, während andere wieder vom Markt verschwinden. Waren die Pioniere unter den Mikrocomputer-Besitzern früher überwiegend auf englischsprachige Literatur angewiesen, ist das heute nicht mehr notwendig, da es genug Auswahl in deutscher Sprache gibt.

Manche Zeitschriften haben sich auf die Geräte einzelner Firmen spezialisiert, wie z. B. Run und 64er für Commodore, andere behandeln mehr allgemeinere Themen. Eine gewisse Vorsicht bei der Beurteilung von Testberichten über Produkte ist sicherlich bei den Zeitschriften angebracht, deren Herausgeber auch gleichzeitig der Vertreiber von Hard- und/oder Software ist.

Welche Zeitschriften für Sie in Frage kommen, können Sie sicher am besten feststellen, wenn Sie sich einmal die Zeit nehmen und das Angebot in einem gut sortierten Laden studieren. Es wird Sie niemand daran hindern, die einzelnen Zeitschriften durchzublättern.

Programmverzeichnisse

Viele Hersteller wie Apple, ATARI, Commodore und IBM erstellen laufend Programmverzeichnisse für die von ihnen angebotenen Rechner, wobei diese Computer-Firmen allerdings nicht alle Programme vorstellen, sondern eine Vorauswahl nach bestimmten Kriterien treffen. Zu den unabhängigen Software-Führern gehören der preiswerte, vom SYBEX-Verlag vertriebene Software-Führer und der im deutschen Sprachraum ebenfalls sehr bekannte ISIS Personal Computer Report des Nomina-Verlags, der sich vor allem an den kommerziellen Anwender richtet.

Anhang A

Bits und Bytes

Das binäre Zahlensystem

Dieser Anhang ist eine Einführung in das binäre Zahlensystem, das im Computer für die Darstellung von Informationen benutzt wird. Im Prinzip können Zahlen einfach dargestellt werden. Das binäre Zahlensystem verwendet Nullen und Einsen, um alle Zahlen darzustellen.

Lassen Sie uns einige Beispiele ansehen:

> 3 wird durch `11` dargestellt
> 5 wird durch `101` dargestellt

Das dezimale Äquivalent einer Binärzahl wird wie folgt berechnet:

> `11` ist 1 x 2 plus 1 x 1, also 3
> `101` ist 1 x 4 plus 0 x 2 plus 1 x 1, also 5

Das am weitesten rechts stehende Bit (binäre Ziffer) stellt 2^0 dar. Es wird das niederwertigste Bit (engl. Least Significant Bit, LSB) genannt. Wenn man wie im Dezimalsystem von rechts nach links geht, stellt jedes darauffolgende Bit eine entsprechend höhere Potenz von 2 dar. So stellt in `101` (als binäre Zahl) das am weitesten rechts stehende Bit $2^0=1$, das nächste $2^1=2$ und das linke $2^2=4$ dar.

Wir wissen nun, wie wir das dezimale Äquivalent einer Binärzahl erhalten. Wenn $b_n b_{n-1} ... b_1 b_0$ die binäre Zahl ist, dann ist das dezimale Äquivalent dazu:

$$b_n \times 2^n + b_{n-1} \times 2^{n-1} \times ... + b_1 \times 2 + b_0$$

wobei die b Nullen oder Einsen sind.

Umwandlung einer Dezimalzahl in eine Binärzahl

Diese Umwandlung läßt sich mit einer einfachen Rechenvorschrift ganz einfach bewältigen. Angenommen wir wollen die Zahl 16 in eine Binärzahl umwandeln, dann gehen wir wie folgt vor:

16 dividiert durch 2 ist 8, Rest 0
8 dividiert durch 2 ist 4, Rest 0
4 dividiert durch 2 ist 2, Rest 0
2 dividiert durch 2 ist 1, Rest 0
1 dividiert durch 2 ist 0, Rest 1

Man dividiert so lange durch 2, bis der Quotient 0 wird. Die Restbeträge von unten nach oben genommen ergeben die gesuchte Binärzahl, in unserem Fall also 10000. Damit haben wir das binäre Äquivalent von 16 (dezimal).

Dazu wollen wir noch ein weiteres Beispiel durchrechnen.

11 dividiert durch 2 ist 5, Rest 1
5 dividiert durch 2 ist 2, Rest 1
2 dividiert durch 2 ist 1, Rest 0
1 dividiert durch 2 ist 0, Rest 1

Die äquivalente Binärzahl zu 11 (dezimal) ist 1011. Man kann die Richtigkeit der Ergebnisse leicht überprüfen, indem man umgekehrt die Binärzahlen wieder in Dezimalzahlen umwandelt.

Zahlendarstellung

Wir haben nun gezeigt, daß Dezimalzahlen durch Bits dargestellt werden können. In der Praxis verarbeiten die heute erhältlichen Mikrocomputer Informationen generell in Gruppen von 8 Bits bzw. einem Byte, oder 16 Bits, einem Wort.

Sie können leicht nachprüfen, daß die größte Zahl, die durch ein Byte dargestellt werden kann, 256 ist und die größte, die durch 2^{16} Bytes oder ein Wort dargestellt werden kann, 65 536 oder 64 K ist.

Binäre Arithmetik

Binäre Operationen werden auf die gleiche Weise wie im Dezimalsystem ausgeführt.

```
 Binär    Dezimal
 0101       5
+0110      +6
─────     ───
 1011      11
```

Die Additionsregeln werden ausgedrückt durch:

```
0 + 0 = 0
0 + 1 = 1
1 + 0 = 1
1 + 1 = 10 (oder 0 mit einem Übertrag von 1)
```

Negative Zahlen und Brüche

Ein weiteres Problem ist die Darstellung von negativen Zahlen und Brüchen. Kurz gesagt, mit einem Vorzeichen versehene Zahlen werden allgemein im Zweierkomplement dargestellt, während Brüche eine „Gleitkomma"-Darstellung erfordern.

Zeichen

Zeichen werden (fast immer) mit Hilfe des ASCII-Codes verschlüsselt. Eine ASCII-Codetabelle befindet sich in Anhang B. Mit 7 Bits kann man $2^7 = 128$ verschiedene Zeichen verschlüsseln. Das ist ausreichend für

- 26 Buchstaben des Alphabets (A bis Z), Großbuchstaben
- 26 Buchstaben des Alphabets (a bis z), Kleinbuchstaben
- 10 Dezimalziffern (0 bis 9)
- 66 Sonderzeichen

Mehr Zeichen sind fast nie erforderlich, so daß dieser Code weltweit benutzt wird. In der Praxis sind mehrere Zeichen Steuerzeichen, die nicht gedruckt werden können, sondern als Befehle zwischen Computer und Terminal verwendet werden. Z. B. wird Escape allgemein als Abbruch-Befehl benutzt.

Wir wollen den Gebrauch des binären Systems an einem Befehl erläutern.

Der Benutzer tippt ein:

```
DAS IST 12
```

Der Monitor oder das Editorprogramm nehmen diese Zeichen von der Tastatur und speichern sie in binärer Form.

Lassen Sie uns annehmen, daß der Code für die verwendeten Zeichen wie folgt definiert ist:

Leerzeichen	10100000
A	01000001
D	01000100
I	11001001
S	01010011
T	11010100
1	10110001
2	10110010

Die Darstellung der Zeichenkette „DAS IST 12" wäre dann:

D	01000100
A	01000001
S	01010011
I	11001001
S	01010011
T	11010100
1	10110001
2	10110010

Anhang B
Der internationale ASCII-Zeichencode

ASCII-Symbole in Dezimal-, Oktal- und Hexadezimaldarstellung

Dez	Oktal	Hex	CHR		Dez	Oktal	Hex	CHR	Dez	Oktal	Hex	CHR
000	000	00	NUL	(Ctrl-A)	043	053	2B	+	086	126	56	V
001	001	01	SOH	(Ctrl-B)	044	054	2C	,	087	127	57	W
002	002	02	STX	(Ctrl-C)	045	055	2D	−	088	130	58	X
003	003	03	ETX	(Ctrl-D)	046	056	2E	.	089	131	59	Y
004	004	04	EOT	(Ctrl-E)	047	057	2F	/	090	132	5A	Z
005	005	05	ENQ	(Ctrl-F)	048	060	30	0	091	133	5B	[
006	006	06	ACK	(Ctrl-G)	049	061	31	1	092	134	5C	\
007	007	07	BEL	(Ctrl-H)	050	062	32	2	093	135	5D	]
008	010	08	BS	(Ctrl-I)	051	063	33	3	094	136	5E	^
009	011	09	HT	(Ctrl-J)	052	064	34	4	095	137	5F	_
010	012	0A	LF	(Ctrl-K)	053	065	35	5	096	140	60	'
011	013	0B	VT	(Ctrl-L)	054	066	36	6	097	141	61	a
012	014	0C	FF	(Ctrl-M)	055	067	37	7	098	142	62	b
013	015	0D	CR	(Ctrl-N)	056	070	38	8	099	143	63	c
014	016	0E	SO	(Ctrl-O)	057	071	39	9	100	144	64	d
015	017	0F	SI	(Ctrl-P)	058	072	3A	:	101	145	65	e
016	020	10	DLE	(Ctrl-Q)	059	073	3B	;	102	146	66	f
017	021	11	DC1	(Ctrl-R)	060	074	3C	<	103	147	67	g
018	022	12	DC2	(Ctrl-S)	061	075	3D	=	104	150	68	h
019	023	13	DC3	(Ctrl-T)	062	076	3E	>	105	151	69	i
020	024	14	DC4	(Ctrl-U)	063	077	3F	?	106	152	6A	j
021	025	15	NAK	(Ctrl-V)	064	100	40	@	107	153	6B	k
022	026	16	SYN	(Ctrl-W)	065	101	41	A	108	154	6C	l
023	027	17	ETB	(Ctrl-X)	066	102	42	B	109	155	6D	m
024	030	18	CAN	(Ctrl-Y)	067	103	43	C	110	156	6E	n
025	031	19	EM	(Ctrl-Z)	068	104	44	D	111	157	6F	o
026	032	1A	SUB		069	105	45	E	112	160	70	p
027	033	1B	ESCAPE		070	106	46	F	113	161	71	q
028	034	1C	FS		071	107	47	G	114	162	72	r
029	035	1D	GS		072	110	48	H	115	163	73	s
030	036	1E	RS		073	111	49	I	116	164	74	t
031	037	1F	US		074	112	4A	J	117	165	75	u
032	040	20	SPACE		075	113	4B	K	118	166	76	v
033	041	21	!		076	114	4C	L	119	167	77	w
034	042	22	"		077	115	4D	M	120	170	78	x
035	043	23	#		078	116	4E	N	121	171	79	y
036	044	24	$		079	117	4F	O	122	172	7A	z
037	045	25	%		080	120	50	P	123	173	7B	{
038	046	26	&		081	121	51	Q	124	174	7C		
039	047	27	'		082	122	52	R	125	175	7D	}
040	050	28	(		083	123	53	S	126	176	7E	~
041	051	29	)		084	124	54	T	127	177	7F	DEL
042	052	2A	*		085	125	55	U				

(Anmerkung: Der ASCII-Code verwendet nur 7 Bits eines Bytes. Das höchstwertige Bit (Bit 7) ist in dieser Tabelle auf Null gesetzt. Es kann in anderen Fällen auch den Wert 1 haben. Dann ist zum dezimalen Codewert 128, zum oktalen 200 und zum hexadezimalen 80 zu addieren.)

ASCII-Symbole

NUL	Null
SOH	Start of Heading (Anfang des Kopfes)
STX	Start of Text (Anfang des Textes)
ETX	End of Text (Ende des Textes)
EOT	End of Transmission (Ende der Übertragung)
ENQ	Enquiry (Stationsaufforderung)
ACK	Acknowledge (Positive Rückmeldung)
BEL	Bell (Tonsignal)
BS	Backspace (Rückwärtsschritt)
HT	Horizontal Tabulation (Horizontal-Tabulator)
LF	Line Feed (Zeilenvorschub)
VT	Vertical Tabulation (Vertikal-Tabulator)
FF	Form Feed (Formularvorschub)
CR	Carriage Return (Wagenrücklauf)
SO	Shift Out (Dauerumschaltung)
SI	Shift In (Rückschaltung)
DLE	Data Link Escape (Datenübertragungsumschaltung)
DC	Device Control (Gerätesteuerzeichen)
NAK	Negative Acknowledge (Negative Rückmeldung)
SYN	Synchronous Idle (Synchronisierung)
ETB	End of Transmission Block (Ende des Datenübertragungsblocks)
CAN	Cancel (Ungültig)
EM	End of Medium (Ende der Aufzeichnung)
SUB	Substitute (Substitution)
ESC	Escape (Code-Umschaltung)
FS	File Separator (Trennzeichen zwischen Hauptgruppen)
GS	Group Separator (Trennzeichen zwischen Gruppen)
RS	Record Separator (Trennzeichen zwischen Untergruppen)
US	Unit Separator (Trennzeichen zwischen Teilgruppen)
SP	Space (Blank – Zwischenraum)
DEL	Delete (Löschen)

Anhang C

Umrechnungstabelle Dual – Dezimal

				b_0	0	1	0	1	0	1	0	1	0	1	0	1	0	1	0	1
				b_1	0	0	1	1	0	0	1	1	0	0	1	1	0	0	1	1
				b_2	0	0	0	0	1	1	1	1	0	0	0	0	1	1	1	1
				b_3	0	0	0	0	0	0	0	0	1	1	1	1	1	1	1	1
b_7	b_6	b_5	b_4																	
0	0	0	0		0	1	2	3	4	5	6	7	8	9	10	11	12	13	14	15
0	0	0	1		16	17	18	19	20	21	22	23	24	25	26	27	28	29	30	31
0	0	1	0		32	33	34	35	36	37	38	39	40	41	42	43	44	45	46	47
0	0	1	1		48	49	50	51	52	53	54	55	56	57	58	59	60	61	62	63
0	1	0	0		64	65	66	67	68	69	70	71	72	73	74	75	76	77	78	79
0	1	0	1		80	81	82	83	84	85	86	87	88	89	90	91	92	93	94	95
0	1	1	0		96	97	98	99	100	101	102	103	104	105	106	107	108	109	110	111
0	1	1	1		112	113	114	115	116	117	118	119	120	121	122	123	124	125	126	127
1	0	0	0		128	129	130	131	132	133	134	135	136	137	138	139	140	141	142	143
1	0	0	1		144	145	146	147	148	149	150	151	152	153	154	155	156	157	158	159
1	0	1	0		160	161	162	163	164	165	166	167	168	169	170	171	172	173	174	175
1	0	1	1		176	177	178	179	180	181	182	183	184	185	186	187	188	189	190	191
1	1	0	0		192	193	194	195	196	197	198	199	200	201	202	203	204	205	206	207
1	1	0	1		208	209	210	211	212	213	214	215	216	217	218	219	220	221	222	223
1	1	1	0		224	225	226	227	228	229	230	231	232	233	234	235	236	237	238	239
1	1	1	1		240	241	242	243	244	245	246	247	248	249	250	251	252	253	254	255

Anhang D

Elementare Kommunikation im Computer

Parallel und Seriell

Es gibt im wesentlichen vier Möglichkeiten, Informationen zwischen einem Computer und seinen Peripheriegeräten zu übertragen: parallel bzw. seriell, synchron bzw. asynchron.

Parallel

Bei allen kleineren Mikrocomputern erfolgt die parallele Datenübertragung durch Gruppen von acht Bits, d. h. auf einem achtpoligen Bus. Bei größeren Modellen geschieht dies manchmal schon mit 16 oder 32 Bits. Natürlich ist die parallele Übertragung schneller als die serielle, bei der ein Bit nach dem anderen übertragen wird. Überall, wo es auf Geschwindigkeit ankommt, sollte die parallele Übertragung angewendet werden.

Dies ist immer innerhalb des Mikrocomputers der Fall, wo die einzelnen Funktionselemente mit größtmöglicher Geschwindigkeit Informationen austauschen müssen.

Außerhalb des Mikrocomputers erfordert ein Parallelbus acht Leitungen (für die Daten) und zahlreiche Steuerkanäle für Synchronisationssignale. Insbesondere ist ein Parallelbus für einen (schnellen) Paralleldrucker erforderlich.

Seriell

Serielle Datenübertragung bedeutet, daß die einzelnen Bits auf einer einzigen Leitung eines nach dem anderen übertragen werden. Um zwischen aufeinanderfolgenden Bits unterscheiden zu können, ist auch ein Taktsignal erforderlich. Der offensichtliche Vorteil sind die geringeren Kosten der Kommunikationsleitung (nur zwei Drähte).

Im Hinblick jedoch auf die begrenzte Bandbreite, die für zuverlässige Übertragung verfügbar ist, schränkt diese Technik die Übertragungsgeschwindigkeit ein. Sie erfordert auch einen 8-Bit-Puffer auf beiden Seiten der Leitung, um die Zeichen zusammenzusetzen.

Diese Technik ist einfach und arbeitet wirtschaftlich. Sie wird für die meisten langsamen Peripheriegeräte, wie z. B. einfache Text-Bildschirme, benutzt.

Die Geschwindigkeit variiert gewöhnlich zwischen 110 Baud und 19200 Baud. In der digitalen Welt bedeutet ein *Baud* ein Bit pro Sekunde.

Die bekannteste serielle Standardschnittstelle ist die RS-232-Schnittstelle, die für Terminals, langsame Drucker und Datenfernverbindungen benutzt wird.

Synchron und Asynchron

Informationen können so übermittelt werden, daß ein Byte nach dem anderen eintrifft: Das ist die *asynchrone* Technik. Der Bildschirm „weiß" niemals, wann ein Zeichen ankommt. Damit er ein Zeichen erkennen kann, müssen einige zusätzliche Informationen für die Synchronisation mitübertragen werden.

Die asynchrone Übertragung wird überall, wo es möglich ist, benutzt, da sie einfach und zuverlässig ist. Bei der synchronen Übertragung werden Pakete oder Blöcke von Daten gesendet, die sorgfältig sychronisiert werden müssen. Sie bietet eine hohe Geschwindigkeit, verlangt aber wesentlich mehr Logik und ist daher teurer. Sie kann beispielsweise für die schnelle Kommunikation mit einem anderen Computer verwendet werden.

Anhang D: Elementare Kommunikation im Computer 285

Außerhalb des Mikrocomputer-Systems

Ein Mikrocomputer kann mit weit entfernten Peripheriegeräten (oder anderen Mikrocomputern) über Telefonleitungen (oder über kurze Strecken auch über ein Verbindungskabel) kommunizieren. Um Informationen über eine große Distanz, z. B. über eine Telefonleitung, zuverlässig zu übertragen, müssen sie auf entsprechende Frequenzen umgeformt werden (in serielle Form). Dies wird durch ein Modem geleistet.

Ein *Modem* ist ein Modulator/Demodulator. Es verschlüsselt serielle binäre Daten in Frequenzen und entschlüsselt Frequenzen in serielle Bits. Eine häufig benutzte Technik ist das FSK-Verfahren (engl. Frequence Shift Keying): Eine mittlere Frequenz wird als „Träger" genommen. Diese Frequenz signalisiert, daß keine Daten gesendet werden. Beim Senden von Daten wird die Frequenz erhöht oder gesenkt. Eine „1" wird durch eine höhere, eine „0" wird durch eine niedrigere Frequenz ausgedrückt.

Eine Frequenz kann zum Senden benutzt werden und eine andere, die von der ersten gut zu unterscheiden ist, zum Empfang. Eine Kommunikation, bei der die Daten in beide Richtungen gleichzeitig gesendet werden, wird „Vollduplex" genannt. Wird nur jeweils in eine Richtung gesendet, so spricht man von „Halbduplex".

Um eine hohe Übertragungsgeschwindigkeit zu gewährleisten, gibt es spezielle Daten-Telefonleitungen von höherer Qualität.

LAN-Anschluß

Der Anschluß von Mikrocomputern an lokale Netze geschieht über spezielle Adapter, die meist sowohl asynchrone und synchrone Datenübertragung ermöglichen und wie eine serielle Schnittstelle angesprochen werden. Zusätzlich ist auf der Adapterkarte noch eine auf das LAN-Netzwerk abgestimmte Modemfunktion zur Signalmodulierung enthalten.

Zusammenfassung

Innerhalb eines Mikrocomputers werden normalerweise Informationen parallel übertragen.

Außerhalb erfolgt die Übertragung seriell über eine RS-232-Schnittstelle zu langsamen Peripheriegeräten oder parallel über besondere Anschlüsse und Verbindungen zu Hochgeschwindigkeitsgeräten.

Außerdem kann ein Mikrocomputer auch über Telefonleitungen kommunizieren, wenn man ein Modem benutzt.

Anhang E

Dateien und Aufzeichnungen

Informationsspeicherung

Eine *Datei* ist eine Informationseinheit, die durch den Benutzer oder ein Programm erzeugt worden ist. Eine Datei kann z. B. ein Programm, ein Adressenverzeichnis oder eine Debitorenliste sein.

Um die Datei wieder aufzufinden, muß der Benutzer jeder Datei, die er einrichtet, einen Namen geben. Beispielsweise kann er tippen:

```
LOAD "LOHNLISTE" FROM DISK
```

LOHNLISTE ist der Name der Datei, die von der Diskette in den Speicher eingelesen werden soll.

Man kann Dateien im Hinblick auf ihren Inhalt und ihren Umfang unterscheiden. Dateien können beliebig lang sein und mit der Zeit wachsen oder schrumpfen.

Die Arbeit mit Dateien wirft in der Praxis viele Probleme auf und wird durch ein gutes Dateiverwaltungssystem wesentlich vereinfacht. Folgende Gesichtspunkte sind wichtig:

- Informationen auch aus der Mitte einer Datei müssen schnell zugänglich sein.
- Es müssen Informationen über eine Datei erhältlich sein. Wie lang ist sie? Ist sie binär oder im ASCII-Format geschrieben?
- Die Richtigkeit ihres Inhalts und ein Zugriffsschutz muß gewährleistet sein.

Um diese Probleme zu lösen, sind Techniken entwickelt worden, die eine Vielzahl von Wahlmöglichkeiten für Dateistrukturen bieten. Davon wollen wir uns die wichtigsten ansehen.

Speicherplatzzuweisung

Normalerweise kann sich die Größe jeder Datei ändern. Eine „Lohnempfänger"-Datei wird z. B. gewöhnlich wachsen und manchmal auch schrumpfen.

Jedes Speichermedium, sei es ein Magnetband, eine Diskette oder eine Festplatte, ist begrenzt. Der beste Weg ist deswegen, für eine Datei eine ganze Diskette oder ein ganzes Band zur Verfügung zu stellen, damit sie genügend Raum zum Wachsen hat.

Wenn man mit Festplatten arbeitet, empfiehlt es sich, für die Dateien einer ganz bestimmten Anwendung ein eigenes Unterverzeichnis anzulegen, da man sonst bei der Vielfalt den Überblick verlieren kann.

Sequentielle Daten

Vom Standpunkt der Platzausnutzung aus gesehen, ist die „sequentielle" Speicherung von Dateien, wobei eine nach der anderen steht, die beste. Leider müssen in diesem Fall beim Wachsen einer Datei alle anderen verschoben werden, oder die nächste muß entfernt werden. Dieses Verfahren wäre außerordentlich umständlich und mühevoll.

Bei den Magnetbandsystemen, was dem Arbeiten mit Kassetten bei kleinen Heimcomputern entspricht, spielt dieses Problem eine große Rolle, da hierbei ja generell sequentiell gespeichert wird und gelesen wird. Die einfachste Möglichkeit besteht darin, daß man beim Wachsen von Dateien einzelne Programme auf andere Bänder oder Kassetten auslagert. Diese Lösung geht aber sehr verschwenderisch mit dem Speicherplatz um. Aus diesem Grund hat man eine alternative Speicherform entwickelt: Man teilt die Dateien in Teilabschnitte, die als Satz oder Block bezeichnet werden.

Der andere Nachteil ist das Problem des Zugriffs: Der Zugriff kann im wesentlichen auch nur sequentiell erfolgen. Es ist schwierig, Informationen in beliebigen Intervallen wieder aufzufinden.

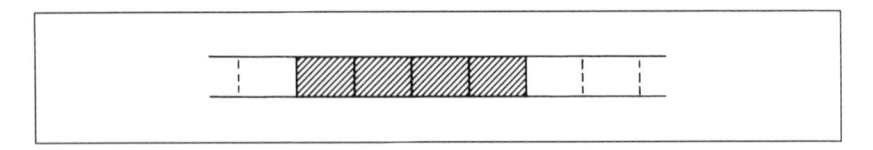

Abb. E.1: Eine sequentielle Datei

Anhang E: Dateien und Aufzeichnungen 289

Sätze und Blöcke

Um die Zuweisung von Speicherplatz für Dateien zu erleichtern, strukturieren die meisten Dateisysteme den verfügbaren Speicherraum in Blöcke. Diese Blöcke können von konstanter oder variierender Größe sein. In den meisten Fällen sind sie einfachheitshalber gleich groß. Wir wollen deswegen im folgenden annehmen, daß diese Blöcke gleich groß sind. Sie werden, je nach System, „Sektoren", „Seiten" oder „Blöcke" genannt.

Eine Datei umfaßt mehrere Blöcke, wovon einer, normalerweise der letzte, nicht voll ist. Auf diese Weise wird im Durchschnitt nur ein halber Block an Speicherplatz verschwendet.

Wie entsteht nun eine Datei? Ganz einfach: Ein oder mehrere Blöcke werden der Datei zugewiesen.

Das nächste Problem ist, wie man über alle Blöcke, die der Datei zuwiesen sind, die Übersicht behält, da sie wahrscheinlich nicht aufeinanderfolgen.

Die Strukturierung einer Datei

Zwei grundlegende Strukturen können benutzt werden: Dateien mit *Inhaltsverzeichnis* (engl. Directory) oder mit *Verkettung* (engl. Linked List).

Dateien mit Inhaltsverzeichnis

Bei einer Dateistruktur mit einem Inhaltsverzeichnis enthält ein „Verzeichnisblock" (oder eine Verzeichnisdatei, die aus mehreren Blöcken besteht) die „Zeiger", d. h. die Adressen aller zur Datei gehörenden Blöcke.

Zum Beispiel kann das Inhaltsverzeichnis der Datei LOHNLISTE wie folgt aussehen:

1-2
1-3
1-4
2-5

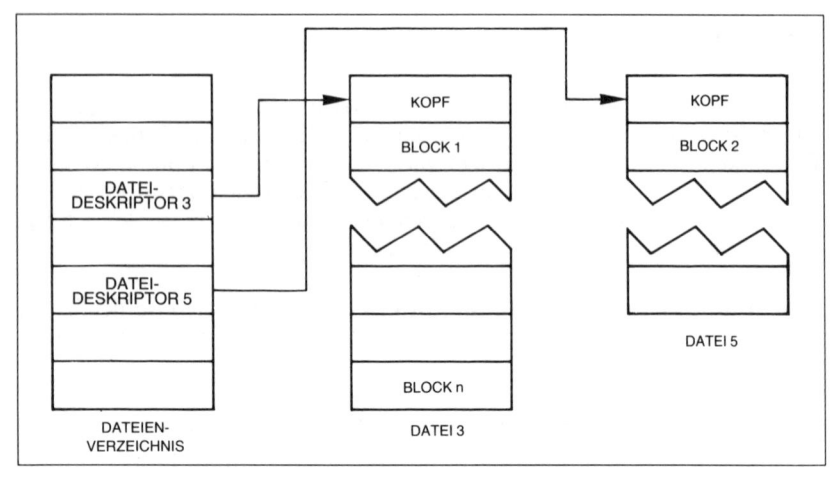

Abb. E.2: Die durch das Inhaltsverzeichnis erzeugte Struktur

Das kann gelesen werden als:

erster Block ist Sektor 2 von Spur 1
nächster Block ist Sektor 3 von Spur 1
nächster Block ist Sektor 4 von Spur 1
nächster Block ist Sektor 5 von Spur 2

Dies ist eine einfache und schnelle Methode, um eine Datei zu strukturieren. Damit es jedoch effizient arbeitet, ist es bei diesem Verfahren erforderlich, daß das Verzeichnis in den Arbeitsspeicher des Computers eingelesen und dort gehalten wird. Am Ende jedes Blocks muß das Verzeichnis gelesen werden, um entscheiden zu können, welcher der nächste Block ist, auf den zugegriffen werden soll.

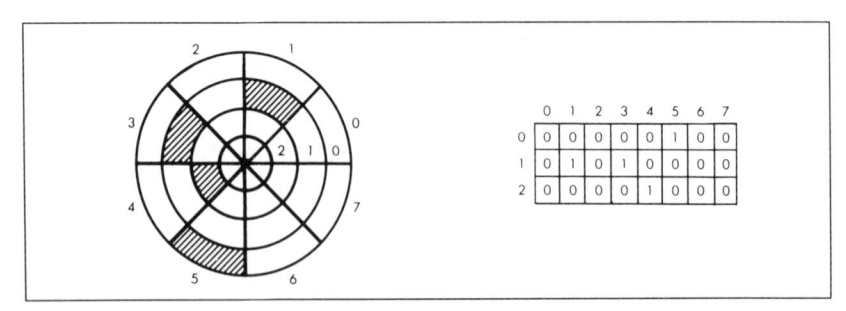

Abb. E.3: Für die Verwaltung der Sektoren einer Diskette kann eine Bit-Karte benutzt werden

Anhang E: Dateien und Aufzeichnungen

In der Abb. E.3 sehen Sie eine Schemazeichnung, aus der man erkennen kann, wie ein Dateiensystem die Übersicht über die vorhandenen Blöcke behalten kann, so daß es einen weiteren zuweisen oder einen anderen auflösen kann.

Verkettete Dateien

Eine Alternative ist es, in jedem Block Informationen zu speichern. Diese Vorgehensweise wird in Abb. E.4 anschaulich gemacht. Jeder Block enthält die Adresse des nächsten zur Datei gehörenden Blocks. Eine besondere Markierung „EOF" (engl. End Of File) zeigt das Ende der verketteten Datei an.

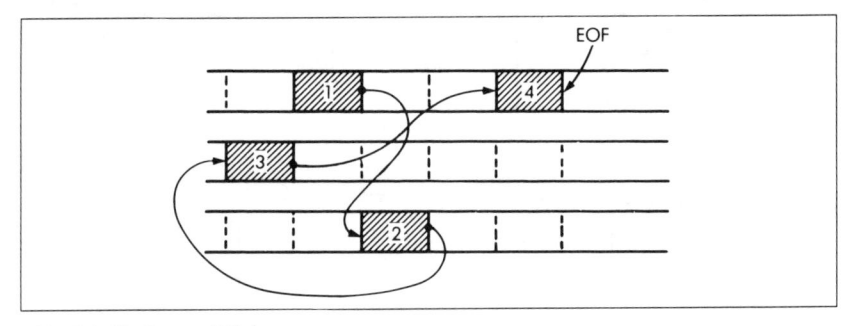

Abb. E.4: Verkettete Blöcke

Indexsequentielle Dateien

Es können Mischformen benutzt werden, wie z. B. ein Verzeichnis („Index") mehrerer sequentieller Dateien. Dies wird indexsequentieller Zugriff genannt, eine bemerkenswerte Verbesserung gegenüber dem rein sequentiellen Zugriff.

Das Wiederfinden von Informationen

Das nächste Problem, das gelöst werden muß, ist der effiziente Zugriff auf Information. In einer sequentiellen Datei ist es notwendig, die gesamte Datei zu lesen, auch wenn man nur einige der Elemente braucht. Diese Methode ist sehr langsam.

Diese Schwierigkeit wird durch Strukturieren beseitigt. Je effizienter der Zugriffsmechanismus sein soll, desto mehr Strukturierung wird erforderlich.

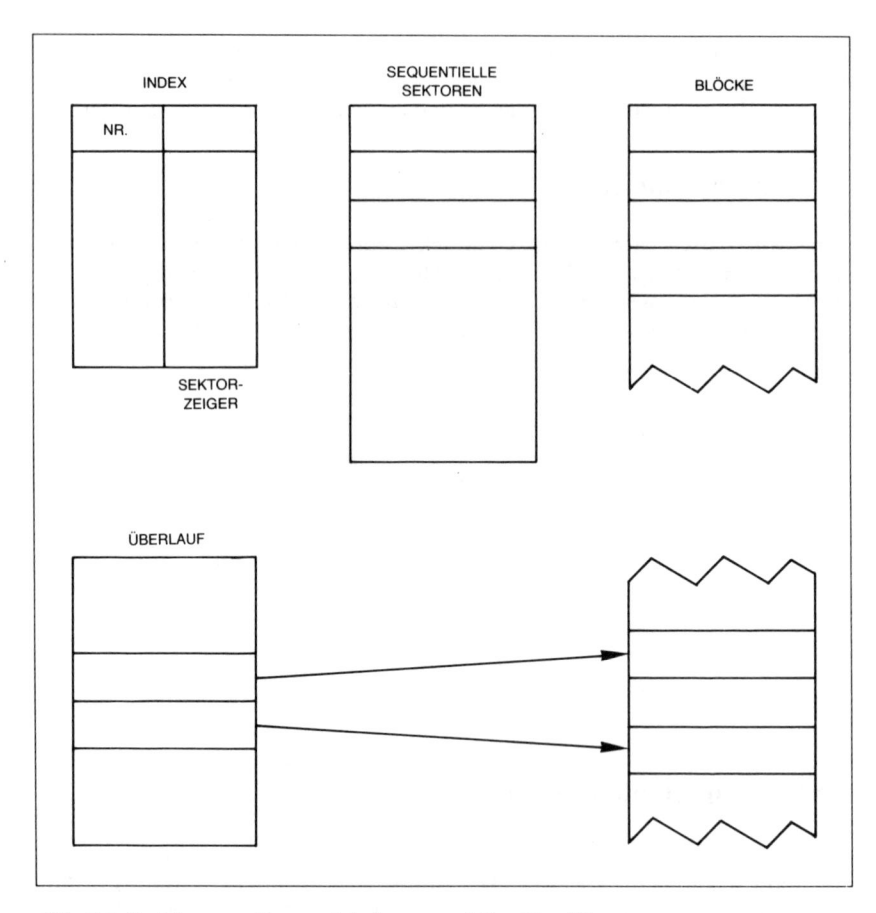

Abb. E.5: Speichern von Daten mit indexsequentiellem Zugriff

Strukturierung bedeutet normalerweise aufeinanderfolgende Dateiverzeichnisse oder komplexe Verkettungen. Als Ergebnis verlängert sich jedoch die *minimale* Zugriffszeit. Es setzt aber die *durchschnittliche* Zugriffszeit herab.

Baumstrukturen

Einer der einfachsten Wege, Dateien zu strukturieren, ist die Anwendung der Baumstruktur. Ein Hauptverzeichnis enthält die Adressen von Unterverzeichnissen und so weiter bis hin zur tatsächlichen Datei. Um eine Datei zu finden, muß man alle Verzweigungen des „Baums" durchlaufen.

Anhang E: Dateien und Aufzeichnungen 293

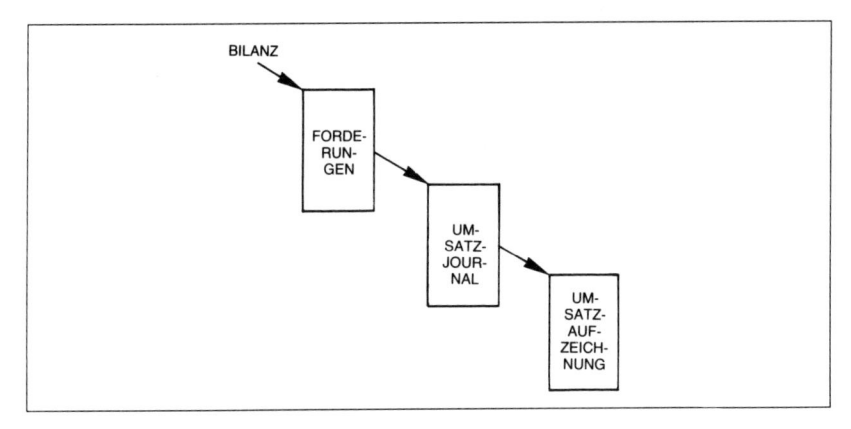

Abb. E.6: Ein Baum für kommerzielle Dateien

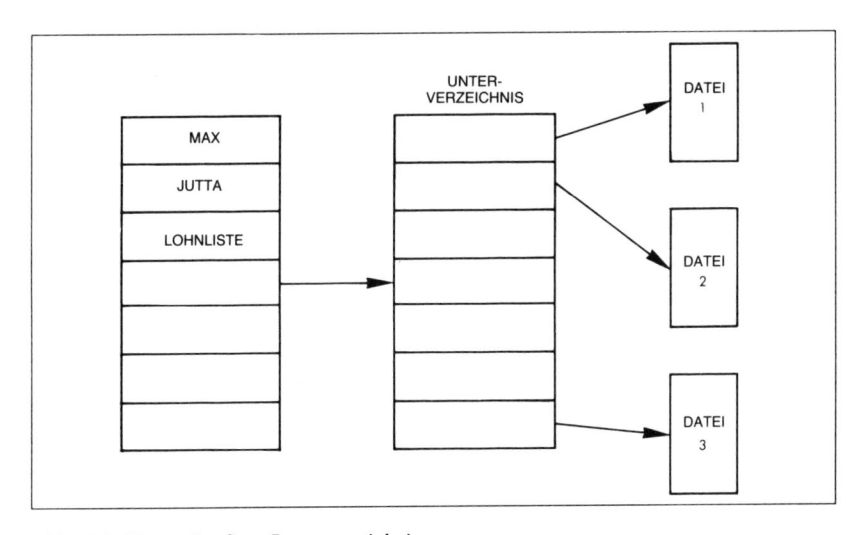

Abb. E.7: Ein zweistufiges Baumverzeichnis

Es können natürlich auch andere Strukturen benutzt werden, um Imformationen zu speichern und Blöcke innerhalb der Datei zu handhaben. Sie gehen jedoch über den Rahmen dieses Buchs hinaus.

Stichwortverzeichnis

^ 204
; 129
16-Bit-Register 74
4004 64
6502 64
6800 64
8080 64
8088 37,65
60030 37
68000 37, 64
68010 64
68020 64
80286 37, 64, 198
80386 63, 64, 198

A:\ 46
Ablaufdiagramm 123
ABS(X) 136
Adresse 75
Adreß
～anschluß 75
～bus 75f.
Akustikkoppler 187
Algebra 4 43f.
ALGOL 152
Algorithmus 103f.
ALTAIR 64
ALU 77f.
Amiga 32, 37, 92
Amiga 2000 37
Amiga-DOS 202

analog 249
Analog-Digital-Wandler 249
AND 136
Anschlagdrucker 228
Anweisung 75, 101
Anwender 70
Anwendung 88
～sbereich, interaktiver 144
～sebene 184
～sprogramm 91, 110f.
APL 148, 225
Apple 64
～ Macintosh 29, 96
Arbeitsplätze 67
Arbeitsspeicher 70
interner 75
arithmetische Funktionen 136
arithmetischer Übertrag 78
ASCII 119f., 277, 279f.
Assembler 105, 157
～befehl 69f.
～programm 70
～sprache 70, 106
AT 46
Atari ST
Atlas 62
Aufrufen einer Funktion 70
Ausbildung 272
Ausgabedaten 68
Ausgabegeräte 68
Auswertungen 55

AUTOEXEC 166

Balkengrafik 218
BASIC 64, 107, 110, 128, 142ff.,
 145, 165
Baud 284
Baum 185
 ~struktur 292
Befehl 69, 119
 ~sdecodierer 76, 83
 ~sregister 76, 78
BEGIN...BEND 114
Behindertenarbeitsplatz 67
Benchmarks 144
BEND 113
Benutzer 70
 ~oberfläche 88, 92, 94f.
 ~schnittstelle 93
Berater 272
Betriebsbedingungen 261
Betriebsstörungen 27
Betriebssystem 69f., 82, 86ff., 195
 ~kern 87f.
Bewegungsdaten 68
Bildschirm 26, 68
 ~anzeige 82, 222
 ~aufbau 95
 ~-Controller 226
 ~geräte 65, 224
 ~masken-Generatoren 91
 ~steuerung 68
 ~terminal 223
Bildverarbeitung 179
Binärdarstellung 68
binäres Zahlensystem 275
Binärzahl 276
Bit 74, 76, 119, 275
Blockdiagramm 123f.
Blockfunktionen 52
Blöcke 289
boolesche Operatoren 136
BOTTOM-UP-Programmierung
 125f.
BOX 138

Btx 187
Bürokommunikation 189
Bus 70, 76, 185, 252
BUTTON 138
Byte 119

C 154, 200
C> 46
cd (call directory) 116
Chip 24, 58, 63, 74f.
CIRCLE 138
CLOSE 138
CMOS-Technologie 80
CMOS-Speicher 81f.
COBOL 146f.
Codasyl-Datenbanksystem 172
Commodore 32, 37, 64
Commodore 64 36f., 43, 90
Commodore 128 43, 90
Commodore 80xx 55
Compiler 91, 107, 144
Computer
 der ersten/zweiten/dritten
  Generation 62
 der vierten Generation 63
 im Labor 55
Computer-Viren 194
Concurrent DOS 202
Concurrent DOS 386 201
Controller 83
COS(X) 136
CP/M Betriebssystem 65, 196
CPU 63, 74, 77f., 85
CRC 264
CSMA/CD 185
Ctrl-Taste 48, 204
Cursor 27

DATA 131, 135
DATE 134
Datei 102, 287
 indexsequentielle 291
 ~schutz 268
 sequentielle 71, 288

Stichwortverzeichnis

~transfer 181, 183
verkettete 291
~verwaltung 139
~verwaltungsprogramme 65
Daten 68, 76, 79, 102, 119
Aus-/Eingabe~ 68
~bank 158, 171, 207, 210
  durchsuchen 211
  sortieren 211
~bankprogramm 92, 170ff.
~bankstruktur 209
~banksystem 171
  relationales 172
  Netzwerk-~ 172
Bewegungs~ 68
~bit 82
~bus 76, 78, 82, 84
digitalisierte 68
kodierte/nicht-kodierte 68
~kommunikation 68, 181ff.
~leitungen 70
~schutz 267
~sicherung 241
~sichten 172
~sichtgerät 83
Stamm~ 68
~strukturen 171
~teil 147
~übertragung
  asynchrone 284
  parallele 283
  serielle 284
  synchrone 284
~verarbeitung 68
Datex-P 186f.
dBASE 92
dBASE II 65
dBASE III 65, 161, 207
dBASE III PLUS 161, 208
Debugger 125
DECNET 186
DEF FN 136
DEG(X) 136
Del-Taste 32

Desktop Publishing 170, 180
Dienstprogramme 88ff.
digital 249
Digital Research 65
Digital-Analog-Wandler 55, 249
Digitizer 249
DIM 130, 135
DIR 33, 116, 139, 197
Directory 289
Direktzugriffsdatei 71
Disketten 30, 81, 237ff., 260
  ~-Betriebssystem 82
  ~-Controller
  formatieren 117
  ~laufwerk 83, 239
DOS 82, 236f.
DOS-Kompatibilitätsbox 198
Drehregler 56
Drucker 68, 227f.
  anschlagfreie 233
  elektrosensitive 227f.
  Kugelkopf~ 228
  Laser~ 234
  Matrix~ 227, 231, 233
  thermische 227f.
  Typenrad~ 228, 231
  Zylinderkopf~ 228f.

Editor 123
  bildschirmorientierter 123
  fullscreen 123
  zeilenorientierter 123
EDV 101
Ein-/Ausgabe 74
  ~geräte, parallel/seriell 83, 92
  ~register 78
Einfügetaste 32
Einfügemodus 206
Eingabe
  ~daten 68
  ~geräte 68
  ~test 265
Einrichten von Verzeichnissen 115
elektrisches Thermometer 56

END 134
ENIAC 62
Enter-Taste 31
EOF 291
EPROM 80f.
Ethernet 185
EXP(X) 136
Expertensystem 158
externer Speicher 70

Fakturierung 47
False 160
Fehlersuchprogramm 125
Feldvariable 131
Fenster 48, 138
Fenstertechnik 48, 97
Fernsehgerät als Monitor 223
Festplatte 237, 240ff.
~nlaufwerk 83
Festwertspeicher 31, 40, 80
  programmierbarer 80
File Server 188
Fischertechnik 56
Flags 78f.
Flugsimulationsprogramm 92
Flußdiagramm 122f.
FMS 236
FOR 130
FOR...NEXT 137
format 117
Formatierung 117
FORTH 156f.
FORTRAN 145F.
Framework II 96, 162, 212f.
FRE 134
FRED 162ff.
FSK 285
Funktionen 134
  arithmetische 136
Funktionseinheiten 69

Gateway Server 188
GEM 95, 195
Geräteaufbau 26

Gerätekonfiguration 176, 195
Geschäftsprogramm 46
Geschäftsgrafik 179
Glasfaserkabel 185f.
Gleitkomma-Darstellung 119
Goal 158f.
GOSUB 137
GOTO 112, 137
Grafik 68, 138, 175ff.
  ~auflösung 175
  ~erzeugung 68
  ~karten 251
  ~tablett 93, 247
  technische 179
Grenztest 265
Großcomputer 65

Halbduplex 285
Haltepunkte 125
Handshaking 85
Hard Disk 237
Hardcopy 227
Hardware 58
  ~-Mängel 260
Hauptverzeichnis 116
Heimcomputer 34f.
  semiprofessioneller 35
Herkules 251
Hewlett Packard 55
höhere Programmiersprachen 70
Hollerith 62
Homecomputer 34
HP-GC 195

IBM 62, 64
Icon 95
Identifikationsteil 147
IEE488-Bus 55
IF...THEN...BEGIN 113f.
IF...THEN...ELSE 137
Index 172, 291
Information 68
Informationsdarstellung 119
Inhaltsverzeichnis 289

Initialisierung 111
INKEY 135
Inkrementierer 76
INPUT 130f.
Ins-Taste 32
Intel 37, 63f.
Interaktion, direkte 108
interaktive Steuerung 111
interaktiver Anwendungsbereich 144
Interpreter 107, 114, 144
Interpretierer – siehe Interpreter
Interprozeß-Kommunikation 199

Joystick 34, 42, 226, 245f.

Kalender 50
Kanal 84
Kartei
~karten 102
~kasten 102
Kassette 235, 243
Kassettenrecorder 243
KAYPRO 38
Kennwort 28, 268
Kennzeichenbits 78
Kernal 157
Koaxialkabel 185f.
Kommandos 33, 70
Kommandosprache 165
Kommunikationsschema, serielles 82
Kompatibilität 36, 190
Kompilierer – siehe Compiler
Komprimierungsroutinen
  von Daten 91
Koordinieren 184
Kopierprogramm 90
Kopierschutz 90
Kuchendiagramm 177
Kugelkopfdrucker 228
Kugelkopfschreibmaschine 229

Lambda-Sprache 148

LAN 185f., 285
Laserdrucker 234
Leertaste 32
LEFT$ 138
LEN 138
Lernprogramm 42
Lesesignal 75
Lichtgriffel 226
Lichtstift 245
Light Pen 226
LINE 138
Linked List 289
Linker 91
LISP
LOAD 43, 131, 197
LOCATE 135
Lochkarten 62
Löschen eines Wortes 206
Löschtaste 32
LOGO 150
LOG(X) 136
lokaler Verbund 184
Lotus 1-2-3 65
LSB 275
LSI-Technik 63

Macintosh 29, 96, 202
Mängel, mechanische 260
Mäuseklavier 251
Magnetbandkassette 31
Magnetplatte 235
Makro 154
  ~sprache 174
Malprogramme 178
MARK I 62
Maschinenbefehl 69f.
Maschinenprogramm 106
Maschinensprache 105
Massenspeicher 70
  externer 81
Matrixdrucker 227, 231, 233
Maus 34, 226, 246f.
  ~steuerung 138
Menü 95

Messen 272
Meßsysteme 56
Microsoft 64
 ~-Windows 195
MID$ 138
Mikrocomputer 24, 57f., 68
    Bestandteile eines 25
    im Haushaltsgerät 58
    in der Produktion 57
    Zusatzgeräte 25
Mikrodiskette 239
Mikroprozessor 63f., 68f., 70, 76
 ~chip 74
Mini 188
Minidiskette 237
MITS 64
MKDIR 116
Mnemonics 105
mnemonische Abkürzungen 69
Modem 187, 243f., 285
Module 155
Modula/Modula 2 155
Monitor 222
    hochauflösender 224
    residenter 196
Monitor-Programm 80
MOS-Technik 24
MOS-Speicher 79
MPU 74, 78, 80
MS-DOS 89, 116, 195, 197
Multitasking 86

Nanosekunden 76
Nassi-Shneiderman-Diagramm 123
Netzwerk 186
    ~-Anwendungen 186
    ~-Datenbanksystem 172
    lokales 185
    ~-Topologie 185
netzwerkfähig 186
Neumann 62
New 129
NEW 134
NEXT 130

Norton Utilities 89
NOT 136
Num-Lock-Taste 32

Objektcode 70, 106, 144
objektorientierte Sprache 158
OPEN 138
Operationen, logische 136
Operatoren 136
OR 136
OS/2 195, 198f.

Paddle 247
PAP 122f.
parallele Ein-/Ausgabegeräte 83
paralleles Senden 82
Parität
    gerade ~ 263
    ~sprüfung 263
    ungerade ~ 263
Pascal 61, 152, 154
Passwort 268
PC 34, 46, 64
PC (Programmzähler) 79
Peripheriegeräte 25
peripherer Speicher 70
Personal Computer 35, 64
physikalische Verbindung 185
Piktogramm 29
PIO 84f.
Pipes 198
Platten, optische 244
Plattenlaufwerk 25
Plausibilitätstest 265
PLAY 138
PL/M 107, 146
POINTSIZE 135
Port 84
Portabilität 87
Portables 38
Positionsanzeiger 27
Post
    ~dienste 190
    elektronische 189

POSTSCRIPT 195
Präsentationsgrafik 178f.
Primärschlüssel 212
PRINT 128, 135
professioneller Computer 34, 36
Programm 30, 69, 74, 79, 101
~ablauf 111
~ablaufplan 122f.
~anpassung 115
~ausführung 110
~eingabe 109
fertiges 109
~verzeichnisse 273
~zähler 74ff.
~-zu-Programm-Kommuni-
kation 182
Programmieren 105
deskriptiv 105, 118
prozedural 105
Programmierer 70
Programmiersprachen 102
höhere 70, 105f., 133
maschinenorientierte 105
Programmpaket, integriertes 180f.
Prolog 158
PROM 80f.
PROM-Programmierer 81
Prompt 33, 196
Prozedur 30, 70, 165
~aufruf 70
~teil 147
prozedurale Sprache 158
Prozesse 200
Prüfbit 263
Prüflesen 264
Prüfsumme 264
Prüfziffer 266
Pseudocode 121, 123
Puffer 84
Pull-Down-Menü 159, 161

Quarz 74
Quelltext 105
Quittungsbetrieb 85

RAM 79f.
RAM-Bausteine 81
Rationalisierung 67
Raubkopie 90
READ 131, 135
Rechenstapel 156
Rechenwerk 77f.
Rechnung drucken 48
Register 74, 77f.
Rekursionen 150
Relais, elektromechanische 62
REM 134
Remote Access 182
REN 138, 197
REPEAT...UNTIL 137
residenter Monitor 196
Resource Sharing 182
RESTORE 135
Return-Taste 31
RIGHT$ 138
Ring 185
Robotersysteme 56
ROM 79ff., 196, 225
ROUND(X,r) 136
RPROM 80
RS-232 286
RUN 43, 112, 128
Run-Taste 33

Sätze 289
SAVE 131, 197
Scanner 192
Schatten 157
Schicht 87
Schleifen 137, 144
Schlüsselwörter 133
Schnittstelle 70, 83, 250
~nlogik 83
~nkarte 83
Schreib-/Lesekopf 240f.
Schreib-/Lesespeicher 80
Scrollen 222
Seiten 289
Sektoren 289

semiprofessioneller Computer 34
sequentielle Datei 71
sequentieller Zugriff 71
serielle Ein-/Ausgabegeräte 83
Server 188
SHADOW 157
Shift-Taste 32
Shifter 78
Silicon Valley 63
SIN(X) 136
SNA 186
Soccer 2 40f.
Softcopy 27
Software 59
Sortierprogramm 91
Speicher 74ff., 79
    Arbeits~ 70
    ~chip 75
    dynamischer 80
    ~erweiterung 251
    externer 70
    interner 74
    ~kapazität erweitern 239
    Massen~ 70f.
    ~medien 31, 71
    nicht-flüchtiger 80
    peripherer 70
    ~platte 235
        optische 70
    Schreib-/Lese~ 80
    statischer 80
Spiel 40
Sprache
    prozedurale 158
    objektorientierte 158
Sprachausgabe 248
Spracheingabe 72, 247
Sprunganweisung 76
Stammdaten 68
Stapel 156
    ~verarbeitung 112
    Rechen~ 156
Startbit 82
statistische Auswertungen 55

Statusregister 78
Steckmodul 40, 82
Stern 185
Steuerkarte 83
Steuerknüppel 34, 245
Steuerleitungen 70
Steuersignal 76, 78
Steuerung, interaktive 111
Steuerwerk 77f.
Steuerungsprogramm 31
Steuerungssysteme 56
Stoppbit 82
Stromversorgung 85
Struktogramm 123f.
Strukturdiagramm 123
Synchronisieren 184
Syntax 106, 133
    ~fehler 125
System-Software 110
Systemdiskette 31

Tabellenkalkulation 118, 173ff.
    ~sprogramm 64f., 92
Tabulatorlineal 52
Taktgeber 74
Tandy 64
Taschencomputer 39
Taschenrechner-Funktion 49
Tastatur 31, 68, 82, 221
Telebox 187, 190
Telefax 190
Telefondraht 185
Teletex 187, 190
Telex 190
Terminalbetrieb 181ff.
Terminalemulation 183
Text 68
    ~bausteine 52
    ~systeme 169f.
    ~verarbeitung 30, 50f., 65, 167ff., 202, 204
    ~verarbeitungsprogramm 92
thermischer Drucker 227
Thermodrucker 228

Stichwortverzeichnis 303

Thermotransfer-Drucker 228
TIME 134
Tintenstrahldrucker 233
Tischcomputer 39
Töne 68
Token 110
~ BUS 186
~ Passing 185
~ Ring 186
Ton 138
Tools 127
TOP-DOWN-Programmierung 126f.
TOSHIBA T3100/20 39
Trackball 34, 247
tragbarer Computer 38
TRANSDATA 186
True 160
Turbo Pascal 152
Turbo Prolog 158ff.
Turtle 150
Typenrad 230
~drucker 228, 231

UART 84f.
Übersetzer 70, 91
Übertrag 78
Übertragung
   asynchrone 284
   parallele 283
   serielle 284
   synchrone 284
Umgebungsteil 147
Umschulung 72
Umwandlung von Programmen 70
UNIX 91, 154, 195, 200f.
Unterhaltungselektronik 73
Urlader 196

Vakuumröhren 62
Variable 131
Verbindung, physikalische 185
Verbund, lokaler 184
Verkettung 289

Verriegelung, elektronische 221
Verschiebefunktion 78f.
Verschlüsselungsprogramm 91
Versionsnummer 262
Verzeichnisse einrichten 115
Verzweigungen 137
Verzweigungsanweisung 76
Video-Controller 84
Video-Monitor 223
Virtual Resource 182
VisiCalc 64, 92, 98
VOL 138
Vollduplex 285
Vollzeichen-Anschlagdrucker 227

Wählleitung 187
Weiterbildung 72
WHILE...WEND 137
Winchester-Platte 241
Winchester-Technologie 240ff.
WINDOW CLOSE 138
WINDOW OPEN 138
WordStar 65, 92, 202f.
Wort 76
   löschen 206

X-Windows 195
XOR 136

Z1 62
Z80 64f.
Zahlensystem, binäres 275
Zeichen 277
Zeichenkette 138
   binäre 69
Zeichensatz 225
Zeitschriften 34, 273
Zentraleinheit 74
Zugriff
   direkter/wahlfreier 71
   sequentieller 71
   ~szeit 76, 292
Zuse, Konrad 62
Zylinderkopfdrucker 228f.
Zyndex 90

**Fordern Sie ein Gesamtverzeichnis
unserer Verlagsproduktion an:**

SYBEX-VERLAG GmbH
Vogelsanger Weg 111
4000 Düsseldorf 30
Tel.: (02 11) 61 80 2-0
Telex: 8 588 163

SYBEX INC.
2021 Challenger drive, NBR 100
Alameda, CA 94501, USA
Tel.: (4 15) 523-8233
Telex: 287 639 SYBEX UR

SYBEX
6-8, Impasse du Curé
75018 Paris
Tel.: 1/203-95-95
Telex: 211.801 f